元韓国陸軍大佐の

反日への最後通告

池萬元［著］

崔鶴山・山田智子・B.J［訳］

元産経新聞政治部編集委員
佐伯浩明［解説］

ハート出版

日本語版刊行に寄せて

第二次世界大戦後、朝鮮は日本から独立した。しかし、ソ連の介入によって朝鮮は南北に分断され、今日に至っている。反日を国是とする北朝鮮勢力は韓国を併呑するために独立直後から様々な対韓工作を行って自らの勢力拡大を図って来た。そして、彼らに同調する韓国の従北主義者は国民に歪曲した歴史観を植え付け、反日感情を助長して来た。昨今の日韓関係が急激に悪化しているのは、韓国における共産主義勢力の頭目ともいうべき文在寅が政権を握っているからだ。文政権の北朝鮮に迎合するかのような対日政策は、日韓の協力体制のみならず韓国経済にも混迷をもたらしている。

日本と韓国は友好関係を維持してこそ相互に経済上、安保上のシナジー効果が期待できる。したがって、一日でも早い両国の関係改善が必要だ。日本と敵対し、韓国経済を混迷に陥れている左翼政権の陰謀を阻止できるのは国民世論だけである。筆者は韓国の国民がこれまで教え込まれてきた知識が共産主義者によって歪曲されたものであることを暴露し、真実を伝えることによって、民主主義国家としての理性的、合理的な国民世論を形成するために本書を著した。

日本の読者の皆様に今の韓国が置かれている危機的な状況を知っていただき、韓国の民主主義を保全し、日韓の友好関係を回復するための方策を一緒にお考えいただきたい。本書がその一助となることを願ってやまない。

著者　池萬元

本書について

朝鮮は花の国、日本は悪魔の国というのは共産主義者がつくり上げた虚像だった。一三九二年李氏朝鮮が誕生して李氏の姓を持つ二十七名の王が、一九一〇年まで五一八年間統治したが、外国人が描写した首都・漢陽は、不潔で伝染病が蔓延し、嘘と陰謀と収奪が横行する辺境の地だった。女性は、男性の奴隷であり、両班のために奴隷を産んでくれる生産道具であった。一割の両班が九割の同族を奴隷としてこき使い、その楽しみに耽っていたが、やがてやって来た弱肉強食の時代の趨勢から取り残されて滅亡した部族国家が即ち朝鮮だ。

こうした未開の状態の国を治めた日本は、わずか三十年で日本式の建物を建て、広い道路を整備し、鉄道を作って汽車を走らせ、ダムを建設して電気を供給するとともに、各地に学校を建てて近代的な教育を施した。一五〇四年に燕山君が葬ったハングルを科学的に開発して、朝鮮語試験を実施して合格した人々に朝鮮語手当てを支給し、一九二八年には十月九日をハングルの日と定め、重い鋳貨の代わりに紙幣の使用を導入した。日本の一万円札に印刷されている福沢諭吉がいなかったら韓国人が現在使用している単語もなかったし、世界と疎通できるパイプラインもなかった。日本が一番先に教えたことは嘘をつかずに両親に孝行しろという道徳教育だったが、その教育は金大中《キムデジュン》と李海瓚《イヘチャン》が葬り去った。この時から子供たちは訓育されるのではなく、飼育されて来た。今日の若い世代を見ると、訓育なしに育った人間の人格が獣より危険なように感じられる。

日本が四十年間朝鮮で築いた財産は総額五十二億ドルであり、韓国に二十三億ドル、北朝鮮に二十九億ドルあった。アメリカは奪われた国を取り戻して、日本が南韓（韓国）に置き去りにした二十三億ドルもの財産を差し押さえて李承晩政権に与えた。一九六五年に受け取った請求権資金三億ドルの実に八倍に上る。これは建国したての大韓民国の総経済規模の八十パーセントを占めた。アメリカは、「敗戦に伴って引き揚げる日本人」のポケットや荷物をくまなく調べて着の身着のままの状態で帰国させた。これを足掛かりにして朴正熙が十八年間築き上げたのが韓国経済だ。日本の力を借りることができなかったならば、京釜高速道路も浦項製鉄所も重化学工業も昭陽江ダムもなかった。日本が素材、部品、技術、資本を供給しなければ、韓国を支えている組立産業は廃業せざるを得ない。

本書は、写真と事実資料を豊富に引用している。あくまで事実に基づいて書いた。写真と資料を見る限り、朝鮮半島の人々が知っている朝鮮と日本は、実際の朝鮮と日本とは異なる。朝鮮半島の人々の頭に刻印されている両国のイメージとは正反対だ。

朝鮮が美しい花の国というのも嘘、日本が悪魔の国だというのも嘘、日本がハングルを葬ったというのも嘘、慰安婦に関する話も嘘、強制徴用という話も嘘、すべて嘘づくめだ。今日の韓国の大企業はほぼ例外なく日本が残して行った企業を母体にして成長した企業である。日本は憎悪すべき国ではなく利を与えてくれた国であり、日米韓の三角経済構造を宿命として受け入れなければならない韓国経済にとって絶対的に必要な国だ。それでは、このような歪曲を、誰が、どのような目的でやったのか？ 我が韓国民はぜひとも知るべきである。

プロローグ

大韓民国は「五・一八光州事件」の亡霊に支配されている。文在寅《ムンジェイン》は権力を握るやいなや第一声で宣言した。

「五・一八憲法を制定する」

これに伴い、社会のあちこちが共産化細胞組織《ヤチエイカ》に変換されている。「五・一八共和国」をつくるということだ。

筆者は二〇〇二年から現在まで十八年間、五・一八の真実を突き止めるために二十万ページにも及ぶ膨大な記録と格闘した。そして三千ページ余りに及ぶ五・一八ドキュメンタリーの本九冊を書いた。その研究結果によって、誰も近づくことができなかった五・一八の聖域が崩れ落ちた。その研究結果が韓国社会に広まり、文在寅勢力による五・一八聖域化の暴走にブレーキがかかっている。五・一八を聖域化しようとする集団は、金日成《キムイルソン》追従勢力だ。しかし、彼らは筆者の科学的な研究結果に反論できる理論的な根拠を何一つ出していない。科学的領域においては、五・一八の擁護勢力が敗北したのだ。

だが、五・一八を擁護する勢力は敗北を認めなかった。集団暴行と訴訟が執拗に続いた。筆者の研究結果を法廷に引っ張り出し、政治的権力と暴力で抑え込もうというわけだ。その上、裁判は光州で受けなければならないというのだ。二〇〇二年十月から十八年の間、筆者は五・一八を擁護する勢力から暴行を受け、リンチを受け、おまけにはるか光州《クァンジュ》刑務所に無理やり収監された。筆者はソウルに勤務し、ソウル近郊で暮らしているが、民事訴訟法第二条と刑事訴訟法第四条は、筆者がソウルで裁判を受けるように規定している。ところが、「五・一八光州事件」に関する裁判はすべて光州地方裁判所の専属管轄だ。これは「五・一八民主化運動は光州の名誉であり、五・一八の民主化運動を否定することは光州の名誉を毀損することであるから光州地裁に裁く権利がある」ということだ。このような主張はごり押しにすぎない。「五・一八光州事件」は、数百年間、全羅道《チョルラド》と他地域の間を引き離してきた地域感情が衝突した前線であり、左翼と右翼の理念が尖鋭に衝突した理念の前線だ。まさに利益相反の破廉恥な行為と言わざるを得ない。

　全羅道は昔から共産主義的気質の強い土地柄であるが、他地域の人々から敬遠されて、この地の人々のうっ憤や悲哀はパンソリ（日本の浪曲のようなもの）の恨《ハン》となった。その恨《ハン》（悲哀）を晴らしてくれる存在はただ北朝鮮しかない。だからこの地域では、パルチザンを育て、大韓民国に対する敵愾心を育てる教育が行われている。

　一九八〇年五月に全羅南道光州で発生した「五・一八光州事件」は、純粋な民主化運動ではなく、北朝鮮の仕業だった。この研究結果によって半数以上の国民は五・一八を北朝鮮が起こしたゲリラ戦だったと考える一方、そうした説を全羅道の人々は強く否定している。否定だけならまだしも、人が多い電車の中でも所かまわず大声を上げて胸ぐらを掴みに飛びかかってくる。間違いなく朝鮮人のＤＮＡがなせる業だ。五・一八が低レベルの地域感情の対決の場であり、理念の葛藤の対決の場である理由がここにある。筆者が学者として五・一八歴史の本を書いたが、それが自分たちの気に入らない内容だとして、全羅道の人々は数十回も訴訟を起こした。この訴訟事件をめぐって全羅道の判事たちは判決で、全羅道の人々の主張を容認してしまった。これは赤い勢力に居場所を与える行為にほかならない。論理を逸脱したという点では金正恩《キムジョンウン》よりさらに深刻だ。このごり押しを大法院(最高裁判所)に上訴し、ソウルに移送してほしいと頼んだが、最高裁は二〇〇二年から今まで光州地裁の下僕の役割を果たしてきた。

二〇〇二年、ソウル近郊に住む筆者はある日突然、光州検察に手錠をかけられ、遠い光州に強制的に押送された。筆者は押送される六時間と調査を受ける二時間の間、ずっと後ろ手に手錠をかけられていた。通常の人間であればほんの十分も耐えられなかっただろう。年齢的に息子ほどの四人の公安公務員たちから、のべつ幕なし小突かれたり、言葉の暴力を浴びせられた。文字通りの生き地獄だった。暴力がすなわち五・一八民主化運動であり、光州がすなわち地獄の地である事実を初めて知ることになった。

一九八一年、最高裁は「五・一八を金大中《キムデジュン》が起こした内乱事件である」という判決を下した。この判決はその後十七年間、社会常識となっていた。ところが、社会が共産主義者たちの勢力に掌握されるや、一九九七年の最高裁は憲法に背いて「五・一八光州事件」の裁判をやり直した。再審事由が生じたのではなく、忠臣と逆賊が入れ替わった世の中で、利害関係によって離合集散した政治家たちが野合して実現させた「五・一八特別法」によって裁判のやり直しを強行したのである。共産主義者たちで埋め尽くされた一九九七年の最高裁は、「五・一八を全斗煥《チョンドゥファン》が起こした内乱事件だ」として一九八一年の判決をひっくり返した。忠臣と逆賊が入れ替わったのだ。その後二十年の間、五・一八は誰も触れてはならない聖域となった。五・一八の五の字も口に出してはいけないという雰囲気になっていた。この聖域に挑戦してきた人間は筆者だけだった。

筆者は組織暴力で構成された四つの五・一八関連団体から集団暴行を何度も受けた。事務所も自動車も破壊された。さらにはソウル中央地方裁判所の中でも集団暴行を受けた。二〇一六年五月、光州からやって来た五十余名の男女が筆者に駆け寄り、一方的に暴力を加えた。そのうえ、居直って筆者から傷害を負わされたと告訴した。暴行を加えた十余名が警察によって特定されたにもかかわらず、ソウル中央地検四一六号の検事キム・ヨンナムは、「暴行を加えた十余名が五・一八の功労者やその家族だ」という理由で起訴しなかった。そして、被害者である筆者にそのことを通知しなかった。それどころか、暴力を受けた筆者を「何の証拠もなしに傷害を加えた犯罪者だ」として起訴した。起訴状には暴行者たちが述べた嘘が助詞一つ間違うことなくそのまま転載されていた。この刑事事件は全羅道の二十五人が五回にわたって筆者を告訴した併合事件だが、幸いなことに説明するのが複雑な理由で光州地裁に移送されず、ソウル地裁の管轄になった。二〇一六年五月から今までの四年間、第一審で審理が行われている。しかし、民事事件四件はすべて光州地裁が横取りして行った。そして十八人の光州の弁護士らと二十七人の光州の判事らが、筆者に二億三千万ウォンもの損害賠償金を払わせ、筆者が著した九冊目の本（画報集）に対して頒布を禁じる判決まで下した。今から二二三二年前の紀元前二二三年に秦の始皇帝が焚書坑儒の暴挙を断行したというが、光州の判事と弁護士ら、光州市長、五・一八団体から成る全羅道カルテルはそれに勝るとも劣らないことをしでかした。

二〇一九年二月八日、野党議員主導で国会において「五・一八真実大公聴会」が開かれた。筆者は発表者として参加し、五時間にわたって研究結果を発表した。その公聴会には国会大会議室誕生以来、最も多い数の人々が集まり、発表の間、拍手が絶えなかった。しかし、光州からソウルにやって来たチンピラたちが進行を妨害し、「池萬元逮捕組」が稼働した。そしてその翌日から地獄の世界が始まった。メディアは挙って二カ月もの間、筆者を「妄言者」だとして糾弾し、与党の国会議員を含む五百人に達する人々が筆者を相手に訴訟を起こした。筆者が被告となっている訴訟事件は二十件を超える。本書はこのような苦しみの渦中で誕生した。

本書は、筆者が出した五・一八に関する歴史書の中でもっとも衝撃的なものであり、左翼の攻撃だけではなく、国粋主義的な固定観念に囚われた右翼の攻撃も受けるだろう。今の韓国は、公明正大か否かを問いただす社会ではなく、自分の味方か味方でないかを問う社会に成り下がってしまった。陣営論からすれば、筆者は左翼でもなく、右翼でもない。「未開だった朝鮮が開化しなければならなかったように、身なりがいいだけで、精神的には朝鮮時代の人々より未開で、より邪悪になったこの大韓民国が本当の意味で開化しなければならない」と考えている開化主義者だ。

一八八〇年代の朝鮮の先駆者である尹致昊《ユンチホ》は、朝鮮人は十パーセントの理性と九十パーセントの感性でできており、思慮の足りない野鼠のように時として群れをなして動き回って他人をリンチに遭わせていると語った。しかし、筆者は理性の部分は十パーセントではなく一パーセントだという評価だ。本書では九十九パーセントの感性を持つ韓国社会に問題を提起する書だ。つまらぬ魔女狩りも覚悟の上で世に問うのである。

韓国と日本の戦争が最悪の局面を迎えている。韓国と日本の両国民間の戦争ではなく、韓国の共産主義者たちと日本国民との戦争だ。この戦争は一日も早く終わらせなければならない。終わらせなければならない理由と終わらせる方法は、本書に書かれている。大多数の国民の心中にある反日感情は国を壊滅させる凶器であり、毒だ。反日感情の論理とは何だろうか。朝鮮は美しい花の国だったのに、悪鬼のような日本が銃刀で蹂躙したということだ。しかし、この論理は事実ではない。結論から言えば、朝鮮は汚く、未開だった反面、日本は学ぶことの多い、感謝すべき国だ。写真や証言などによれば、朝鮮の土地は李朝の五百年間は道端に汚物が溢れ、それに汚染された水を飲料水として飲んだ。伝染病が蔓延しても迷信に固執した。一部の女性たちは胸をむき出しにして裸足で歩き回り、一割の両班《ヤンバン》が九割の同胞を奴隷のように働かせていた。朝鮮を開化させた世界の人々、日本人、そして当時の朝鮮人先駆者たちは朝鮮をどのように評価していたのだろうか？

　朝鮮王朝五百年の間に千回余りの謀反が起こった。だが、そのほとんどが謀略と陰謀だった。朝鮮王朝は陰謀の巣窟だった。謀反事件が起こるたびに血なまぐさい風が吹き、罪人らとその家族は奴婢にされた。朝鮮は奴婢の国になるほかはなかったのだ。高宗《コジョン》時代の一八七〇年代に朝鮮で生活した米国人宣教師ホレイス・ニュートン・アーレン（Horace Newton Allen）は、「朝鮮人は陰謀の権化だ」と言い、母親の乳をくわえている幼子の時から陰謀を楽しんでいたと評した。朝鮮内外の人々はみな朝鮮人は嘘ばかりつき、盗みを働き、人を騙すことに長けていると言った。日本の最高額紙幣である一万円札の肖像画のモデルであり、我々が現在使っている単語を漢字で作り出した福沢諭吉は、一八八四年の朝鮮を「人間娑婆世界の地獄は朝鮮の京城に出現したり。我輩は此國を目して野蠻と評せんよりも、寧ろ妖魔悪鬼の地獄國と云わんと欲する者なり」と評し、朝鮮人民は牛や馬、豚、犬と変わらないので、朝鮮は一日もはやく滅亡したほうが天意に沿い、朝鮮の民のためにも朝鮮の滅亡は祝うべきことだ、とした。つまり、憐れむべき朝鮮国民を救うには無能な王たちから解放させなければならないということだ。福沢のこの言葉は、一日本人の発言というよりは、コスモポリタンとしての発言だった。

一方、我々が敵として反感を抱いている日本は、実際にはどのような国なのだろうか。一言で言うならば、日本が強制的に開化させていなかったならば、そして朴正熙《パクチョンヒ》が維新によって強制的に経済発展させなかったならば、今日の韓国はなかった。我々が現在使っている単語も、今日我々が使用している紙幣も日本が作ったものであり、京釜線、中央線、京仁線などの鉄道も日本が四十年余りを費やして建設した。アメリカの原子爆弾の投下でひょいと解放はされたものの、その間に朝鮮人自らが蓄積した資本はなかった。日本が朝鮮の地に残してくれた二十三億米ドル分の資産(帰属財産)がなかったら、建国当時の国家経済資産は事実上ゼロであった。この二十三億ドル分の日本の資産が一九四五年当時の李承晩《イスンマン》政府の国家経済規模の八十パーセントを占めた。

韓国人は今でも習慣的に嘘をつく。謀略にも長けている。陰謀は生活の一部だ。日本軍の慰安婦が朝鮮人女性だけで形成されていたという話も偽りで、二十万に達する朝鮮人女性が日本軍の慰安婦だったというのも偽りだ。最も多かった日本軍の慰安婦は日本人女性と中国人女性だった。新聞広告には慰安婦募集の広告文を多数見つけることができ、慰安婦が日本人兵士と愛し合い、さらにはその日本兵の子を身ごもって、帰国して立派に育ててあげたという慰安婦もいた。貯金をためて故郷に戻り、家業を盛り立てて、事業を興したという慰安婦もいた。

一九四一年、日本では太平洋戦争に徴兵されて多くの青年が職場を離れることになり、その七十三余万人分の空席を朝鮮人青年が埋めていた。日帝時代(日本植民地時代)、大都市や日本は、困窮に嫌気が差した朝鮮人の青年男女たちにはロマンを与える憧れの地であり、そのような青年たちが一九三九年頃から日本に渡って行き、企業に就職して日本人と同等の月給をもらっていたという事実も調査で分かった。当時の日本企業の経営人たちは、片手に孔子の道徳論を、もう一方の片手に算盤を持った人々であり、世界の人々から尊敬されていた。日本企業は、まず人材を育成し、その人材によって製品を生産するところである。このように立派な経営者たちが、朝鮮の青年たちを賃金も与えずに酷使して、虐待まで行ったという主張こそ悪鬼の謀略だ。炭鉱で働いていた朝鮮人たちが給料をもらって遊郭や酒場に通い、自由を享受したという話や、炭鉱労働者が稼いだ金を故郷に送って不遇な隣人を助けたという話もある。日本人は昔も今も世界の中でも紳士的なグループに属する人々である。「できることなら朝鮮の人々を最初から作り直したい」という、ハーグに密使として赴いて割腹した李儁《イ ジュン》烈士が残したこの言葉に筆者はいつも共感してきた。

解放直後から（旧）ソ連は朝鮮の左派を使嗾して、朝鮮半島南部まで併呑するために韓国の歴史や文化を真っ先に掌握した。教科書も共産主義者たちが書き、ドラマや映画も彼らが制作した。彼らは金日成を教祖として信奉し、終わることのない反日感情を国民一人ひとりの胸に刻み込まなければならなかった。なぜ反日感情なのか？　金日成の神格化は、ひとえに彼の捏造した「輝かしい抗日闘争」という伝説の上に成り立っているからである。そのためこの地に毒キノコのように広がった金日成信者たちは、どこまでも日本を憎悪し、その憎悪心を広く宣伝し、扇動しなければならなかった。日本を貶めるために、汚く、未開だった朝鮮を美しい花の国として美化しなければならなかった。「美しい花の国を野蛮な日本が軍靴で蹂躙した」ということが、反日感情を助長させる基本論理であったからだ。それゆえに解放直後から、韓国の歴史の記録と文化を掌握した共産主義者たちが、野蛮な朝鮮を、格調高い花の国として美化してきたのだ。韓国の国民は、悪魔たちが据えつけたこの柵の中から脱出せねばならない。

国民の大多数の胸に刻まれた日本とは悪意によって歪曲された日本だ。日本は世界が認める文化の国であり、品質に責任を負う国であり、韓国経済の礎石を敷いてくれたゆりかごである。日本がなかったらば「漢江《ハンガン》の奇跡」もありえなかった。朴正熙が京釜高速道路を建設しようとして、世界銀行などの海外資金調達先を必死に探したが、アメリカにさえもすげなくされていた時代に、韓国に出資してくれた国は日本のみであった。「産業の核」と言われる総合製鉄工場を建設することは国家的なロマンであった。資金調達先をあちこちと探したがやはりそっぽを向かれていた中、日本だけが温かい手を差しのべてくれた。今の産業構造は朴正熙が設計した構造を踏襲して、素材と部品と技術を日本から供給されて組み立ててから、アメリカなどの広い市場で流通するようにする経済システムになっている。したがって、日本からこのすべてを遮断されれば、韓国経済はすぐに立ち行かなくなる。素材産業の超大国と称される日本が、遠く離れたアフリカの喜望峰くらいに位置する国であったら、今日のような我が国の産業の発展はなかった。素材産業の超大国がすぐ隣にあったことは、幸福以外のなにものでもない。日本と韓国の間は絶対に確執があってはならない。

しかし、非常に不幸なことに、今のこの瞬間の日韓の確執は有史以来最悪だ。この確執の原因は何なのだろうか。それはひとえに五百年前の朝鮮人の血をそのまま受け継いだ種族が政権を握ったからだ。原状回復させる方法はあるのだろうか？ ある。国民皆が、朝鮮と日本の真の姿をありのままに評価し、これまでだまされてきたという事実に気づかなければならない。

精神を病んでいる人に治療の希望が見えるのは、自分が自分の病気を否認せずに認める時だという。このことは今の韓国人にも適用できそうだ。自分たちが醜かったという事実、自分たちが世の中から顔を背けて自己欺瞞に陥っていたという事実に気づいてこそ初めて目を覚ますことができるだろう。ところが、共産主義者たちはいまも嘘をつき続け、国民を欺いている。過去の数多くのスパイと反国家行為者たちに無罪を宣告し、数億から数十億ウォンにのぼる補償をしてやった。その規模が一兆五千億にのぼるという記事があった。法の名のもとに逆賊から一転、忠臣として、彼らに社会既得権を与えた。北朝鮮が起こしたゲリラ作戦を「五・一八民主化運動」だと捏造し、「四・三反乱事件」を民主化運動に仕立て上げた。韓国の歴史をこのように露骨なやり方で反転させた共産主義者たちが、今日まで日本に対して意図的に悪意の謀略戦を展開してきているのである。

筆者は大韓民国の国民が偽りと偽善の巣窟から抜け出すことを望んでいる。患者が自らの病気を認めて受け入れてこそ治癒が可能であるように、我々はまず韓国人が呪われたDNAを受け継いでいるということ、次に、我々の社会全体が反文明圏に沈んでいるという事実を認めてこそ発展の扉を開けることができる。

振り返ってみれば、日本の三十六年の統治の実績が即十八年の強行軍を貫いた朴正熙の統治の礎石となったのだ。共産主義者たちは朴正熙が人権を蹂躙して独裁をしたと貶める。しかし、朴正熙は実力もなく反日政策を進めた金泳三《キムヨンサム》、そして永遠のパルチザン金大中、そしてあまたの共産主義分子が暴れる社会で彼らを制圧しながら、経済国としての地位を勝ち取ったのだ。

広大な密林で二人の人が遭難したとしよう。判断力がある一人は東に行けば生き延びられると主張し、判断力が足りないもう一人は西に行かなければならないと意地を張った。そのような時に二人が生き残る方法は何だろう。賢明な方が強情を張るもう一方を失神させてでも背負って脱出することだ。朝鮮と日本の関係がまさにそれだ。朴正煕と金大中の関係も同様だ。

野生の猿のようだった朝鮮人を押さえつけて、びっしり生えている野蛮な毛を刈り取ってくれたのが日本だった。近代化によって築き上げた自分たちの財産をすべて朝鮮につぎ込んで手ぶらで帰って行ったのが日本だった。この世界において、ある国がある国にこれほど価値ある遺産を譲ってくれた国が日本以外どこにあるのか筆者は知らない。

ここまで読んだだけで、読者はおそらく戦慄を覚えるだろう。本書の内容は非常に多様で、その証拠も豊富にある。筆者は韓国がこれまでの余勢を駆ってさらに発展することを切実に望み、努力している人々の中の一人だ。そして日本と韓国は仲の良い隣国として団結するべきだと固く信じている。本書がそのために強力な触媒になることを切実に願っている。

『反日への最後通告』目次

日本語版刊行に寄せて／1

本書について／2

プロローグ／4

第一章　世界の中の朝鮮／20

人口の一割にすぎない両班が残りの九割の同族を奴隷のように扱い搾取していた朝鮮 ―― 20
一割の労働党員が九割の人民を奴隷として搾取する北朝鮮 ―― 24
世界と鎖国していた朝鮮 ―― 25
朝鮮のプロフィール ―― 28
同時代の日本の偉人と朝鮮の「偉人」 ―― 35
写真で見る朝鮮と日本 ―― 53

第二章　外国人と内国人が見た朝鮮／56

現在の恥ずべき行動の数々 ―― 80

第三章　滅ばざるを得なかった朝鮮／82

朝鮮のために戦った者はいなかった ―― 82
朝鮮が消滅する瞬間 ―― 87

朝鮮語の単語を作ったのは誰か？――89
国漢文混用体で書かれた最初の書物――兪吉濬の『西遊見聞』――93
ハングルの分かち書きを主導したイギリス人牧師ジョン・ロス――94
福沢諭吉の人物像――95
筆者による「脱亜論」の大意要約――96
日本はハングルを抹殺しようとしたか？――97
朝鮮経済の基礎を築いた渋沢栄一――100
過去から学ぶことのできない民族――102
朝鮮時代の陰謀と謀略は共産主義者たちに受け継がれた――103

第四章　日本軍慰安婦と強制徴用／107

韓国では慰安婦がナイチンゲールよりも気高いと言わなければ――107
慰安婦という名称は反日・反国家活動の道具として利用された――108
才気溢れる慰安婦・文玉珠――110
朝鮮の父母が娘を慰安婦に追いやった代表的事例――115
日帝下の女性の人生――120
沈美子さんのケース――122
日本軍慰安所の元祖・上海慰安所――123
韓国系女医、オーストラリアのホテルで慰安婦扱いされて――126
韓国人の女性が外国に行くと慰安婦として蔑視される世の中になった――127
朝鮮時代の女性は両班の性奴隷的な存在――129
中国の蛮行〝還郷女〟――131
東豆川の慰安婦――132

米韓同盟を売春同盟だと認定した判決――134
韓国人は好色漢と見做される――136
挺身隊についての基礎知識――137
「強制徴用」の概念――139
強制徴用問題を反日謀略の目玉商品にする理由――144
挺対協の正体――148
筆者と挺対協の法廷闘争――149
本章を終えるに当たって――159

第五章　日本との決算／161

帰属財産（Vested Property）――161
日本が育てた山林――167
日米韓三角経済の建設――168
日本資金に依存した代表的な投資事業――172
友好的だった日韓関係――175
金泳三の無分別な言動――176
金大中が誘発させた反日感情――177
盧武鉉の体系的反日感情の助長――180
左翼の代名詞・金命珠の対日挑戦状――182
強制徴用者は韓国政府からすでに補償を受けている――183
朴正煕政府がすでにすべて受け取った――186
学習と思索のない韓国、永遠に日本に追いつけない――187
韓国は市場経済が稼動できる基礎工事が省略されている――191

一流市場か、三流市場かはシステムの産物――192
市場経済を知らない学者の詭弁（市場失敗、政府失敗）――196

第六章　日本は学ぶことの多い国／198

日本のやり方を学んでこそ――198
一九八〇年代のレーガン時代のブルーリボン委員会が評価した日本――203
一九九〇年代の日米経済戦争――203
朝鮮人のＤＮＡでは歴史から学ぶことができない――208
日本の競争力――211
日本の品質マネジメントの略史――212
企業家精神がなければ単なる商売人――215
韓国ベンチャーと日本ベンチャー――219
ソニー物語――222
製造品質と設計品質――226
日本の分任討議――227
生産性の障害、韓国的上下関係――230
先進国のリーダーと韓国のリーダー――232
韓国的官僚主義――233
韓国のＱＣの現住所――236
韓国のＱＣは上位下達式――238
日本のＱＣはコーチ的――239
本章の結論――240

第七章　韓国を牛耳る左翼勢力の専横的な歴史歪曲／243

韓国の共産主義者たちの信条「歴史を支配するものが国家を支配する」――243
韓国を赤化させた対南工作の実話――245
転向した主体思想派の告白――253
盧武鉉軍団の露骨な反逆――255
従北主義者たちが覆した独立後の歴史――258
金日成が捏造した「米軍の蛮行」と「五・一八光州事件」――261
「五・一八光州事件」はどのように歪曲されたのか？――269
共産主義者の歴史歪曲の実力とは果てしない暴力――277
偽計による詐欺訴訟犯：光州市長、光州弁護士グループ、光州判事グループ――280
文献の分析に続く映像分析――283
光州五・一八関連団体の詐欺訴訟と光州裁判官の共犯行為――285
パク・ナムソンを利用した光州法曹界の茶番劇――287
九十代後半の老婦人も詐訟に利用――289

エピローグ／292

付録／298

一、朴正熙大統領の対日国交正常化会談結果に関する国民談話――298
二、純宗の勅書（一九一〇年八月二十九日）――302
三、日韓併合条約全文（一九一〇年八月二十二日）――303

解説　佐伯浩明（元産経新聞編集委員）／305

第一章　世界の中の朝鮮

人口の一割にすぎない両班が残りの九割の同族を奴隷のように扱い搾取していた朝鮮

朝鮮は、西暦一三九二年に李成桂《イソンゲ》がクーデターによって高麗を滅ぼして建てた国だ。高麗の忠臣や重臣、そして彼らと関わりのある人々はすべて奴隷と化した。また、世宗が一四三二年に制定した『奴婢従母法』によって、両班系の男性と奴隷系の女性の間に生まれた子供は生母の身分に従い奴婢（奴は男奴隷、婢は女奴隷）になるしかなかった。こうしてますます膨れ上がった奴婢層は、人間ではなく牛やロバの半分にも満たない値で取引される家畜のように扱われた。人口の一割にすぎない特権支配階級が残りの九割の民を奴隷のように扱い、さらに、奴が婢を支配する稀有な国が李氏朝鮮だった。

一九一〇年に朝鮮半島全土で行われた戸口調査では、総世帯数二八九万四七七七戸中両班は五万四二一七戸で、全体のわずか一・九パーセントにすぎなかった。屠殺業などに携わる白丁や物づくりに携わる工人などもいたが、彼らが占める割合は微々たるものだった。

二〇一二年にキム・ナムが書いた『朝鮮王朝実録』の十五ページに「名字があった人は十パーセント未満」という小見出しがあるが、奴婢などには名字がなかった。両班と奴婢の構成比率についての正確な統計はない。しかし、重要なことは奴婢が圧倒的多数を占めていたということだ。

　李朝が治めた五一八年間に千件以上の逆謀事件があった。事件が起きるたびに血なまぐさい粛清があった。数百もの両班家門の人々が奴婢に転落した。これに加えて第五代の世宗が『奴婢従母法』を制定し、奴婢身分の女性が産んだ両班の子供は奴婢になると定めたため、奴婢が幾何級数的に増加した。奴婢は両班が飼う家畜のようなものであり、ロバの半値以下で取引されるいわば商品だった。婢は両班の慰み者であり、両班の財産目録の上位を占める奴婢を生産してくれる道具だった。

　両班は様々な手段を使って兵役を免れた。国が外勢に侵略された時に出征して戦わなければならないのはもっぱら奴婢層の人々だった。彼らの大多数は各両班の家で所有する奴婢であり、官奴婢はごく一部にすぎなかった。彼らには両班に対する恐怖があるだけで、主人に対する忠誠心など微塵もなく、まして国家についての概念自体なかった。餌をくれる人になつく子犬のように自分にやさしくしてくれたら外国の軍隊にすら付き従った。朝鮮が外勢に敗れざるを得なかった理由の一つだ。

　我々一人一人のアイデンティティーは何か？　人口の一割しかいなかった階級の子孫か、それとも人口の九割を占める階級の子孫か？　大韓民国の族譜と戸籍を仮に全部調べてみたとしよう。なんと皆が両班の子孫だ。我々の大部分が自らを欺いて生きて来た種族ということになる。両班の子孫だからと言って奴婢より優れていることは何もない。記録によると、朝鮮の人々は、王族、両班、奴隷を問わず嘘と陰謀と野蛮という共通したＤＮＡを持つ人種だったことがわかる。文明に感化されない人間は獣よりも危険だ。まさに、嘘と陰謀と野蛮という言葉は、現在韓国社会を何カ月間にわたって混沌へと突き進ませている文在寅《ムンジェイン》や曺國《チョグク》といった人間にお似合いだ。

外部の侵略から国を守るのであれば、忠誠心のある兵士と彼らに対する訓練が必要だった。しかし、兵役を担わされる朝鮮の奴隷と化した人々は主人と王を呪う烏合の衆にすぎなかった。背負子《しょいこ》を背負う筋肉はあっても、戦に役立つ筋肉はなかった。その上「国家が何か」という概念すらなかった。だから、壬辰倭乱《イムジンウェラン》（文禄・慶長の役）、丙子胡乱《ピョンジャホラン》（清が李朝を侵略した戦い）など外国の侵略を受けるたびに、朝鮮の兵士が敵軍に加担するといったことが珍しくなかった。

一方、漢陽の朝鮮王宮ではどんなことが繰り広げられていたのか？　勢道政治、逆謀、謀略、血の雨、血みどろの争い、陰謀、四党派（老論・少論・南人・北人）の争い、垂簾聴政（幼い王に代わって王族の最長老などが行う摂政政治）、流刑、剖棺斬屍（死後に大罪などが発覚した時棺を割って死体を取り出して首を切ったりした刑罰）、陵遅處斬（大逆罪を犯した者に科した極刑：頭・胴体・手・足を切り落として晒し者にする。）、周牢の刑（両足を縛りその間に棒を挟んでねじる刑罰）、笞刑、杖刑、焼き鏝拷問など、一言で言えば王宮は嘘と陰謀と野蛮が支配していた。朝鮮が少数の両班と多数の奴婢から成る社会体制として歳月を重ねている間、王と両班たちは、奴婢は言うに及ばず、奴隷と化した九割の民を物質的に搾取し、性的に搾取することに興じていた。

世界は今や弱肉強食の時代にさしかかっていたにもかかわらず、王と両班がこんな馬鹿げたことにうつつを抜かしていたのであるから、列強に国を奪われるのは時間の問題だった。朝鮮は日本が滅ぼしたのではない。自滅したのだ。一握りの王族と両班が自分の同族の血をすすることに陶酔している間に、時代の趨勢から取り残されて滅びたのだ。旧韓末（朝鮮末期から大韓帝国までの時期）に知識人が恨嘆したように、九割の奴隷化した民が彼らを搾取する王族や両班のために身を挺して戦う動機などなかったから滅びたのだ。民と一緒に知恵を絞って銃砲を作り科学を興そうとしなかったから滅びたのだ。

李朝の五百年間、朝鮮はどれぐらい発展したのか？　李朝末期の朝鮮の首都漢陽の町にはまともな道路がなかった。道がくねくねと曲がり、わらで屋根を葺いた草屋がカタツムリの群れのように軒を連ねていた。人や家畜が輩出した糞尿が通りにあふれ、両班は異臭が鼻を衝くその通りを輿に乗って通った。人や家畜の排泄物が井戸に入り込んで井戸の水から悪臭が漂っていた。ありとあらゆる伝染病が猛威を振るったが、医者もおらず、まともな医薬品もなかった。自分が欲する財産を持つ者がいれば、有無を言わさず捕まえて周牢の刑などの拷問を加えて強引に財産を奪おうとした。人権など最初からなかった。これが朝鮮を五百年間統治した朝鮮王二十七名の作品であり、日本の総督に渡した朝鮮の総財産だった。

一九一〇年に日本が李朝から譲り受けたものは、迷信深い九割の無知蒙昧な人々と欲深く嘘つきで陰謀が得意な一割の両班、そして汚物で被われた大地と伝染病だった。日本はこんな朝鮮を接収するなり、わずか十年で漢陽を東京風に変貌させた。朝鮮人に日本人の真心を信じてもらうために、日本本土で使用すべき予算を朝鮮に投入して本土の建物より立派な現代式建物を建て、工場やダムや水力発電所を建設した。道が広いと女真族が来るという迷信を信じた歴代の王は、あったはずの道まで無くしたが、日本は漢陽に鍾路や乙支路や太平路などの広い道路を作った。

李氏朝鮮がそのまま続いていたら藁ぶき屋根の草屋は千年万年経っても二階建てにはならなかっただろう。ところが、日本は十年も経たないうちに朝鮮の随所に五、六階建ての美しい建物を建てた。

日本による強制開化がなかったら、そして未だに朝鮮の王朝が続いていたとしたら、一九一〇年からの一〇九年間で朝鮮が今ほど発展していただろうか？　はなはだ疑問である。しかし、日本は違った。朝鮮を無能な独裁王朝から救った。奴婢や両班の奴隷と化していた民を解放させた。科学と教育の力で開化させた。朴正熙はその礎石の上にさらに十八年の功績を積み上げた。それが今日の韓国である。五百年間に築いた遺産が草屋のレベルだったのだから、李朝最後の王・純宗以後、現在までの一〇九年間、その子孫が王を務めていたとしたら、朝鮮は未だに二階建ての家すらなかっただろう。一二三階のロッテワールドタワーなど夢のまた夢だったはずだ。

一割の労働党員が九割の人民を奴隷として搾取する北朝鮮

こんな朝鮮を「格調高い花園の国だ」と美化してきた人々は一体どんな人たちか？　そして、どのような目的であの悪夢のような朝鮮を「花の国だ」と美化したのか？　その元凶が北朝鮮の金氏王朝だ。李氏王朝を金ファミリーの王朝に置き換えたのが今の北朝鮮である。

筆者は用語に関心を持っている。韓国の人々は韓半島を大韓民国だと規定しているが、北朝鮮は韓半島を朝鮮と規定している。従って韓国では南韓、北韓と呼び、北朝鮮では南朝鮮、北朝鮮と呼んでいる。韓国は自由民主体制の国家に生まれ変わって王朝体制の朝鮮と永遠に決別したが、北朝鮮は李氏朝鮮の体制をそのまま受け継いだ。そして、誇るべき朝鮮の伝統を体現しているのが北朝鮮だと主張している。南朝鮮はアメリカ帝国主義の植民地のようになってしまったが、北朝鮮は誰の支配も受けることなく民族の矜持を守ったのだから、民族の正統性は北朝鮮にあるというわけだ。北朝鮮とそれに追従する人々（従北勢力）が暗澹とした朝鮮を「美しい国だった」とうそぶいて美化してきた理由がここにある。

美しい花の国の朝鮮を蹂躙した日本は呪いを受けるべき悪魔の国だと我々が信じ込んでいる限り、韓国を守ることはできない。五・一八の流言飛語にまんまと騙されて来たように、我々は日本に関する流言飛語に騙されて来た。一割の労働党の党員が九割の同族を奴隷のように扱っているのが今の北朝鮮である。まさに、李氏朝鮮の再現だ。

世界と鎖国していた朝鮮

高麗時代に当たる一二一五年、イギリスでは王の絶対的な権力を制限する下克上が起きた。いわゆる『マグナ・カルタ』(Magna Carta Libertatum, The Great Charter of the liberties)、即ち大憲章が誕生した。朝鮮第十三代明宗（在位期間一五四五～一五六七）の頃、イタリアでは科学者ガリレオが地動説を唱えた。一方、朝鮮の第十四代宣祖（同一五六七～一六〇八）は、壬辰倭乱の渦中、国のことなど二の次で、中国に逃げ込んでそこで生き延びることしか念頭になかった。第十六代仁祖（同一六四二～一六四九）は、丙子胡乱で敵国の清の将軍の前に跪いて屈服させられた。同時期、イギリスではニュートンが万有引力の法則を発表した。第十八代顕宗から第二十二代正祖に至る二〇〇年間（一六〇一～一八〇〇）に発生した飢饉や大飢饉の件数は、朝鮮時代五百年間に発生した飢饉の実に約七割に及んだ。

第二十一代英祖（同一七二四～一七七六）が息子の荘献世子《サドセジャ》を米櫃の中に閉じ込めて餓死させていた頃、イギリスでは産業革命（一七五〇～一八三〇）が起きて西洋世界では地殻変動が起きた。蒸気が人力に取って代わり、人間が手で織っていた生地を紡績機が織り、製鉄産業が興ってエネルギー源を炭から石炭に替えた。機械の導入によって急速に大量の失業者が発生し、都市の貧民層の窮乏が深刻化した。この惨状をチャールズ・ディケンズは小説『ハード・タイムズ』の中で告発し、これを読んだカール・マルクスは資本主義を厭って『共産党宣言』（一八四八）を著したのち、資本主義は必ず滅びると展望した『資本論』（一八六七）を出版した。

第二十二代正祖（同一七七六～一八〇〇）時代には、アメリカがイギリスから独立（一七七六）を宣言する一大革命が起き、フランスではいわゆるフランス革命（一七八九～一七九四）が起きた。第二十三代純祖（同一八〇〇～一八三四）の時代には、イギリスで蒸気機関車がレールの上を走り、フランスではナポレオン時代が始まった。第二十五代哲宗（同一八四九～一八六三、興宣大院君の勢道政治）の時代には、アメリカに政治・経済に大きな風が吹き始めた。南北戦争（一八六一～一八六五）が四年間続いてリンカーンが大統領になり、エジソンによって科学の時代の幕が開けられた。日本では明治維新により、西洋の文物を貪欲に吸収して自国を列強の地位へと昇らせた。また、福沢諭吉が英語の単語を日本語に訳した和製漢語を数多く作った偉業を達成し、渋沢栄一が日本の経営者に論語と算盤を同時に教え、損得のみならず経営者としての高い道徳を身に着けることを勧めた。

第二十六代高宗（同一八六三～一九〇七）の時代に当たる一八八五年には、伊藤博文が日本帝国

アメリカ南北戦争

蒸気機関車

初代内閣総理大臣になり、日本は日清戦争（一八九四〜一八九五）と日露戦争（一九〇四〜一九〇五）で勝利を収めた後、大韓帝国と乙巳保護条約（一九〇五）を締結した。第二十七代純宗（同一九〇七〜一九一〇）は、朝鮮時代を自ら幕引きして日韓併合条約（付録参照）に基づいて朝鮮を日本に献上した。一九一〇年八月二十九日には『純宗勅書』（付録参照）が公布された。

「朕是に於いて決然として内省し、確然として自ら断じ、ここに韓国の統治権を従前より親信依り仰したる隣国の大日本皇帝陛下に譲与し、外に東洋の平和を強固ならしめ、内に八域の民生を保全ならしめんとする。汝ら大小臣民は国勢と時宜を深察し、煩擾すべからず」

日本が朝鮮を強制的に占領したといういわゆる日帝強占の話は事実ではない。日本は朝鮮を強制的に占領したわけではない。これは共産主義者たちの謀略にすぎない。当時の朝鮮には内乱と外国の侵略から王室を保護する能力すらなかった。自力では持ちこたえる自信がなかった王室が日本に支援を要請したのである。この時、ドイツではアインシュタインが相対性理論を発表して、世界中がこれに沸き返っていた。しかし。高宗や純宗、大院君や閔妃らは宮中で権力争いに明け暮れ、外の世界がどのように変わっているのか、そして、その変化が今後何を意味することになるかということに、まったく

零式艦上戦闘機

日本航空母艦「鳳翔」

目を向けようとしなかった。

一九二二年日本海軍は世界最初の航空母艦鳳翔を就航させ、一九四〇年には三菱重工業が『零式艦上戦闘機』(ゼロ戦)を生産した。日本帝国はタイ、マラヤ、シンガポール、香港、ウェーク島、グアム、フィリピン、中国など十二カ国に進駐し、一九四一年十二月八日にはゼロ戦を搭載した航空母艦が真珠湾を攻撃し、停泊中のアメリカ太平洋艦隊を壊滅させた。

朝鮮のプロフィール

一六六〇年代の朝鮮を十三年間観察したオランダ人のハメルが見た朝鮮の人々は、尻尾こそないがまるで猿のようだった。一九一〇年前後、二十一名の外国人と六名の朝鮮の先覚者が描写した漢陽の人々は、糞尿に汚染された水を飲んでいた。こんな人々のために日本は、上水道を作って伝染病を減少させた。

朝鮮の両班は、数百~数千人の奴婢を抱えて気に入った奴婢の女性を身ごもらせて奴隷を増やした。奴婢は朝鮮の両班の財産だった。君主は大臣に褒美として奴婢を与え、両班は奴婢を家畜のように売買した。たくさん妊娠させるほど「奴婢富者」になった。娼婦や慰安婦や妓生は、朝鮮の両班が所有していた女性の奴婢より身分がはるかに高かった。宮中にいる王様は数多くの宮女を抱えた独裁者だった。性が乱れて性病が伝染病のように流行り、その危険は王の身にも迫った。このような性病は李承晩政府の時代にも家庭にまで入り込んだ。

朝鮮人は髷の中にシラミが多いほど健康で金持ちになるという迷信を信じた。高宗は進歩的な大臣の進言を受けて一八九五年十二月三十日に断髪令を発した。これは成年男性の髷を切って西洋式の頭にせよという勅命だったが、高宗と皇太子の純宗は率先して髪を切った。内務部大臣兪吉濬《ユギルジュン》は官吏に刃物や鋏を持たせて都城の通りや城門で民衆の髪を切らせようとした。しかし、『身体髪膚受之父母』を唱える性理学（中国・宋代に興った儒学の一派）者の激しい反発に阻まれて一八九七年にひとまず撤回されたが、一九〇〇年に全国的に施行された。

重たげに結い上げた髪

髷

高宗が自ら模範となって率先したこの断髪令を、左翼は日本が何か大きな圧力を加えたかのように歪曲して針小棒大に語った。筆者も郷里で教師から次のように教えられた。「断髪令は日本が朝鮮の伝統と美風良俗を踏みにじった野蛮な行為だった」と。先生が怒るので幼い生徒もまねて怒った。「日本が実行したことのうち、有益なものや感謝すべきことは一つもなかった」というのが、我々に詰め込まれた反日教育だった。

創氏改名についても完全に歪曲された。今もウィキペディア等のインターネットの空間には日本が強制的に推し進めて八十パーセントほどが創氏改名したと記載されている。だが、『一九四〇年三月六日付東亜日報夕刊』には「創氏改名の機会を与えるのみ、強制実施することなかれ。一般の誤解を一掃して趣旨を徹底するよう南総督が定例局長会議で強調」という大見出しがある。この南総督とは第七代朝鮮総督のことだ。一九三九年朝鮮総督府が公布した昭和十四年制令第十九号（朝鮮民事令中改正の件）は日本式姓名制に従う旨規定し、一九四〇年二月十一日から同年八月十日までに各自新たに姓を定めて提出するように公告している。しかし、これは東亜日報の記事でわかるように、希望者には姓を日本式に変える機会を与えるというもので、強制ではなかった。

創氏改名의機會줄뿐
强制實施하지말라
一般의誤解를一掃하고趣旨에徹底도록
南總督,定例局長會議에서强調
列車鐵橋에서
墜落

一九四〇年三月六日付東亜日報夕刊
「創氏改名の機会を与えるのみ、強制実施することなかれ」

日本人は朝鮮人の犯罪者を拷問にかけることなく法に基づいて審判した。面長（面：地方行政単位の一つ。里の上、郡の下）は全員、市長と郡守（郡の長）は内七割を朝鮮人から任命した。朝鮮総督は彼らが朝鮮人の犯罪者にむやみに拷問したり、貧しい民衆から私有財産をみだりに奪ったりすることを禁じた。一九一二年に朝鮮総督府は『朝鮮民事令』を公布して、日本の民法、商法、民事訴訟法を朝鮮で実施することを宣言した。これで民衆を搾取する悪魔の象徴『使道《サット》：中央から派遣されていた官吏（地方官）』の暴政は息をひそめた。総督は国民の九割を占めていた奴婢をすべて解放させて彼らの戸籍を作った。一九二二年には総督府が『朝鮮戸籍法』

（朝鮮総督府令第一五四号、施行一九二三年一月一日）を制定・公布した。奴婢はもとより朝鮮のすべての女性は日本総督府の統治と行政に感謝すべきだ。ちなみに、朝鮮には「水に溺れた人を助けたら風呂敷包みを渡せという」という諺がある。これは「背恩亡徳」、恩恵を仇で返すという意味だが、日本に対して朝鮮人がまさにそうである。

筆者はこのことを実感したことがある。全羅道の光州などの西南地域の人々とのことだ。一九八〇年全羅南道一帯と光州に突然北朝鮮軍のゲリラ集団がやって来て光州の人々を射殺したうえ、「その蛮行は戒厳軍の仕業だ」との流言飛語を拡散させた。都市の財産も手当たり次第に破壊した。暴徒が光州の人々であったなら、大事な公共財産をあれほど惜しげもなく破壊したり火をつけたりできなかったはずだ。当時は戒厳令が敷かれ、当然戒厳軍が投入されて鎮圧作戦を実行していた。高度に鍛錬された暴徒が神出鬼没に攻撃する様子を見ながら「変だ」とは考えたが、彼らが北韓ゲリラ部隊だとは想像だにしなかった。十日間の戦闘で戒厳軍の軍人や警官の中から二十七名の死亡者が出た。その間、光州市民は恐怖におののいて家の中から一歩も外に出られなかった。

一九八〇年五月二十七日明け方、戒厳軍が多くの犠牲を払った末に光州市を解放した。都市を市民の手に渡して去る空輸部隊員を歓送するべく光州市民が通りに繰り出して拍手で見送った。花束を抱えた女性が戒厳軍を抱擁し、多くの女性が戒厳軍に飲料水や食べ物を振る舞った。その後西南人たちはどうしたか？ 全斗煥政権に最も高い支持率を示した地域が西南地域だった。同地域の英雄朴智元《パク　チ　ウォン》は全斗煥に対して「国家を危機から救った最高の英雄」だと賛辞を送った。

にもかかわらず、今になって西南人全員が全斗煥と空輸部隊を「殺人鬼だ」と罵り石を投げている。

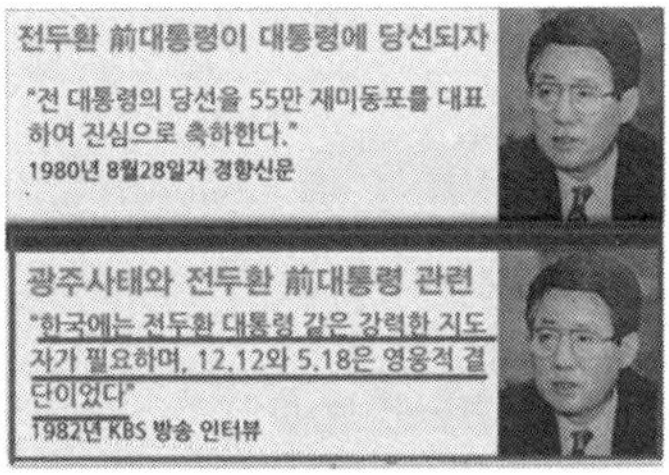

（左上）全斗煥大統領が大統領に当選するや「全大統領の当選を、在米55万同胞を代表して心から祝います」1980年8月28日付『京郷新聞』

（左下）光州事件と全斗煥前大統領に関して「韓国には全斗煥大統領のような強力な指導者が必要であり、12・12と5・18は英雄的決断だった」1982年ＫＢＳ放送インタビュー。

（右）全斗煥の石碑を踏む文在寅

全斗煥の名前を刻んだ石碑を五・一八墓地の出入口の地面に置いて、そこを通る人々に彼の名前を踏みつけさせている。まさにこういうところが朝鮮のＤＮＡのなせる業だ。文在寅大統領も踏んだ。

ところで、筆者は二〇〇三年から現在まで五・一八の歴史を研究している。研究内容は捜査記録、裁判記録、統一部が作成した北韓関連資料及び北朝鮮が刊行した対南工作資料、そして五・一八有功者（五・一八犠牲者とされる人々）の証言録の分析である。

十八年にわたる研究の結果、筆者は、「五・一八は純粋な民主化運動ではなく北朝鮮軍六〇〇名が光州市民に悟られないように密かに浸透して起こしたゲリラ戦だった」という結論に達した。この研究内容は全九巻、三六〇〇ページにわたる著作に収められている。同書において左記の非常に重要な事実が明らかになっている。ここではその一部を紹介し、詳細については第七章で紹介する。

一、五月二十一日八時、六〇〇名からなる傭兵レベルの異邦人が軍の移動時間をあらかじめ把握して待ち伏せし、移動中の正規軍を奇襲して師団長用ジープなど軍車両十四台を奪取した。

二、同日九時、軍需工場から装甲車四台と軍用トラック三七四台を奪取してわずか四時間で全南地域十七市郡に隠されている武器庫四十四カ所を襲って五四〇三丁の銃器を奪取した。
三、同日、全羅南道道庁の地下にＴＮＴ製爆弾二一〇〇発を組み立てて積み置いた。
四、五月二十一日から二十二日にかけて、銃で武装したデモ隊が、一七〇名の間諜を含む二七〇〇名が収監されている光州刑務所を六回にわたって攻撃した。
五、光州で死亡した光州の人間は、光州の人々が主張する二〇〇〇余名ではなく、わずか一五四名にすぎない。
六、そのうち一一六名は銃傷による死亡者で、うち八十五名は武器庫から奪取したカービン銃など市民が所持していた銃器によって死亡した。
七、死亡者の総数の八割は戒厳軍がいない場所で発生した。
八、「五・一八」一級有功者とされる人々は、五月二十一日まで各自の安全を図るべく隠れていた。
九、北朝鮮では毎年、平壌市を始めとするすべての地域の市、郡、都市などで五・一八記念行事を大々的に挙行する。
十、北朝鮮では最高の栄誉の象徴として「五・一八」という文字が授与される。

以上の事実は西南人（全羅道人）にとって非常に不名誉なことだ。しかし、筆者は、このような不名誉なことが西南人の仕業ではなく、北朝鮮の仕業であることを突き止めた。したがって、彼らは、筆者に感謝しなければならないはずだ。ところが、彼らは、北朝鮮の介入を否認し、筆者を相手取って民事及び刑事訴訟を提起した。
そして、二〇一六年五月十九日にソウル中央地方裁判所で開かれた第一回目の裁判に五十余名が押しかけて、法廷で筆者に集団暴力を加えた。北朝鮮を後ろ盾にして傍若無人に振る舞う西南人の素顔である。

我々は歴史を学ぶときに韓国・朝鮮史を周辺の国々歴史と切り離して習った。これ自体が愚民化教育だった。一六六〇年代、オランダ人のハメルが語った。

「朝鮮人はこの世には中国と朝鮮そして中国に朝貢を捧げる七つの辺境国以外には存在しないと思い込んでいた。それ以外の国もあると説明してあげても信じようとしなかった」

ほかの世界が存在するという事実を隠して朝鮮と中国を美化することに重きを置き、中国は大国に、朝鮮は礼儀正しい朝貢の国に、日本はちっぽけなチョッパリの国として教えた。朝鮮の歴史を教える時に同じ時代の世界の国々の歴史も一緒に教えるべきだった。そうすればもっと視野の広いバランスのとれた歴史観を形成することができたはずだ。にもかかわらず、解放後の韓国の歴史界と文化界はソ連の使嗾を受けた左派勢力に支配されていた。そして、この世には花園のように美しい朝鮮があった、その朝鮮を土足で蹂躙《じゅうりん》したのが悪魔の日本だと教えたのである。

それでは比較してみよう。朝鮮の王や暴政を振るう地方官吏が無辜《むこ》の人々を捕まえては周牢《チュリ》（二本の木の棒で足の骨を捻じ曲げる拷問）の刑などの残酷な拷問を行って半死半生の目に遭わせていたのに対し、日本は、日本の総理大臣を襲撃した若い青年に弁護人をつけ、数カ月にわたって裁判を受けさせた。日本が安重根を焼き鏝《ごて》で拷問したのか？　もしも日本人が朝鮮の領議政（議政府の最高官職、総理大臣にあたる）を銃で撃ったら、朝鮮の王はその日本人をどうしただろうか。多分、その場で直ちに拷問を加えて殺していただろう。

同時代の日本の偉人と朝鮮の「偉人」

三十六年にわたる植民地時代、日本と朝鮮は占領国と被占領国の関係だった。共産主義者たちはこの関係を不当なものだったと宣伝した。しかし、当時の朝鮮はアメリカが日本に渡した戦利品だった。朝鮮を戦利品としてやり取りしたアメリカと日本が問題だったのか？　それとも存在感すらなかった朝鮮が問題だったのか？

豊臣秀吉は同時代の朝鮮王・宣祖より優れた人物であり、伊藤博文は当時の高宗や純宗より優れていた。開化を主張していた朝鮮の先覚者はその多くが福沢諭吉の門下生だった。同じ時代に生きた朝鮮と日本の偉人はどのような人物だったか。結論から言うと、日本の偉人は畏敬の念を抱かざるを得ない人物であるが、残念ながら朝鮮の偉人にはそれほどの人物はいない。朝鮮の英雄は大部分が若く、身を挺して一時の功を立てたが、そのほかに取り立てて述べることはない。両国の偉人を比較してみるのも歴史を見つめる一つの切り口になる。

伊藤博文（**一八四一～一九〇九**）

大日本帝国（Empire of Great Japan）は、天皇が一八六八年一月三日に王政復古を宣言してから日本国憲法が発効される一九四七年五月三日まで続いた。朝鮮を接収した司令官は伊藤博文である。彼は、一八八五年十二月二十二日に日本帝国初代内閣総理大臣になり、その後も第五・七・十代総理大臣を務めた。イギリスのロンドン大学（Univ. of London）に留学して化学を学び、後年アメリカのイェール大学から名誉法学博士号を授与された。一八八六年に女子教育の必要性を痛感して女子大学を設立し、一八八九年から三年間は日本憲法の制定を主導した。そして、一九〇九年十月二十六日にハルビン駅で当時三十歳の安重根が撃った銃弾三発を受けて二十数分後に死亡した。

伊藤博文

福沢諭吉（一八三五〜一九〇一）

彼は日本の文明開化の立役者となった偉人だ。当初は日本のみならず隣国の朝鮮や中国も一緒に開化すべきだと熱心に唱えていたが、朝鮮と中国が開化派を弾圧したことに失望して両国に背を向けた。また、新聞社を作り、慶応義塾大学を設立したが、彼のもっとも大きな業績は、蘭英辞典から英単語の意味を研究し、それを漢字語に翻訳したことである。この作業は想像を絶する労力を要する大業だったため、西洋の学者に驚異的な努力家として広く知られている。このような漢字翻訳語は日本で西洋の文物を吸収するためのパイプラインの役割を果たしたが、朝鮮や中国においても同様の役割を果たした。韓国人が現在使用しているハングルの単語は、この漢字語を韓国語読みで発音しているに過ぎない。彼は金玉均《キムオッキュン》、朴泳孝《パクヨンヒョ》、洪英植《ホンヨンシク》、兪吉濬《ユギルジュン》、尹致昊《ユンチホ》、徐載弼《ソジェピル》、徐光範《ソクァンボム》の師であると同時に韓国開化

福沢諭吉

派の熱心なスポンサーでもあり、朝鮮初の新聞『独立新聞』創刊のための募金までやった。彼は、命がけで祖国朝鮮の開化を目指す三十名以上の若者を匿って面倒を見たが、特に金玉均を十年以上もの間保護した。一九八四年以降日本の一万円札には彼の肖像が印刷されているが、二〇二四年以降は渋沢栄一の肖像に変わる。

渋沢栄一（一八四〇～一九三一）

西洋の企業経営者は昔から損得しか念頭になかった。これに対し、日本の経営者は片手に論語を持ち、もうひとつの手には算盤を持つ。これが渋沢栄一の訓えだった。彼は日本式資本主義のモデルを定めた人物として多くの人々から尊敬されて来たが、朝鮮に鉄道を敷き、国策銀行を設立して重い鋳貨の代わりに紙幣を使用させた人物の一人でもある。

松下幸之助（一八九四～一九八九）

彼は、日本や西洋で「経営の神様」と呼ばれている。渋沢栄一の精神を受け継いだ経営者だと言える。彼は、社員の道徳心と能力を育てながら製品生産を行った。彼が遺した一番有名な言葉は「松下電器はまず人を作る会社であり、合わせて商品も作る会社だ」である。

渋沢栄一

松下幸之助

安重根（一八七九～一九一〇）

彼の生家は黄海道の大地主だった。父の安泰勲《アンテフン》は、甲午農民戦争（東学党の乱）の時、私産を投じて私兵を組織して、乱の鎮圧に乗り出すほど政治的な人物であったが、思想的には甲申政変を主導した開化派に近かった。甲午農民戦争は、一八九四年に全琫準《チョンボンジュン》が起こした乱であるが、興宣大院君と繋がりがあったとする説もある。当時十七歳だった安重根は、反乱軍の討伐に乗り出した父親と行動を共にした。ちなみに、安重根より三歳年長の金九《キムグ》は黄海道地域の義兵の先鋒として戦っていたが、安泰勲の陣営に敗れた後、しばらく安泰勲の食客（居候）となった。

安泰勲父子は積極的に日本を援助した。学校を二校建てられるほどの資金を日本帝国に寄贈し、全琫準が率いる民乱の討伐に積極的に乗り出して多くの手柄を立てた。従って、彼らは日本の側にいた人物だと言える。にもかかわらず、なぜか息子である安重根が伊藤博文を襲撃することになる。一九〇九年十月二十六日、当時三十歳だった彼は、ハルビン駅頭でロシア軍の閲兵を受けていた伊藤博文を射殺し、日本の裁判所で裁かれて死刑を宣告され、一九一〇年三月二十六日に関東州の旅順監獄で絞首刑に処された。

安重根

なぜ安重根があのような暴挙に出たのか？ 彼は法廷で伊藤博文に感謝の意を表したという。伊藤が一九〇七年に高宗の七男で皇太子だった李垠《イウン》を日本に留学させ、自ら皇太子の教育係となったことに対する謝意だったそうだ。また、「日清・日露戦争を通じて日本が東洋の平和を守った」と肯定的に評価した。明治天皇が朝鮮の独立と平和維持を取り図ったことについても理解を示したという。それでは、彼を狙撃に駆り立てたものは何か？ 彼が法廷で陳述した内容を見る限り、彼は明治天皇、そして日本に好意的だったように思える。

穿った見方をすれば、彼が伊藤博文を狙撃したことが、結果的に日韓併合（一九一〇年）を促進したと言える。日韓併合を阻止するために伊藤を殺したのであれば、彼は愚かなまねをした。なぜか？ 伊藤は、日韓併合に反対していた人物だからだ。安重根は、自ら心強い後見人を殺したことになる。一方、この事件で純宗が日本に対して頭が上がらなくなったために、日韓併合が促進されたというわけだ。しかし、これはあくまで「偶然の産物」にすぎない。安重根が開化の火付け役になったのは確かだが、彼が開化の英雄と呼ぶにふさわしい人物であったのかという点については疑念を禁じ得ない。

彼の父は守旧派から弾圧を受けたために転居を繰り返し、彼も十代の頃あちらこちらを転々とした。また、漢文を少し学んだものの、一転して銃を使った狩猟に情熱を傾けるようになった。鎮南浦《ヂンナンポ》や平壌などで石炭商を営んだが失敗した。その後、義兵隊に加わって江原道で活動したりしたが、三十歳になるまで頭角を現さなかった。一九〇九年、ある新聞社から伊藤博文の移動計画を入手して伊藤の暗殺を思いつき、大事件に身を投じることになる。ここまで見る限り、彼の足跡や成り立ちは金九とよく似ている。政治に首を突っ込んで理念もなく闇雲に動き回っているうちに何かのめぐり合わせでそうなったのだと思う。彼も反日主義が作り出した英雄にすぎない。反朴正熙主義者が全泰壱《チョンテイル》（労働者の権利保障を求め焼身自殺した労働運動家）を英雄にしたのと同じように。

左記は一九〇九年十二月二十日に関東高等法院検察官が行った尋問の一部だ。事件に至る経緯をかいつまんで言うと、彼は短気で「独不将軍」（独善的なこと）なことから親兄弟ともうまくいっていなかったが、紆余曲折を繰り返すうちに偏見に囚われて無謀な犯行に及んだ、ということになる。当時、彼を取り調べていた日本の検事は彼に丁寧に道理を説いてやったが、彼はまともに答えようとしなかった。世情に疎く、確固とした理念もなく、論理的にも人格的にもバランス感覚を欠いたまま人から聞きかじったことを無批判的に受け入れて、つまらない英雄心から唐突に人を殺めた危険な人間と言われてもやむを得ないように思える。

当時の日本の検事の教育レベルと品性が下記の尋問調書によく現れている。話が通じない世間知らずの青年に世情を詳しく教えてやりながら、まるでキャッチボールをするように問答を繰り返す。今の韓国の検事の言動は、今から一一一年前に安重根を尋問した検事よりはるかに劣っている。韓国は検察部門の尋問スタイル一つとっても、日本に百年以上立ち遅れているように思う。安重根を尋問した日本の検事は、彼と対等な立場で論理的に話を交わしたが、韓国の検察の頭には、被疑者を是が非でも有罪に持ち込もうという意思しかないように見受けられる。読者諸氏に両者の差を比べて頂くために安重根の尋問調書の一部を紹介する。

被告人：安應七（安重根）

右のものに係る殺人事件につき、明治四十二（一九〇九）年十二月二十日関東都督府高等法院検察官・溝淵孝雄は、書記竹内静衛、通訳人・園木末喜を立ち会わせて、前回に続き同被告人に対して次の通りに尋問を行った。

問：平素、あなたは両親兄弟と意見が合っていたか。
答：格別に不和ではなかったが、私が短気で強情なため、父母兄弟とあまり気が合わなかった。
問：前回の話によると、あなたは、信川にいた頃は銃砲を持って狩猟を楽しんでいたが、平壌に転居した後、ハン・ジェホ及びハン・サンホの斡旋で商いを始め、二人の兄弟だけは勉強をさせるつもりだと言ったことがあるということだが、事実に誤りはないか？
答：商いの利益が上がらず、そのうえ七か条条約まで出たので、外国へ行こうと思い、商いはやめました。
問：朝鮮には党禍というものがある。西人の党派が権力を握ると東人を迫害し、東人の党派が権力を握ると西人を迫害する。また、東人の中から南人と北人の党派ができて互いに激しく争ったため、李氏治世三〇〇年以来人民の啓発が遅れ、外敵が権力を掌握したり、宦官や巫女などの婦人の勢力が政治に干渉したりしたために内政が常に乱れ、朝鮮の国力に支障をきたしたことをあなたは理解しているか。
答：よくわかっている。朝鮮人民の脳裏に刻まれていることだ。
問：人命を奪うことは残酷の極みであり、家族親せきを悲嘆にくれさせ、その国に損失を与えるばかりか、暗殺の報道は世界の人々をも戦慄させる罪悪であることを知っているか。
答：わかっている。
問：あなたが伊藤を殺したことも同じ結果をもたらすことをわかっているか。
答：伊藤を殺したことが人道に反するとは思わない。伊藤のせいで射殺された数万人に代わって私が伊藤を殺した。
問：伊藤が数万名を殺したとはどういうことか。
答：明治維新に伴う変革、日清・日露戦争で数万の命を失わせ、先王（高宗）を毒殺し、朝鮮統監府の長として朝鮮に赴任した後に数万人の命を奪った。
問：伊藤が先王を毒殺したことは何で知っているのか。
答：書名は忘れたが、日本人が書いた本に書かれていた。
問：国として戦争が避けられない局面に遭遇した場合、人命を失うのは致し方ないことであり、伊藤個人の責に帰することは妥当ではないと考えるが、どうか。
答：それは認めるが、日清・日露戦争は韓国のためだと言って起こした戦争だ。
問：朝鮮人で殺害された者は暴徒であり、これを処刑したにすぎない。誤って暴徒と見なされて殺害された者については、事実が明らかになった後に金品を与えて遺族を手厚く労わった。むやみに善良な民を殺したことはないと考えるが、どうか。
答：伊藤が朝鮮のために人民を殺したことは知っている。私が伊藤を殺したのも我が国のためであり、動機も手段も同じだ。
問：朝鮮のためという考えに基づく点は伊藤と同じだが、伊藤を殺すことが朝鮮の国益に資する行為だというのはあなたの思い込みであり、誤った事実認識に基づく非常に浅はかな考えと言わざるを得ない。
答：人によって考えが異なり、手段も異なる。私はこの手段をとることで東洋の平和を得ることができると信じた。朝鮮のためという目的は同じでも、伊藤は手段が間違っているとして暴徒を殺した。同じく、私は伊藤の手段が間違っていると考えたので彼を殺した。結局同じではないか。

問：政府の行いと一介の人間の行いは違うのではないか。

答：朝鮮の現在の制度上、政府の決定に基づいて執った行動だと言っているようだが、決してそんなことはない。伊藤の影響力をもってすればどうにでもなった、すなわち、伊藤個人がやったのと同じだ。私は、国民の真意を発露すべく、自主の戦艦と兵力があったら伊藤を付近の海上で待ち受けて攻撃したいと三年前から考えていたが、それが叶わぬまま今まで涙を呑んできた。この度やっとその目的を果たすことができたが、それは私一個人の考えなどではなく、朝鮮の二千万余りの同胞を代表して決行したのだ。

問：一国の政治を執り行う上で反対者がいることは避けられないが、当局は自分の経験と知識に基づいて国家の利害得失を慮って一部の意向に反する外交条約を締結したり、内政を改正したりすることがある。あなたは自分の考えに反するとして反対するにとどまらず、過激な手段を執ったが、それが強い思い込みに基づいた愚かなふるまいであることに今も気づいていないのか。

答：私は、自分の考えが間違っていないと固く信じている。伊藤は大韓帝国政府に圧力をかけた。すべて大韓帝国の真意ではなく、保護条約も同様だ。

問：内政改革の第一は大韓帝国の内政を見直すことである。これまで内政上の弊害となっていた婦人や宦官による政治干渉及び党禍による徒な混乱を排除するとともに、司法と行政の分離、近代教育のための学校開設、資本運用のための金融機関の創設、病院の開設、衛生のための上下水道の改善、郵便鉄道の設計を推し進め、一般官吏についても清廉強直を旨とするよう戒め、いずれも着々と実を結んでいる。そして、兵馬と外交については従来の経験上朝鮮に独立運用の能力がないものと判断し、韓国に代わり日本帝国が粛々と行っている。あなたはこの点について理解していないのか。

答：否定はしないが、私にも言い分がある。

問：あなたは自分の考えだけが真理だと考えているのか。

答：そういうわけではない。討論したらわかるはずだ。

問：あなたは社会状況や自国の歴史もよく知らずに、単に新聞を読んで伊藤の殺害を思い立ったのではないか。

答：新聞だけではない。人の話を聞いたり、事実も観察した上で考えたことだ。

金九（一八七六〜一九四九）

一八九三年東学農民運動に参加して一八九四年に東学軍の先鋒長となったが、安重根の家にしばらく逗留した。彼は、金自点《キムジャジョム》の末裔だ。金自点は、孝宗の時代（一六四九〜一六五九）に朝鮮の北伐計画を清国に密告した罪で陵遅処斬（大逆罪を犯した者に科した極刑）という最も過酷な拷問を受けて亡くなった。金九の顔には痘痕があるが、子どもの頃は、自分を痘痕と呼んでからかう子供たちを台所から持ち出した包丁で脅すほど負けん気が強かったようだ。一時僧侶もするなど根無し草のような生活をしていたが、やがて親日派の暗殺や重要な公館の破壊、独立運動の軍資金集めなどに関わるようになり、李奉昌《イボンチャン》や尹奉吉《ユンボンギル》を送って日本の天皇暗殺や上海爆弾事件を決行させたりもした。また、李承《イスン》晩《マン》に嫉妬して、彼に対するライバル心から一九四八年四月十九日には北朝鮮に行って金日成《キムイルソン》の建国に助力した。李承晩が大韓民国を建国した後もその事実を認めようとせず、南北朝鮮の自主統一を唱えていたが、安斗熙《アンドヒ》の襲撃に遭って死亡した。

金九

金九の自伝『白凡逸志』によると、金九（本名金昌洙《キムチャンス》）は、当時の朝鮮国母を殺害した日本軍中尉・土田譲亮を殺害した英雄であり、一八九六年九月に高宗が仁川に緊急電話をかけたおかげで絞首刑を免れたとされているが、これらは事実ではない。

まず、彼が殺害したのは軍人ではなく黄海道安岳郡鴟河浦《チハポ》の酒幕で、通訳人の若者と一緒に食事をしていた商人の土田譲亮だ。二十一歳の金昌洙（金九）は、酒幕の女店員が老人を差し置いて若い日本人に先に配膳したのを見て憤慨し、この日本人を殺害した。石とこん棒で撲殺して死体を川に投げ捨て、日本人が乗って来た船から大金を盗んだ。使い切れないほどの大金を船の中に保管していた所から見て、土田は日本軍中尉ではなく商人だった可能性が高い。実際に日本は彼が商人であると発表した。これでは『白凡逸志』がいい加減な武侠小説と言われてもしょうがない。

金九は、当初海州監獄に収監されていたが、後に仁川監理署へ押送され、ここで一八九六年八月三十一日、九月五日、九月十日の三回にわたって日本人が陪席する合同尋問を受けた。十月二十二日、法部は、国王に彼を絞首刑に処するのが相当であると建議したが、からくも死刑を免れた。以後収監生活を送ることになったが、一八九八年三月十九日に脱獄した。

「金九の自叙伝『白凡逸志』」抜粋

あの頃、京城府内には既に電話が架設されていたが、京城外の長距離電話が設置されたのは仁川が初めてだったそうだ。もし、あの時まで電話が竣工されていなかったら死刑が執行されていただろう。

『白凡逸志』には、「もし一八九六年九月当時電話が竣工していなかったら自分は処刑されていた」と書かれているが、これも事実に反する。韓国電子電気通信の『わが国の電気通信技術発達史研究』七十八ページによると、電話は一八九六年に大韓帝国宮内府に磁石式交換機が設置されたのが最初で、漢城（ソウル）と仁川間で電話が開通したのは一九〇二年三月である。ところが、彼はそれより六年も前にソウルと仁川間に電話が開通していたから、高宗が仁川に緊急電話をかけ死刑執行を中止させたのだと虚言を弄している。

功勲電子資料館のウェブサイトで土田譲亮を検索すると数十件ヒットするが、その中の独立運動史資料集の撃殺件取調書を開くと上記鴟河浦事件の主犯の金九こと金昌洙と宿屋の主人李化甫《イファボ》の取調書を閲覧することができる。

海州居住：金昌洙　当年二十一歳（功勲電子資料館）
初招：一八九六年八月三十一日

問：あなたが行ったことは既に李化甫が供述するところであるから、真実をありのまま述べよ。
答：私は、今年正月二十四日に龍崗から安岳へ向かう途中で、平壌出身の鄭一明《チョンイルミョン》、咸鏡道定平出身の金長孫《キムジャンソン》及び金致亨《キムチヒョン》と会って、同じ船に乗った。鴟河浦に着いてから李化甫の酒幕に行き、夕食を済ましてそのままそこに投宿した。翌日早朝、朝食を終えて去ろうとしたが、旅人に食膳を供するときは老少をわきまえてその順番を守るべきであるにもかかわらず、客の中に短髪で刀を差した怪しげな男が膳を先に出すように要求すると女店員がその男に先に配膳したので、内心ひどく憤慨した。その人の風体から日本人だとわかったとたん、不倶戴天の仇という思いが募り、急に胸の血が騒いだ。それで、その日本人がよそ見をした隙に足で蹴ってつんのめらせ、手で殴り殺して凍った川に捨てた。その後、同行した三人が船から若干の現金を頂戴して来たので店主にいくらか預け、それ以外の金員は三人の路銀に充てることにした。そして、私は日本人の環刀を奪取し、ロバ一匹を七十五両で買って単騎で載寧へ向かった。同年三月に家に帰ったところ、海州の巡査に逮捕された。

建陽元年八月三十一日
仁川港警務官・金順根《キムスングン》

罪人：金昌洙
金昌洙　再招一八九六年九月五日

問：あなたは、仲間数名と李化甫の店で一緒に投宿している時に日本人を殺したか。
答：平壌の南門の外で初対面の商民三人と知り合い、彼の店に宿泊したが、日本人を殺す時、同行の三人は逃げた。
問：あなたは、同行した三人と李化甫の宿に到着してから、仲間数百名が間もなくやって来るから草鞋などを予め用意してくれと言ったようだが、これは仲間がいることを意味するのではないか。
答：当時は各地で盗賊が蜂起していたので、そんな虚勢を張って店主を困惑させようとしただけだ。
問：日本人を撲殺した時に使用した凶器は何か、また、同行した三人も協力したのか。
答：最初は石で殴り、さらに木で殴ると彼が起き上がって逃げようとしたので、川岸まで追いかけてこん棒で繰り返し殴打した。そして、彼の死体を引きずって行って、氷の面に捨てた。同行者の三人は、この件に全く関与していない。

裁判以後の『独立新聞』記事抜粋

仁川裁判所で行われた強盗金昌洙（金九）は、自称左統領と名乗って日本人の商人土田譲亮を撲殺して川に投げ捨て、財物を奪った罪で絞首刑に処せられることに……。

最後に、筆者の私見を付け加える。金九は二十歳前から東学党の乱の際に反乱軍の先鋒を務めた。そして、二十一歳の鍛え抜かれた体の持ち主だった彼が、仲間と一緒に鵄河浦の店主李化甫が営む宿泊所に一泊したが、日本人の土田譲亮も同じ宿に泊まっていた。目端が利いた金九は土田が船に乗って行き来する商人であると見抜き、船の中に金目のものがたくさんあるに違いないと推量したはずだ。だから店主の李化甫に自分の地位が左統領だと語り、すぐに自分が率いる手下たちが来るはずだと伝えて店主を怖がらせて抵抗できなくした。そして、意図的に商人に近づいて足蹴にして倒してから予め準備していた石とこん棒で日本人を殺害し、船から金目の物を盗んだと考えるのが、これまでの彼の言動から推して妥当な解釈だと思う。

左翼系インターネット新聞『オーマイニュース』の記事「朴正熙が取り立てた金九、いかにして進歩のアイコンとなったか?」を要約して紹介する。

金九の息子金信は空軍中将として五・一六（一九六一年の軍事クーデター）に参加し、五・一六で政権の座についた朴正熙の傍で出世した。一九六二年に空軍参謀総長職を退き、長らく台湾大使を務めた。その後、交通部長官を経て維新政友会の国会議員になった。また、全斗煥《チョンドファン》が建てた独立記念館の初代理事長、白凡金九記念館館長及び白凡金九先生記念事業協会会長を歴任した。朴正熙は李舜臣《イスンシン》とともに金九を民族の英雄に推挙した。南山には白凡広場を造成し、一九六二年には金九に建国功労勲章中章（現行大韓民国章、建国勲章一等級）を授与した。勲章の審査には李丙燾《イビョンド》、申奭鎬《シンソクホ》が参与した。

ところが、民族文化研究所がこの両名を親日派と規定した。左翼の女王バチ格の民族問題研究所は、左翼の偶像金九を聖域化してくれた朴正熙を売国奴と呼び、金九の受勲に寄与した李丙燾と申奭鎬を親日派と規定したのはアイロニーとしか言いようがない。

金九の行跡をもう少し考察する。彼は二十一歳の時に無辜の日本人を石とこん棒で殺害して金品を盗んだ。五十六歳だった一九三二年には李奉昌と尹奉吉に爆弾テロを教唆した。一九四七年七月には呂運亨《ヨウンヒョン》、一九四五年には宋鎭禹《ソンジンウ》が暗殺されたが、その事件の犯人が金九だと世間では囁かれた。これに続き、同年十二月に韓国民主党の党首張徳秀《チャンドクス》が暗殺されると、アメリカ軍政は煮え切らない態度を一変して金九を法廷に立たせた。この裁判で金九は運よく無罪になったが、彼が率いていた韓国独立党は致命傷を負った。趙素昂《チョソアン》は政界を引退し、金九の側近の金錫璜《キムソクファン》、チョ・サンハン、シン・イルジュン、ソン・ジョンス、キム・ジュンモク、チェ・ジュンハ、パク・クァンオク、ペ・ヒボムら八名に絞首刑が、チョ・ヨプとパク・ジョンドクには懲役十年が言い渡された。

朴正熙も全斗煥もこうした歴史をよく知らずに金九神話を作り、その結果は今もなお我々を苦しめている。金九神話は、左翼勢力を団結させ、無防備な大多数の国民に金九が民族最高の英雄だと信じ込ませる役割を果たしている。共産主義者たちの勢力がもたらした思想的・政治的混迷に翻弄されている今こそ歴史認識を改める必要がある。

李奉昌（一九〇〇〜一九三二）

龍山の文昌普通学校を卒業し、商店の店員を経て龍山駅で駅員及び運転見習いとして働いていたが、日本に渡って大阪で日本人の養子になった。氏名も木下昌蔵という日本名になった。日本が好きで日本語も流ちょうに話せた彼は日本人になろうと努力したが、朝鮮人だという理由で昇進できなかったことから日本に反感を抱くようになったという。結局、彼は金九を訪ねて行き、日本に爆弾を二個持ち帰った。一九三二年一月八日、東京の代々木練兵場で行われた観兵式を終えて還幸中の昭和天皇めがけて手りゅう弾一個を投げつけた。近衛兵二名ほどが負傷したが、天皇は無事だった。東京大審院は一九三二年九月三十日午前九時に死刑を宣告し、同年十月十日に市谷刑務所で絞首刑に処された。三十二歳の独身の青年だった。

李奉昌

尹奉吉（一九〇八〜一九三二）

中国の上海で中国人相手の八百屋をしていたが、二十三歳だった一九三一年の冬に金九を訪ねて、独立運動に身を捧げたいと申し出た。そして、一九三二年四月二十九日上海の虹口公園で開かれた上海事変戦勝記念行事の会場に爆弾を投擲して、日本軍幹部数名が死傷した。これにより、彼は一九三二年五月二十八日上海に派遣された日本の軍法会議で死刑を宣告され、同年十二月十八日に金沢衛戍拘禁所に移管され、翌日銃殺刑に処された。弱冠二十五歳の若者だった。

尹奉吉

柳寛順（一九〇二〜一九二〇）

柳寛順

一九一八年三月十八日梨花学堂普通科を卒業し、同年四月一日高等科一学年に進学した。父の柳重《ユジュン》權《クォン》は進歩的な思想の持ち主で、興護学校を建てた地方の名士だった。梨花学堂では二月二十八日に全校生が万歳を叫ぶことが決議された。同校の学生だった申特實《シンツウクシル》と盧禮達《ノイエダル》らはパゴダ公園（ソウル所在）で行われた三・一万歳運動に参加し、当時高等科一年だった柳寛順も徐明学《ソミョンハク》、キム・ボクスン、キム・ヒジャらと「五人の決死隊」を結成して南大門へ向かうデモの行列に合流した。申特實と盧禮達は検挙され、教師の金篤實《キムドクシル》は投獄されたが、日本の警察に捕まっていた彼女はすぐに釈放された。学生の示威運動が激しくなると、日本総督府は三月十日に全国に休校令を発したため、彼女は十三日に汽車に乗って故郷の天安に帰った。

帰郷した彼女は、従妹の柳禮道《ユイェド》や年長者の指示で太極旗を作った。一九一九年四月一日、趙仁元《チョインウォン》、柳重權らと天安の竝川《ビョンチョン》のアウネ市場で行われた万歳示威、いわゆる「アウネ独立万歳運動（「アウネ」とは二つの川を一緒にするという意味）に参加した。死者十九名、負傷者三十数名が出た。彼女はデモ隊の前列にいたため、逮捕されて公州刑務所に収監された。五月九日に公州地方法院で五年の刑期を言い渡された。彼女はこれを不服として控訴したが、京城覆審法院（高等法院）で六月三十日に三年の刑期を言い渡された。一九二〇年四月二十八日の英親王（李垠）のご成婚記念の特赦令で彼女の刑期も一年六カ月に短縮されたが、彼女は一九二〇年九月二十八日午前八時二十分に不慮の死を遂げた。彼女の足跡に係る確実な記録が存在しないため、彼女の死因に関して様々な説がある。

左翼は、日本や李承晩、朴正熙、全斗煥らを貶めるために英雄を作り出してきた。金九は李承晩を貶めるために作り出された英雄であり、張俊河《チャンジュンハ》（政治家・ジャーナリスト・社会運動家）と全泰壱《チョンテイル》は朴正熙を、尹祥源《ユサンウォン》（五・一八民主化運動において市民軍を統制する抗争指導部のスポークスマンを務めた）は全斗煥を、柳寛順は日本を貶めるために作り出された英雄だ。

しかし、筆者の歴史認識からすると、いずれも英雄として持て囃されているほどの人物ではないと言わざるを得ない。以上で考察したように、同時代を生きた人々の中で日本の偉人と朝鮮の偉人の間にはあらゆる面で厳然とした格差があったことがわかる。

写真で見る朝鮮と日本

次ページに掲げる写真は一九〇〇年頃の朝鮮と一九一〇年頃の朝鮮を代表する写真だ。

《1900年頃の朝鮮（日韓併合前）》

大韓帝国（朝鮮末期）の道路のない漢城市街

漢城の監獄

1900年ソウルの食堂

《1910 ～ 1920 年頃の朝鮮（日韓併合後）》

新義州高等女学校

朝鮮銀行（1910 年竣工）

京城（ソウル）駅（1925）

南大門通り

水豊ダム（1937 ～ 43）

日本人の小宮三保松が昌慶宮の中に建てた
動物園（1930）

釜山に移住してきた日本人が開発した
韓国初の海水浴場

朝鮮総督府医院（1908）

第二章　外国人と内国人が見た朝鮮

これまでに見てきた通り、日本と朝鮮は能力からして違っていた。はたして朝鮮は、共産主義者たちが美化しているような文化的な国だったのか？　朝鮮を現地で長年にわたって観察した外国の知識人、そして同時代の朝鮮人の先覚者たちが観察した内容を以下に整理する。外国人二十一人、内国人六人が眺めた朝鮮は、一言で言えば阿鼻叫喚の未開の国だった。

ヘンドリック・ハメルの著作より

十六世紀、ヘンドリック・ハメル（一六三〇〜一六九二）の『朝鮮幽囚記』がヨーロッパの数カ国で出版された。オランダ人であるハメルが台湾から日本の長崎に向けて航海中に台風に遭い、済州島《チェジュド》に漂着してから朝鮮を脱出するまでの十三年間（一六五三〜一六六六）、康津《カンジン》、麗水《ヨス》などの全羅南道《チョルラナムド》一帯で体験したことを紹介した見聞録で、以下はその本の一部だ。

ヘンドリック・ハメル
（Hendrick Hamel）

朝鮮人は盗みを働き、嘘をついて人を騙す傾向があり、信じるに値しない人々だ。人を欺いてもそれを恥だと思わず、してやったりとほくそ笑んでいる。彼らは臆病な民衆だ。清国がこの国を占領した時は、敵との戦闘で死んだ者より、山に逃げ込んで首をくくって死んだ兵士のほうがずっと多かった。戦闘で誰かが倒れれば、すぐに逃げる。男たちは自分の子供を何人も産んだ妻を追い出して、他の女を娶り、堂々と何人もの妾を囲って、自分の下女のように扱っている。

朝鮮は清国に隷属しているが、国王の権威は絶対的なもので、国王は朝廷での評議に従わず、自分の思いのままに国を統治している。両班《ヤンバン》たちは土地と奴隷によって収入を得ており、その中には二〜三千人の奴隷を所有していた者もいて、奴隷の数は実に人口の半分以上だった。十七世紀を迎えているにもかかわらず、朝鮮は世界を認識する水準が極めて低かった。朝鮮人は地球上には十二個の王国しかないと考えており、それらの国はすべて中国の皇帝の支配を受けて、貢ぎ物を捧げなければならないと考えていた。清国以外にも世界には多くの国があるとその国名を挙げても朝鮮人はあざ笑い、それはきっと郡や村の名前に違いないと反論する。

朝鮮の刑罰制度は過酷を極めている。ある女性が夫を殺すと、役人はこの女性を人々が通る道端に肩まで埋めた。その女のそばに木製の鋸を置いて、そこを通る人々は、両班を除き、皆その鋸で一回ずつ彼女の首をひいて行かねばならない。殺人を犯した者は死刑になるが、その方法がまた意外なものだ。被害者の死体をすみずみまで拭ったお酢と汚水をよく混ぜて犯罪者に飲ませて、膨れ上がった腹が裂けるまで鞭で打つ。他の男の妻と姦通すると死刑に処される。男たちは非常に女好きで、嫉妬心がとても強く、仲の良い友人にもなかなか妻を見せようとしない。犯罪者は自分が死ぬ方法を選択することができる。一般的に男たちは背中から刺されて死ぬことを望み、女たちは自分の首を刺して死ぬ方法を選ぶ。

国王に税を納期に納めることができなかった者は、滞納した税を全部納めるまで、もしくは死ぬまで一カ月に二〜三回、脛骨を打たれる。叩き殺されても、彼の一族郎党が滞納した税を収めなければならないので、国王の収入は完全に保証されている。寺院は主に両班の遊び場であり、妓生《キーセン》を連れて寺にしばしばやってくる。寺院は木々が茂る山の中に位置しており、景色が非常に美しく、建築物としても国中で最も優れたものだが、売淫窟や居酒屋に成り下がってしまっている。朝鮮人は病気を嫌悪する。伝染病にかかると、村の外に建てた小屋に閉じ込められ、そこを通りがかった人は患者のいる方向の地面に唾を吐いて行く。結局、患者はそこで死んでしまう。タバコは老若男女を問わず吸われており、吸わない人を見つけるほうが難しい。

『Hendrick Hamel's report』1688（参照）

ホレイス・ニュートン・アーレンの著作より

ホレイス・ニュートン・アーレン（一八五八〜一九三二）はアメリカ人宣教師である。

ホレイス・ニュートン・アーレン
（Horace Newton Allen）

かつて世界中を巡り、古今四千年の歴史を学んだが、高宗（李朝二十六代）のような人物は初めてだった。朝鮮人は陰謀が得意で、母親の乳首を咥えている赤ん坊の時から陰謀を企むのが好きなようだ。ソウルは至る所が不衛生だった。高級官僚たちが集まっている豊かな村も同様だ。大きな瓦葺きの家の塀の前に下水路があったが、野菜などの生ゴミがたまっていて、鼻がひん曲がりそうな悪臭が漂っていた。そんな道を高級官僚たちは平気で輿や馬に乗って通って行く。衛生状態が劣悪なため、都や大きな村には絶えず伝染病が蔓延しており、都の人口の一割近くがコレラやペストで死ぬという悲惨な出来事もあった。

人々がこのような環境の中で生きているということは驚くべきことだ。通りは狭苦しい泥道で、あらゆる動物の排泄物が散らばり、そこを通ると息をすることもできない。その道を悠然と往来する人々は老若男女を問わずざんばら髪で、上着を脱ぎ、ズボンはもともとどんな色だったのか分からないほど汚く、みすぼらしかった。さらにほとんどの人が素足だ。女たちは一応上着を着ていたが、それが流行なのか短くて黄ばんだチョゴリの下から乳房を覗かせている。

道の両側には、家畜小屋にも劣るみすぼらしい土と草でできた小さな平たい家々が、まるで茸の群生地のように延々と連なっているが、裕福な村に行けば、何軒かの瓦葺きの家を見ることができる。一般庶民にとっては服の上下一着が寝間着であり、仕事着であり、外出着であった。しかも、着るのを惜しんで、夏は上着を脱いで暮らしていた。

『Things Korean』1908（参照）

ウィリアム・グリフィスの著作より

ウィリアム・エリオット・グリフィス（一八四三～一九二八）はアメリカ人の東洋学者。

朝鮮人はそのほとんどが文盲だ。女たちは常に閨房に監禁同然の状態で、主人の許しなしには表に出られない。このしきたりに背くと、父親が娘を殺したり、夫が妻を殺したりする場合もあった。あるイギリス人は、朝鮮で最も清廉だと言われている人物が、彼が今まで見た中で最も汚い人物だったと嘲笑し、朝鮮人は地球上で最も汚い人々だと述べた。役人たちは貪欲で、民衆の血をすって肥え太っていた。朝鮮は、飽くことを知らない傍若無人な役人の収奪で荒廃し、瀕死の状態だ。

『Corea the hermit nation』1882（参照）

ウィリアム・エリオット・グリフィス
(William Eliot Griffis)

クロード・シャルル・ダレの著作より

クロード・シャルル・ダレ（一八二九〜一八七八）はフランス人神父である。

朝鮮の飢えた民衆は中国の密輸業者に自分の幼い娘を一人あたり米一斗で売っていた。朝鮮人は、「道という道に死体が散乱している」と国内の凄惨な状況について語った。朝鮮の政府は、中国や日本から食料を買うぐらいなら、いっそのこと民衆の半分を死に追いやったほうがましだと考えているとしか思えない状況だ。

『HISTOIRE DE L'EGLISE DE COREE』1874（参照）

ホーマー・ハルバートの著作より

ホーマー・ハルバート（一八六三〜一九四九）はアメリカの宣教師である。

ホーマー・ハルバート
(Homer Bezaleel Hulbert)

朝鮮人はごく初歩的な衛生観念もない。金持ちの家に行っても状況は特に変わらなかった。誰も通りを清掃しないので、糞便を避けて歩くほかなかった。垂れ流された糞尿で、井戸が汚染されている。朝鮮人たちは汚物や洗濯した水をそのまま井戸に捨て、その水をまた使っていた。だから、ある村にコレラが発生すると、あっという間に村全体に広がった。

『(The)Passing of Korea』1906（参照）

ウィリアム・フランクリン・サンズの著作より

ウィリアム・フランクリン・サンズ（一八七四〜一九四六）はアメリカ人の外交官である。

朝鮮の王室は怠惰であり、官職を占めようとする貪欲な人々がひしめいており、彼らは金と権力のある人に媚びへつらった。そして、金のある何人かの高官を軸とする派閥を作ることが慣例であった。

『The Far East Undiplomatic Memorial』McGraw-Hill N.Y. 1930（参照）

ウィリアム・フランクリン・サンズ
(William Franklin Sands)

ホレイス・グラント・アンダーウッド夫人の著作より

リリアス・ホートン・アンダーウッド（一八五一～一九二一）はイギリス出身で韓国の延世《ヨンセ》大学創立者であるホレイス・グラント・アンダーウッドの夫人である。

ホレイス・グラント・アンダーウッドと夫人
(Lillias Horton Underwood)

ソウルに来て最初に目にしたのは、巨大な茸の群生地のようなこじんまりした土造りの家だ。それらの家は一つの部屋と一つの炊事場に分かれていた。低い山々は木が一本も生えていない禿山だった。朝鮮人たちは宴席に行くと信じられないほどの量のごちそうを食べる。彼らは宴会のためにお腹をペコペコにすかせておいたりするそうだ。一方、日本人は客に、手のひら大の茶碗いくつかと粋な皿を並べて出すが、提供する食べ物はほんのわずかだ。朝鮮人がますます貧しくなり、日本が富を築く理由がここにあるのではないだろうか。

朝鮮人はよく迷信を信じる。平壌《ピョンヤン》には井戸が一つもない。「井戸を掘ればそこにはまって沈んでしまう」という迷信があるからだ。彼らはみな大《テ》同江《ドンガン》で水を汲んで飲んでいた。日露戦争で死んだ無数の死体が川に浮いている時でさえその水を飲んでいた。小さなできものができたので、簡単な外科手術で取り除こうとしたところ、メスやハサミを体に触れさせるのは儒教の訓えに背くと言って皆が反対した。王も同じように反対した。

朝鮮の女たちは概して美しいとは言えない。彼女らは悲しみと絶望、過酷な労働、病気、愛情の欠乏、無知、そして慎ましさのために、目は輝きを失い、顔はやつれて、傷だらけだった。二十五歳を越えた女はその傾向が著しい。宮中の女官たちも同様だ。さらに、彼女らがみなタバコを吸っていることに驚いた。

『Fifteen years among the top-knots; or, Life in Korea』1904（参照）

ヘッセ・ヴァルテッグの著作より

エルンスト・フォン・ヘッセ＝ヴァルテッグ（一八八八〜一九一八）はドイツ人旅行家。

民衆は貧困の中で苦しんでいるが、役人たちは民衆から搾取した富で放蕩の限りを尽くしている。朝鮮の民衆は貧しく、無知で、怠惰で、迷信を信じているが、このような属性は、節操がなく、貪欲な政府が生みだした不幸な結果だ。朝鮮の政府は数百年の間、民衆の間に世の中をより良くしようという衝動が起こるのを助けるどころか、抑圧してきた。なぜならば、朝鮮の両班支配層が封建的な秩序の中で、自分たちが受け継いだ奴婢を思いのままに使役したり売買できる奴隷制度を維持しようとしたからだ。日本にはあって朝鮮にないのは、忠誠心と愛国心と自己犠牲という高い理想を持つ学者と文化的集団だ。

『Korea eine Sommerreise nach dem Lande der Morgenruhe, 1894』1895（参照）

エルンスト・フォン・ヘッセ＝ヴァルテッグ
(Ernst von Hesse-Wartegg)

ジョージ・ギルモアの著作より

ジョージ・ギルモア（一八五六～一九四〇）はアメリカ人牧師。教師として朝鮮に招聘される（一八八六～一八八九）。

ジョージ・ギルモア
(George William Gilmore)

朝鮮は最も貧しい国の中の一つだ。耕作可能な土地の二十パーセントも耕作できず、輸出のための製造業が一つもなく、鉱物資源は豊富だが、そのほとんどが手付かずだ。開発中の資源でさえ粗雑で、非効率な方法で開発している。この国に来て最も驚いたことは、想像を絶する汚さだ。全世界の数多くの国々を巡ってきたが、地球上でこのように汚い国は初めてだ。朝鮮の都である漢陽《ハニャン》の猥雑ぶりは実に形容しがたい。二十五万人の住民は迷路のような路地の地べたで暮らしている。

『Korea form its Capital』1892（参照）

マリ・ニコル・アントン・ダブリュイの語録より

マリ・ニコル・アントン・ダブリュイ（一八一八～一八六六）はフランス人宣教師。

この国では現在、教育というものはほとんどなされていない。子供たちを教育せず、好き放題にさせている。欲深く、好奇心が過度に強く、何よりとてもおしゃべりだ。そして、非常に口が軽く、秘密を守れない。金ができれば無計画に、とにかく使ってみる。そして虚栄心が強い。朝鮮では兄弟姉妹がみな一つの部屋で寝て、夏は思春期になるまで、ほとんど全裸で暮らしている。朝鮮人は当事者の意思とは関係なく、両親の思い通りに結婚をさせるので、逃げる女が多い。また、朝鮮の母親は子供たちが六歳か八歳になっても乳を吸わせる。一番下の子供に十二歳まで乳を吸わせているのを見たこともある。

マリ・ニコル・アントン・ダブリュイ
(Marie Nicolas Antoine Daveluy)

朝鮮の両班は平民に過酷な暴政を敷いている。両班は金が無くなると平民の物を搾取したり略奪するが、それを誰も止められない。官吏や地方長官などの両班は畑や家を買っても金を払わない。これは慣習だ。朝鮮で最も悪辣な搾取階級はほかでもなく両班であり、朝鮮の王が民衆をより良く治めようとしても、両班たちがその間で権力を濫用して、横領と搾取を日常的に行っている。

『HISTOIRE DE L'EGLISE DE COREE』Claude Charles Dallet, 1874(参照)

ジャック・ロンドンの著作より

世界的な作家であるジャック・ロンドン(一八七六～一九一六)は二十八歳の時に記者として朝鮮を訪れた。おそらく朝鮮の地を踏んだ西洋人の中で最も知名度の高い人物だ(小説『野性の呼び声(The Call of the Wild)』は八十余カ国で翻訳され、四十余作品が映画化されている)。

西洋人が朝鮮に来れば、最初の数週間で二つの衝動に駆られるだろう。一つは韓国人を殺したくなることであり、もう一つは自殺したくなることだ。朝鮮人は世界で最も臆病な民族だ。特に写真を非常に怖がる。ある日、子供を背負って、家財を頭に乗せた避難民をカメラに収めようとすると（当時、朝鮮半島北部が日露戦争の戦場になっており、避難する人が多かった。）、父親と子供はあたかも命の危険にさらされているかのように恐れおののいていた。彼を無理やりにカメラのレンズの正面に立たせようとすると、彼の涙とむせび泣きは頂点に達した（カメラのフラッシュが焚かれると魂が奪われると信じているようだ。）。朝鮮人はとても怠け者だ。朝鮮人は盗みが得意で自分より弱い者には強気だった。ある日、宿屋に泊まったが、翌朝見ると馬に掛けていた毛布が二枚なくなっていた。宿の主人は「なんとお詫びしたらよいやら…」と、口先だけで何の措置も取らなかった。怒ったロンドン一行は村の人々を呼び集めて、毛布が見つからなければ平壌まで連行して処罰すると脅した。すると、荷担ぎが怯えて、地面から毛布を掘り起こし始めた。その瞬間、朝鮮人たちは一斉に荷担ぎを殴り始めた。弱者が強者と和解するには、自分よりさらに弱い者を踏みにじらなければならないというアジア的思考様式がもたらした結果だった。

ジャック・ロンドン
（Jack London）

飽くことを知らない好奇心もまた韓国人の特性の一つだ。彼らは覗き見がとても好きで、朝早くから夜遅くまで、我々を見物した。最も人気があったのはひげ剃りをする時だった。私が顔に石鹸をつけ始めると、人だかりができるほどだった。朝鮮人は非能率的だった。彼らは大きな豚一頭を頭に乗せて歩けそうなほど力が強い。日本人よりも体格が大きくて、がっしりとしている。

しかし、西洋人ならば一人でできる仕事を、三人でやっていた。朝鮮には搾取する階級と搾取される階級という二つの階級しか存在しない。平安南道《ピョンアンナムド》の順安《スンアン》に滞在中、私は郡守のパク・スンソンが、日本軍が支払った価格の三割だけを民衆に与え、残りを自分で着服していることを知ったので、役所に踏み込んで、郡守に会って問い詰めた。郡守パク・ソンスンは恐怖に震えて、着服した金を一銭も残さず民衆に返すと約束した。

数世紀の間、朝鮮は足を引きずって生きてきたのに、朝鮮人はそれを自分たちで治すことができなかった。朝鮮の王は列強の分裂を利用して、独立を維持しようとする弱気な仲買業者のようであり、役人は陰謀によって私利私欲を追求する集団だ。数世紀に及ぶ執権層の腐敗で、次第に勇猛な気概を失った朝鮮人は意志や進取の精神をなくし、地球上のあらゆる民族の中で、最も非能率的な民族となったのだ。

『La Corée en feu』Édité par Francis Lacassin, 1982（参照）

アルフレッド・チャールズ・ウィリアム・ノースクリフの語録より

アルフレッド・チャールズ・ウィリアム・ノースクリフ（一八六五～一九二二）はイギリス人の新聞社主、子爵で、一九二一年に朝鮮を訪問した。

朝鮮の役人は皆泥棒だ。朝鮮の民衆は両班支配層が、自分たちのものを当然の権利のように奪っていくことを知っている。民衆は両班支配層が泥棒であるということ以外は知らない。盗みに

アルフレッド・チャールズ・ウィリアム・ノースクリフ
(Alfred Charles William Harmsworth, 1st viscount Northcliffe)

も段階がある。両班の盗みは強奪の域に達している。朝鮮人は日本軍の兵士が金を払わずに食料を持っていくと不平を言うが、実情はこうだ。朝鮮の民衆が米を納めて、日本軍の兵士がそれを食べれば、日本政府は代金を支払うが、朝鮮の役人はそれを着服する。朝鮮の役人が金を引き出す手腕は、世界の他の民族を凌駕している。こうした両班の行為を、「搾取」という。朝鮮の役人は、搾取を手腕だと考えて来た。朝鮮には搾取する階級と、搾取される階級という二つの階級しか存在しない。古今東西、朝鮮ほど汚い所はない。中国の道路は異臭が立ち込めていると言うが、朝鮮では人々がウジ虫にまみれて暮らしている。日本人の家は明るくて清潔だが、中国人の家は汚くて陰気だと悪口を言うが、朝鮮人の家は肥溜めのレベルである。到底、二階建ての中国人の家とは比べ物にならないのに、情けない。朝鮮の人々の、苦渋に満ちた表情を見ると本当に気の毒になる。

『My journey round the world (16 July 1921-26 Feb. 1922) by Alfred Viscount Northcliffe』Edited by Cecil & St. John Harmsworth, 1923（参照）

アーネスト・ハッチの著作より

アーネスト・ハッチ（一八五九～一九二七）はイギリス人の政治家。一九〇四年に日本・朝鮮・中国の旅行記『極東の印象（Far Eastern Impressions）』を発行。

朝鮮のすべての役人が略奪を日常的に行っており、収奪がこの国の法則のようになっているため、朝鮮人は努力することに魅力を感じていない。貧困は、人民が両班支配層の抑圧に対抗する立派な理由づけになり得る。しかし、朝鮮政府の腐敗と非効率性は、かなり以前から改革不能なレベルまで達しているにもかかわらず、朝鮮の民衆はそのような暴政に慣れっこになって、それに抗って戦おうとしない。朝鮮の役人たちは国の心臓部を占めながら民衆の生き血をすする吸血鬼だ。

『Far Eastern Impressions: Japan-Korea-China』1904（参照）

アーネスト・ハッチ
(Ernest Frederic George Hatch)

アーノルド・サヴェージ・ランダーの著作より

アーノルド・サヴェージ・ランダー（一八六五〜一九二四）はイギリス人の旅行家・画家。

朝鮮の平民が「汗水たらして働いて金を儲けても、役人たちがそれを奪っていきます。そんな状態で働きがいがありますか?」と聞いてきたので、私は彼の話に賛同するという意味で、「自分ならいっそのこと首をくくるだろうな」と答えた。漁村の貧しさと劣悪な衛生環境は驚くほどだった。朝鮮の両班支配層は、民衆を、活気がなく、食べて寝てばかりいる無気力な怠け者にした。漢陽は春になると凍っていた汚物が溶けて、そこかしこに漂う異臭が凄まじく、自分の鼻がなくなったらいいのにと思うほどだった。

『COREA OR CHO-SEN, THE LAND OF THE MORNING CALM』1895（参照）

アーノルド・サヴェージ・ランダー
(ArnoldH. Savage Landor)

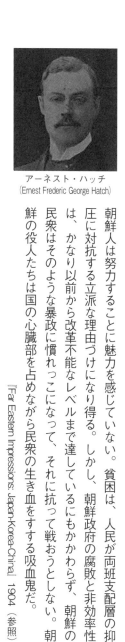

アレクサンダー・ハミルトンの語録より

アレクサンダー・ハミルトン（一七五五〜一八〇四）はアメリカ人の政治家・思想家。

アレクサンダー・ハミルトン
（Alexander Hamilton）

文明国であれば、すぐさま民衆の反乱を惹き起こすような衝撃的で野蛮な事件が起きても、朝鮮人たちはその事件を見ようとも聞こうともせず、そのまま何もなかったかのようにふるまう。朝鮮の民衆は耐えることに慣れすぎている。

『Alexander Hamilton』Ron Chernow, 2004（参照）

カール・ギュツラフの語録より

カール・ギュツラフ（一八〇三〜一八五一）はドイツ人宣教師である。

朝鮮人の貧困、不潔、風紀の乱れ、道徳的堕落に、深い印象を受けた私は、彼らの中で一カ月間暮らし、朝鮮を去る時に切実に感じたのは、彼らには体を洗う石鹸と聖書が必要だということだった。

『悪霊が出没していた朝鮮の海』パク・チョンホン著、現実文化研究、二〇〇八（参照）

カール・ギュツラフ
（Karl Friedrich August G.tzlaff）

福沢諭吉の著作より

福沢諭吉《ふくざわゆきち》（一九三五～一九〇一）は日本の幕末・明治期の啓蒙思想家である。

福沢諭吉（ふくざわ　ゆきち）

人間娑婆世界の地獄が朝鮮の京城に出現した。私は朝鮮を見て野蛮人より妖魔悪鬼の地獄国だと評する。王室の無法、貴族の跋扈、税法さえ紊乱の極に陥り、民衆に私有財産の権利はなく、政府の法律は不完全であり、罪なくして死刑になるだけでなく、貴族や士族の輩が私欲や私怨によって私的に人間を拘留し、傷つけ、または殺しても、国民は訴える方法がない。またその栄誉の点にいたっては、身分の上下間ではほとんど異人種のようであり、いやしくも士族以上で直接に政府に縁がある者は無制限に権威をほしいままにして、下民は上流の奴隷であるに過ぎない。政府は文明の風潮を知らず、どのような外患に遭い、どのような国辱を被ろうとも、全く無感覚であり、憂苦なく力を注ぐのは朝臣らによる政府内の権力や栄華の争いだけである。帰するところの目的は私的な利益だけであり、国を売っても私的に利益があれば憚らないもののようである。

人民の生命も、財産も、栄誉も守ってくれないこのような国はかえって滅びてしまうことが、民衆を救済することになる。いっそロシアやイギリスの国民になる方が幸福である。ゆえに私は朝鮮の滅亡の時期が遠くないことを察して、一応は政府のために弔意を表するが、その国民のためにはこれを賀したい。

「朝鮮人民のためにその国の滅亡を賀す」（『時事新報』一八八五年八月十三日）他参照

梁啓超の語録より

梁啓超《りょうけいちょう》（一八七三〜一九二九）は清朝末期の政治家、ジャーナリスト。

梁啓超（りょう・けいちょう）

朝鮮滅亡の原因は、宮中の人々と、役人である両班たちだ。日本派と清国派とに別れて外国の軍隊を招き入れて殺し合ったが、あの両班という人々は役人としての概念がなく、両班そのものを職業としていた。他の国では役人を置くのは国政に携わせるためなのに、朝鮮で役人を置くのは、ひとえに両班を養うためだった。朝鮮社会では、陰険で無恥な者が栄え、貞潔で慈しみ深い者は落ちぶれる。清国とロシアと日本が朝鮮を滅亡させたのではない。朝鮮が自ら滅びたのだ。

『朝鮮の亡国を記録する』崔亨旭編訳、クルハンアリ、二〇一四（参照）

ルドルフ・チャベルの著作より

ルドルフ・チャベル
(Carl Hugo Rudolf Zabel)

ルドルフ・チャベル（一八七六〜一九三九）はドイツ人ジャーナリスト。新婚旅行で朝鮮に来た。そして『ドイツ人夫婦の韓国新婚旅行一九〇四』を出版した。

朝鮮人の生活信条は、お金はできるだけたくさん欲しいが、仕事は少なく、たくさん喋って、たくさんタバコを吸って、いつまでも寝る、というものだった。そこに酒と浮気性とが加えられた。酒に酔った朝鮮人が路上で横になっている姿をよく見かけたし、女性関係で殺人が起こるのもまれなことではなかった。このような有り様は、数百年間続いてきた奴隷状態と圧政のせいかもしれない。

『Meine Hochzeitsreise durch Korea während des Russisch-japanischen Krieges』1906（参照）

ステン・ベルクマンの著作より

ステン・ベルクマン（一八九五〜一九七五）はスウェーデンの動物学者である。

ステン・ベルクマン（Sten Bergman）

韓国人は日本人と性格がずいぶんと異なる。韓国人は日本人が持っている精神力、闘争心、集団行動といった能力が欠けている。日本人は公共の利益を優先するのに、韓国では共同体よりも個人が重視されている。韓国人は、自分たちの長い歴史を持つ文化に誇りを持っているが、面倒なことはしようとせず、ただ座って長い煙管をくわえて時間をつぶすことを楽しんでいる。たとえ日本が併合しなくても、いつかはロシアや中国に併合されていた国だ。

『In Korean wilds and villages』1938（参照）

ヘンリー・アペンゼラーの語録より

ヘンリー・アペンゼラー（一八五八～一九〇二）はアメリカ人宣教師。

ヘンリー・アペンゼラー
(Henry Gerhard Appenzeller)

朝鮮の両班たちはとても卑劣な慣習を持っている。彼らは結婚後の三日間は妻と暮らすが、それ以降は一緒に暮らすことはない。自分の妾たちと暮らすのだ。その一方、その気の毒な本妻には貞節を強要する。もし彼女が逃げたり、貞節を捨てたりすれば、役人に引き渡されてしまう。するとと役人は彼女を鞭打った後に、自分の下僕に与えてしまう。両班の夫人たちは普段外出することさえできない。

『A modern pioneer in Korea; the life story of Henry G. Appenzeller』William Elliot Griffis, 1912（参照）

朴斎家の語録より

朴斎家《パクジェガ》（一七五〇～一八〇五）は英祖《ヨンジョ》時代の実学者。

漢陽には荷車がなく、汚物を簡単に汲んで運ぶことができないので、民衆は川辺や道端に糞尿を捨てる。橋の橋脚を見れば、人糞がべたべたくっついていて、大雨が降っても洗い流されることはない。民衆は過酷な労働で指先が擦り減って固いタコができているが、着ている服はと言えば、何年も着続けている古びた綿入れだけで、食べているものは、割れた器に入った飯とろくに味付けもできないナムルだけで、台所には木製の箸と空っぽの壺が置かれているだけた。理由は簡単だ。鉄製の釜と箸は役人たちが奪って行き、軍役を免れるために、二・五両の税金を役人たちに納めなければならなかったからだ。

『日常から見た朝鮮時代の世相』二巻、チョン・ヨンシク著、青年社、二〇〇七（参照）

朴斉家（パク・ジェガ）

金玉均の語録より

金玉均《キムオッキュン》（一八五一～一八九四）は朝鮮後期の政治家で、朝鮮独立党の指導者。

朝鮮を訪れた外国人たちは「朝鮮で最も恐ろしかったことは、道にあふれる人々と糞尿だ」と話した。官庁から民家の庭まで汚物だらけで、おぞましい臭気が鼻をつくようでは、外国人たちに嘲笑されるのは当然のことだ。

『韓国近代性研究の道を問う』チャン・ソクマン他著、トルベゲ社、二〇〇六（参照）

金玉均（キム・オッキュン）

李完用の著作より

李完用《イワンニョン》（一八五八～一九二六）は大韓帝国の総理大臣。第二次日韓協約（乙巳条約）、日韓併合条約を締結。

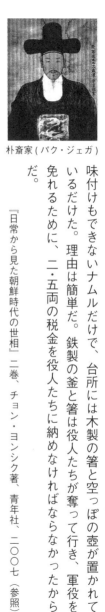

李完用(イ・ワンニョン)

朝鮮の同胞たちよ、死ぬか生きるかの境目で人は生きる道を探るのが常であるにもかかわらず、今の朝鮮人民は生きていながら死への道を探しているのはどういうことなのか? 分かりやすく一言で言うなら、諸君はしっかりと、その意味を深く考えたまえ。朝鮮独立を叫ぶ扇動が無駄なものであり、軽挙妄動であることを、この国の有識者たちがあらゆる言葉を尽くして訴えているにもかかわらず、諸君は現在の状況がわかっていないのか。今日、私が言うことは諸君の耳には入らないと思うが、私は諸君に尋ねたい。朝鮮独立が今日実現したということなのか、これから実現する希望があるということなのか、私には分からない。

今、独立したとしても、万歳三唱の後に各自帰宅して生業に精進しなければならず、これから希望があると言っても、独立が実現する前に万歳を叫ぶことに何の意味があるのだろうか。見境のない非常識な民衆が軽挙妄動して、各地方で治安を乱すようになった。当局が直ちに厳しく鎮圧すれば何の心配もないだろうが、その前に、非常識な者どもにもう一度言い聞かせたが、聞く耳を持たなかったので、ここで再び言い聞かせることにする。子供が非常識な行動をすれば、最初は穏やかに言い聞かせるが、それでも従わなければ、問責をし、それでも従わなければ、最終的には鞭で打つことになる。しかし、これは決して子供たちが憎いからそんなことをするのではなく、子供たちを正しい道に導くためにやむを得ずやることだ。

寄稿文「(三・一運動)警告文」『毎日申報』一九一九年四月五日(参照)

尹致昊の著作より

尹致昊《ユンチホ》（一八六五〜一九四五）は開化主義者。米エモリー大学名誉法学博士。韓国国歌『愛国歌』の作詞者。朝鮮初の英語通訳官。

尹致昊（ユン・チホ）

恥ずべき朝鮮の歴史を知れば知るほど、現政権下での改革は希望がないということを確信するようになる。政府は五百年余りもの間、国家の向上のために何もしていない。韓国において、最も深く根を下ろし、最も広く広がった悪は嘘だ。韓国人は頭が空っぽなのに、虚勢を張りたくて、体を火照らせる。銭湯ひとつ運営できない我々が現代国家を治めることができようか？

自分と異なるものを認められない者が民主主義国家を経営することができようか？　韓国人は自分の誤りを認めるより、我を張って弁解するのに汲々としている。そうすれば自分の体面や自尊心が保てると勘違いさえしている。無能で苛斂誅求を行うことしか能がない朝鮮人の政府と、有能で搾取をしない日本人による政府のうちで選べと言うのであれば、私は日本人の政府を選ぶだろう。韓国人は十パーセントの理性と九十パーセントの感性で生きている。朝鮮人の特徴は一人がリンチに遭えば、その人がやったことについて調べてみることもせずに、皆が一斉に駆け寄って有無を言わせず袋叩きにすることだ。朝鮮人と対話を試みるよりは、いっそ壁を見て対話をしたほうがましだ。壁は陰で悪口を叩いたりはしない。地域感情ひとつとってみても、朝鮮は独立する資格がない。わが国が誇るべきものは一つもなく、欠点を挙げられることが多いので、嘆かわしく思うと同時に、日本が羨ましくてたまらない。

『尹致昊日記』一巻／二巻、ソン・ビョンギ他訳（英文韓訳）、延世大学校出版部、二〇〇一／二〇〇三（参照）

朴重陽の語録より

朴重陽《パクチュンヤン》（一八七二～一九五九）は大韓帝国と大日本帝国の官僚。朝鮮総督府中枢院副議長、顧問、伯爵。一九四五年、日本の太平洋戦争敗戦直前まで大日本帝国の貴族院の議員だった。

朴重陽（パク・チュンヤン）

考えるための頭脳がなくても分かったふりをするのが朝鮮人の病だ。朝鮮人は愛国心さえあれば、犯罪行為をしても許されたり、黙認したりする習性がある。自分のことは棚に上げて他人を批判し、悪評を流すのが朝鮮人の癖だ。口の達者な者は、例外なく詐欺師、いかさま師であり、正義を振りかざしながら言葉巧みに自分の無能を隠す。話よりその人の行動をまず調べろ。他人の噂を鵜呑みにするより、その人と向かい合って人となりを判断することが重要で、他人の話は参考程度に思っていればよい。韓国人は自分の家族に迷惑をかけることを当然視しすぎだ。大韓民国はアメリカを後ろ盾にして成立したことを忘れてはならない。愛国者を迫害し、虐殺するような国家、そのような政府に愛国心を持つ必要はない。明国の属国を自任して、明国と清国に貢女や高麗人参、金銀などを捧げる朝貢をしたことについては、なぜ誰も批判しないのか？

国家は国民のために存在するべきものである。国民を顧みない国家や政府は存在する理由がない。国民を顧みない国家や政府に忠誠を尽くす理由などない。日本統治時代、国内にいた国民は全員が日本国籍を持っており、この事実を否定するのはくだらない弁明だ。アメリカ人が韓国から出ていくことになれば、李承晩氏は夜逃げ同然に亡命するしかない。国民の身辺と安全、権利を守ることができない政府に、なぜ忠誠を尽くさなければならないのか？金玉均、朴泳孝《バクヨンヒョ》、徐載弼《ソジェピル》、尹致昊ら開化派は無罪だ。李完用は国難にあって、国体を守り、民衆を救う善処を施した人だ。朝鮮のように要領の良さと悪だくみが幅を利かしている社会では、それができない人、しようとしない人が馬鹿を見る。

『民族問題研究九巻』民族問題研究所編、民族問題研究所、一九九六（参照）

閔元植の著作より

閔元植《ミンウォンシク》（一八八六〜一九二一）は大韓帝国の官僚、社会運動家、日本統治時代の官僚、ジャーナリスト、思想家。書堂（李朝時代の塾）にて性理学を学ぶ。日本統治時代初期における朝鮮人参政権、自治権を主張。後に暗殺される。

万歳運動をやったところで朝鮮が独立するわけではない。三・一運動は民族自決という新しい用語を誤解したことから起きたと思われる軽挙妄動であり、現状では独立は不可能だ。したがって、朝鮮民族は大日本帝国の国民の一員として国憲を尊重し、国法を遵守して、個人独立の実力を養おう。朝鮮時代には支配層も腐敗していたが、民衆も愚昧であり、判断力が欠如したまま、

閔元植（ミン・ウォンシク）

旧習や迷信に囚われていた。朝鮮が独立するにしても、西欧の民主主義思想や、日本の文物、価値観を学ばない限り、朝鮮は再び未開の時代に逆戻りする。ウィルソン大統領はアメリカ人であって、朝鮮人ではない。彼が朝鮮の独立に関心を持って、耳を傾ける理由があるのか？　民族自決主義は朝鮮とは関係がない。植民地朝鮮は敗戦国の植民地ではなく、戦勝国日本の植民地であり、日本帝国の国内問題だ。日本人と朝鮮人の間に差別待遇が存在するのは当然だ。なぜなら両者の間には経済力と学歴水準において差別が存在するので、政治的、社会的に差別待遇が生じるのは自然の道理だ。また、朝鮮人自らが知的能力や分別力を持ち得ないことも問題点だ。デマに簡単に惑わされ、理性的な判断より風説や迷信を信じていることが差別待遇を受けざるを得ない理由だ。

寄稿文「更に騒擾に對して」『毎日申報』連載（一九一九年四月）（参照）

現在の恥ずべき行動の数々

韓国人は海外に行くと騒々しい。他国の観光資源に落書きをしたり、字を刻みつける。国の安保問題であるアメリカのＴＨＡＡＤ（高高度防衛ミサイル）国内配備をめぐって、八人からなる国会議員団が、安全保障上の敵国である中国に乗り込んで行って「干渉してくれ」と頼む異常な国は、おそらく韓国だけだ。

ホワイトハウスやアメリカでも指折りの影響力を持つメディアのウェブサイトにまでアクセスし

2019年9月28日ソウル瑞草洞の文在寅擁護デモ

2019年10月3日光化門の文在寅退陣要求デモ

て、朴槿恵《パククネ》弾劾についてのコメント合戦を行って、外国人の不興を買っている。

世界中の人々がみんな韓国に関心を持っているという錯覚はまるで井の中の蛙だ。天安艦《チョナン》が爆沈された時、左翼らは国連本部に手紙を書いて、「韓国政府が天安艦を爆沈させたのであって、北朝鮮の仕業ではない」とたわごとを言って、国連本部の担当官を「ほんとうにおかしな国だ」と呆れ返らせた。

米国産牛肉を食べると脳に穴が開く狂牛病にかかると言って、百日以上もソウルの光化門《クァンファムン》通りを占拠して、狂気のデモ騒ぎを起こしたり、アメリカが全斗煥をそそのかして五・一八虐殺を引き起こしたと言って、釜山のアメリカ文化院に乱入して放火したこともある。

いま、筆者は、大統領である文在寅と、彼が法務長官に任命した曺国《チョグッ》がグルになって行っている行動は、前述の内国人と外国人が目撃した朝鮮の醜態をすべて拾い集めて詰め込んだ巨大な汚物桶に思えた。破廉恥で恥知らずだ。成金のように食べるもの、着るものだけは現代化されたが、一国の大統領が行っていることは、三五〇年前にハメルが見た奴隷の朝鮮人と何ら変わってはいない。

第三章　滅ばざるを得なかった朝鮮

朝鮮のために戦った者はいなかった

高麗王朝は西暦九一八年から李成桂《イソンゲ》によって滅ぼされるまで四七四年間続いた。高麗末期の一二二三年から一二九二年まで一六九年間、倭寇による五二九回の侵略があった。倭寇は一〇〇～五〇〇隻規模の船団を組んで、高麗の軍事力が及ばない辺境を往来していた。これらの倭寇は現地妻を持ち、日本から持ってきた物資を地元民に分け与えて歓心を買い、漢城《ハンソン》に運ばれる米などを略奪する一種の海賊のような存在だった。李氏朝鮮時代には辺境で活躍する倭寇に対してほとんど統制力を持たなかった。戦う軍隊がなかったからだ。両班たちは賄賂で軍役を逃れ、軍隊は統制が取れておらず、奴隷には根性も運動神経もない状態で、いったい誰が戦いに出ていくだろうか？

朝鮮戦争勃発直前の韓国軍はたった九万八千人だった。この数字は開戦二日後には二万二千人程度に減った。一九四六年に誕生した国防警備隊は名前だけで、支援者がいなかった。通りに出てぶらぶらしている青年たちを集めて兵舎に入れれば、そのほとんどが逃げ出してしまった。全羅道の人々が最もその傾向が著しかったと言われている。その地域の人々は敵との銃撃戦の最中ですら逃げ出したという。それで、あの有名な「ハワイ十八番地」というニックネームがつけられることになった。第

呉希文『瑣尾録』

宣祖御真　戦笠姿の絵（左）と肖像画（右）

二次世界大戦において、軍からの脱走を最も得意としていたのがハワイ出身者だったからだ。通りで集めて兵舎の内務班に連れて来ても、その翌日には逃げるということを繰り返しているうちに朝鮮戦争が始まった。独立後ですらこの体たらくなのだから、朝鮮時代の軍隊がどのような状況だったか語るまでもない。

　壬辰倭乱当時、宣祖時代を描いた記録の中でも『懲毖録《チンビロク》』はドラマを通してそのごく一部分が知られるようになったが、それと双璧をなす『瑣尾《スエミ》録《ロク》』は一般的にはまだそれほど知られていない。筆者は朝鮮時代の士大夫の一人、呉希文《オヒムン》（一五三九〜一六一三）だ。彼は戦乱から避難する途上で苦痛に満ちた日々を送り、九年三カ月に及ぶその間の日常を記録した。この避難日記が全七巻からなる『瑣尾録』である。一五九四年四月三日付で書かれた日記には壬辰倭乱の期間（一五九二〜九八）に見聞した悲惨な社会が描写されている。

　聞いたところによると、嶺南《ヨンナム》や京畿《キョンギ》では、人々が互いに捕まえて食べることが多く、さらには遠い親戚でも殺して食べるというのを聞いて、いつも剣呑だと思っていたが、また聞くところによると、都の近くではたとえ一、二升の米を持った者でも殺して奪い取るが、この頃では一人で歩いている人がいれば、追いかけて行って殺して食べるという。

『宣祖実録』の宣祖年間二十五年五月四日の記録には次のような内容が記されている。

倭軍が攻め込んだが、下々の者は一人も見えず、かえって日本軍を歓迎するので心配だ。最初から躊躇なく日本軍に加担した朝鮮の民衆も少なくなかったので、当時、宣祖は元均《ウォンギュン》側に立っていた尹斗寿《ユンドス》に次のように尋ねた。

「今、倭軍の半分が朝鮮の民衆だと言うが、それは事実か？ 内附すること（遼東まで行って明に付くこと）が本来の私の意思だ」

とあり、満洲に逃げるつもりであると繰り返し言っていた。焦った柳成龍《ユソンニョン》は奴隷に向かって、倭寇を撃退すれば奴隷から解放してやると訴えた。しかし、実際には、倭乱が終結するや、その言葉はなかったことにされた。

丁酉倭乱（慶長の役）で日本軍の捕虜となった朝鮮の官僚、姜沆《カンハン》による『看羊録《カニャンロク》』には次のようなことも書かれている。

敵船六、七隻には人がいっぱい詰め込まれており、いずれも朝鮮人と日本人の割合がほぼ同数だった。一六〇七年、一六一七年、一六二四年に、日本に連行された捕虜を連れ戻すために〝回答兼刷還使〟（後の朝鮮通信使）を派遣した。六千人ほどを朝鮮の地へ連れ帰ったが、これは捕虜全体の十パーセントにも満たない数字だった。朝鮮人たちが自ら戻ることを拒否したことも大きな理由だった。戦争が終わって十年、二十年と過ぎて、日本の地に根ざして暮らしていた朝鮮人にとってはかえってありがた迷惑でしかなかったのだ。

一六一七年（光海君七年）、補盗庁の従事官として日本を訪れた李景稷《イギョンジク》は自著の『扶桑録《ブサンノク》』で驚きを伝えている。

朝鮮に戻ろうと言えば当然喜んでついてくると思ったが、まったく帰ろうとしなかった。

日本に連行されて行った朝鮮人捕虜のうち、両班の数は一割前後に過ぎず、残りは朝鮮に戻っても再び蔑まれる奴婢出身の人々だった。

これと似た記録は、当時、通信副使として日本に行った姜弘重《カンホンジュン》の『東槎録《トンサロク》』にもある。

日本に連行されて来た人々は、初めは無一文だったが、十年近く過ごすうちに財をなして生活が楽になると、なかなか戻ろうとはしなかった。

壬辰倭乱終結後、朝鮮通信使が日本に行って、連行された陶磁器職人たちに朝鮮に戻るように説得

有田焼

したが、多くの陶工たちは帰国することを拒否した。朝鮮社会はいわゆる「士農工商」の身分階級に分かれており、陶磁器職人を含む職人階級は蔑まれていた。しかし、日本に連れてこられた朝鮮の陶工たちは幕府の支援で富を築くことができたこと、そして、再び朝鮮に戻っても自分たちを蔑む両班たちのために陶磁器を作らなければならなかったので朝鮮に戻ることを断ったという。これにともない、朝鮮は陶磁器文化に大きな打撃を受けることになったが、一方の日本は「有田焼」を中心とする陶磁器産業が栄えた。滅ばざるを得なかった文化と社会のシステムが朝鮮を滅亡させたのだ。

朝鮮は、中国に物資だけでなく、女性たちも捧げる朝貢国だった。高宗《コジョン》と純宗《スンジョン》は、日本に対して、王室を保てさえすれば、朝鮮全土をすべて持って行ってもよいと言って、朝鮮を差し出した。保身のために朝鮮を売り飛ばしたのだ。壬辰倭乱が起こると、宣祖は中国に逃げて、一人だけ生きながらえようとした。このような王たちが滅びなかったとすれば、朝鮮の民衆はどうなっていただろうか?

豊臣秀吉配下の武将たちは、朝鮮の民衆に食料を与えて歓心を買っていたが、逆に朝鮮の王は都城を捨てて逃げ去った。すると、民衆は宮廷に放火して略奪した。彼らは日本軍に向かって怒りをぶつけたのではなく、一人で遁走した王と朝廷に対して怒りをぶつけたのだ。人間扱いせずに、搾取するだけの両班のために命を捧げる民衆はいなかった。

本書の読者たちはここで考えねばならないだろう。自分が両班の後裔なのか、奴隷の子孫なのかということを。『朝鮮王朝実録』（二〇一二年、キム・ナム著）の二十九ページを見ると、「我々は十中

『宣祖実録』第26巻（宣祖25年5月4日）

八九、サンノム（常民、一般庶民）の子孫」というタイトルがあり、さらに五十三ページには、「年数が長いだけで、意味のない五百年の偽善の歴史」というタイトルがある。日本に併合されることなく、もしも朝鮮王朝がそれからさらに一〇九年間も続いていたとしたら、我々の大部分は未だに奴隷の身分から抜け出せないまま、不潔な土地でまるで猿のように生きていただろう。五百年の間、自ら開化することができなかった朝鮮が、さらに一〇九年続いたとしても自力で開化できただろうか？

朝鮮の正統を受け継いだという北朝鮮を見てみよう。高射砲で伯母の夫を虐殺するなど、李氏朝鮮よりさらに原始的で、残忍なのが、すなわち北朝鮮だ。朝鮮の歴史は謀反の歴史であり、その謀反のほとんどはでっち上げられたものだった。そして、その謀反は、今でも北朝鮮で粛清という名の下で行われている。

朝鮮が消滅する瞬間

一九〇四年二月八日に勃発した日露戦争は、一九〇五年秋まで続き、大方の予想に反して日本の勝利で終わった。一九〇五年六月、ロシアと日本はアメリカのポーツマスで講和会談に臨んだ。一九〇五年七月、セオドア・ルーズベルト大統領の指示を受けた米陸軍長官のウィリアム・タフトはフィリピン訪問の途上で日本に立ち寄り、桂太郎首相と会い、フィリピンに対するアメリカの権益と朝鮮に対する日本の権益とを相互に承認する協定を結んだ。

桂・タフト協定の内容は以下の三つだ。一つ目は、親日的であるアメリカがフィリピンを統治するのは日本にとって有利なことであり、これより日本はフィリピンに対して、いかなる侵略的意図を持たない。二つ目は、極東の平和維持には、日本、アメリカ、イギリスの相互理解を達成することが最善の道であると同時に唯一の手段である。三つ目は、アメリカは、大日本帝国が大韓帝国を保護国にすることは日露戦争の論理的帰結であり、極東平和に直接的に貢献することであることを認める。

この秘密協定は、二十世紀初頭に、アメリカの極東政策の基本方針に基づくもので、アメリカはロシアと日本によるポーツマス講和会談に先立ち、すでに大韓帝国に対する態度を表明していた。すなわち、日露戦争の勃発後、ルーズベルト大統領は「一九〇〇年以降、韓国は自治能力がないが、アメリカは韓国に対して責任を負えないので、日本が韓国を支配して、韓国人には不可能だった法と秩序を維持し、能率的に統治するならば、万一のため、より良いことだと確信する」とし、日本の朝鮮支配を承認していた。

この秘密協定（一九〇五年）によってアメリカの朝鮮介入の可能性を排除した日本は、同年八月に第二次日英同盟、九月にはポツダム条約を締結し、朝鮮に対する国際的支配権を手にした。これを足場として、日本は朝鮮に対して、乙巳保護条約を強要し、アメリカはこれを積極的に支持した。この協定の内容は、一九二四年まで、日米両国が極秘にしていたので、世の中に知られることはなかった。当時の世界情勢と朝鮮の状況を考え合わせると、ルーズベルト大統領の対朝鮮観に異議を唱えることは難しかったに違いない。

朝鮮語の単語を作ったのは誰か？

一四四三年の世宗《セジョン》時代に作られた「訓民正音《フンミンジョンウム》」（ハングル創製当時の名称）は現在の「ハングル」とあまりにも違いすぎている。左上の写真は世宗が作ったという「訓民正音」だ。この文字を見れば、現在のハングルとかなり異なっていることが分かる。どのようなプロセスを経て、「訓民正音」の字が現在のハングルに進化したのかについて説明した資料はあまりない。いくつかの説があるだけで、科学的説明はない。

一四四六年に世宗が頒布した「訓民正音」は現在のハングルに生まれ変わるまで文字としての機能を発揮できないまま放置されていた。十月九日を「ハングルの日」と定めたのは一九二八年だ。日帝がハングルを使えないように弾圧したという左翼の主張が偽りだということが、ここでもあらわになる。この時期の朝鮮の学者たちは、なぜ朝鮮語の文字を「訓民正音」と呼ばずに、「ハングル」と呼んだのだろうか？ 我々が現在使っている「経済」、「文化」、「民主主義」といった単語は誰が作った単語なのか？ 世宗はこのような文字や単語は作り出してはいない。

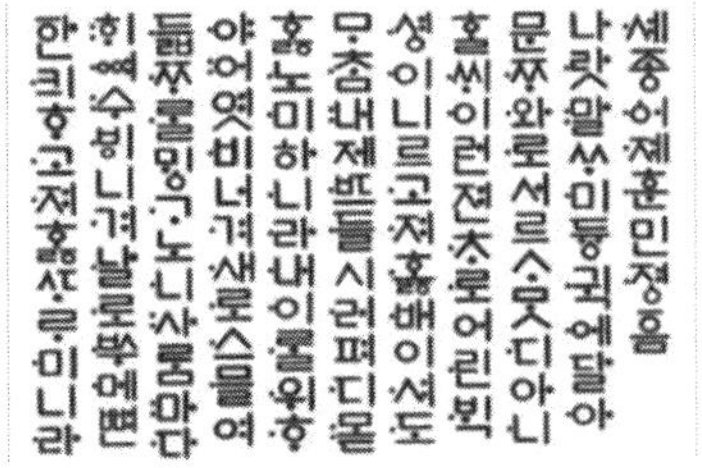

資料:1443 年最初の「訓民正音」

そして「諺文《オンムン》（ハングルの前身）」を弾圧した中心は朝鮮の歴代の王たちだった。燕山君《ヨンサングン》年間の十年（一五〇四年）七月二十日付けで記録された王朝実録の一部にこのような文章がある。

「諺文」で書かれた投書が多いので、諺文は教えることもやめ、習うこともやめて、すでに習った者は使わぬようにし、諺文を使う者をすべて摘発して告発せよ、知っていても告発しない者はその隣人にまで罰を与えよ。

朝鮮の王たちが弾圧したハングルを日本が蘇らせて広めたのだ。

一九二一年三月十二日付、および一九二二年七月十二日付の『東亜日報《トンアイルボ》』の「朝鮮語奨励手当」について の記事には、朝鮮語の試験を受験させて、合格者に対して奨励手当を支給せよという内容が書かれている。朝鮮第十代の燕山君は一五〇四年に世宗大王(一四一八〜一四五〇)が作った「訓民正音」を「諺文」だと蔑み、「諺文」そのものを抹殺してしまった。その抹殺された「諺文」を日本が「朝鮮語」として現代化させ、奨励手当まで与えて広く普及させたのだ。そして一九二八年には今でも続いている「ハングルの日」(十月九日)まで定めてくれた。この記事は、日本が朝鮮の精神を抹殺するために、朝鮮語の使用を徹底的に禁止したというこれまでの学校教育が、どれほど事実を歪曲したものなのかをまざまざと証明している。

それでは現在我々が使っているこの単語は誰が作ったのか? 驚いてはならない。日本が作ってくれたのだ。一八三五年生まれの福沢諭吉が作ってくれた。この事実は誰も否定できないだろう。

福沢は西洋の文物の受容に一生を捧げた。西洋の文物を受け入れるには西洋の言語を理解しなければならなかったので、弟子たちを使って、英語の意味を漢字の単語に変換した。このような偉大な業績がなかったなら、日本の開化もなかった。

彼はこの和製漢字を朝鮮の開化派たちに教示し、朝鮮人はその漢字をそのままハングルで表記した。例えば、「democracy」を「民主主義」に変換したのが福沢で、その「民主主義」を「민주주의（ミンジュジュィ）」とハングルに写したのが朝鮮人だった。

最初、彼は「democracy」を「下剋上」と訳した。「democracy」を民衆が王に立ち向かったという意味で解釈したのだが、激しい議論の末にまた「民主主義」に変えたという。このような過程を経て生み出された単語には、文明（civilization）、権利（right）、社会（society）をはじめ、学校、時間、経済、文化、思想、演説、階級、法律、資本、討論、宗教、理性、哲学、感性、主観、意識、科学、物理、化学、分子、原子、質量、空間、理論、文学、美術、悲劇、社会主義、共産主義などがある。朝鮮人はこれらをハングル文字で表記したに過ぎない。

このことに関連した、あるエピソードがある。中国が日本の技術をロイヤリティーも支払わずにむやみに盗用したことに対して、日本が「知的財産権」の侵害だと抗議した。これに対して中国は「それならば、日本はこれまで我々が作った漢字を無料で使ってきたのだから、そのロイヤリティーを出せ」と言い返した。それに対して、日本は「よろしい。それでは中国がこれまで日本が作り出した漢字語を中国が無断で使ったことに対して、それ相応の使用料を払ってほしい」と返したという。それでは、朝鮮は何をしたのか？　漢字も無料、日本が生み出した漢字の単語も無料で使わせてもらった国だ。タダで便乗してきた無賃乗車（Free Rider）の国なのだ。日本から漢字語がもたらされる以前には「学校」のことはたんに「校」と言っていたが、橋も「橋」、教えることも「教」相手との交流も「交」で、朝鮮漢字音ではみな「교（キョ）」となる。これは「字」であって、音で意味を伝える「単

語」ではなかった。例えば、「師匠はキョを渡って、キョへ行ってキョして、学生たちは夜遅くまでキョした」とハングルで書いたり読んだりしても誰も意味を理解できないはずで、こうした言葉は漢字を学んだ両班の間で書き言葉としてのみ通じていた。

朝鮮時代には、諺文だ、女文字だと見下されていた「訓民正音」が福沢諭吉によって、現在のハングルに新しく生まれ変わったのだ。この厳然たる事実は、それ以降、反日的な社会的風潮に阻まれて、広く知られることがなかった。その間、我々は恩を仇で返していただけだ。福沢は数多くの朝鮮人青年たちを弟子とした。その中でも優れていたのが、兪吉濬《ユキルチュン》（一八五六～一九一四）、周時経《チュシギョン》（一八七六～一九一四）、崔鉉培《チュエヒョンベ》（一八九四～一九七〇）、金玉均、尹致昊らだ。福沢が兪吉濬ら朝鮮人の弟子を通じて、日本語の漢字仮名交じり文のように漢字とハングルを混ぜて文章を書くように教えてくれた。そのお陰で朝鮮においても漢字を混用した「国漢文」が使用され始めたのだ。その後、韓国語辞典がより充実したが、朴正煕大統領は漢字の表記は難しいということで、誰でも気軽に使うことができるハングルだけを使うことにした。国漢文兼用時代をハングル専用時代に転換させたのだ。

多くの識者が朴正煕のハングル専用政策を批判する。彼らは今でもハングル専用が国民を愚民化させていると主張している。しかし、筆者はハングル専用を支持する。ハングルを用いて口語体で文章を書けば、意思伝達がうまくいくのに、国漢文兼用擁護派たちは、簡単な内容を長ったらしく書き、そこに漢字まで入れて、衒学《げんがく》的な雰囲気を醸し出そうとしている。アーネスト・ヘミングウェイは『老人と海』という短編小説でノーベル文学賞を受賞したが、それは短文の口語体が高く評価されたからだった。長い文章よりも短い口語体の文章を書く方が案外難しいという点を看過してはならない。

ハングル専用には二つの長所がある。まず、文盲率を低くする効果だ。漢字はハングルに比べて難しく、学ぶのに非常に時間と労力が必要だ。漢字を学ぶ能力が足りない人々は文盲になるしかない。そうなると、社会から取り残されて、劣等感を感じることになるが、これは社会病理を触発する。二つ目に、漢字を学ぶ時間があれば、英語を学んだほうがはるかに生産的だ。我々は漢字がわかる人も英語を通じて多くの新しい知識を受け入れてきた。この世で、漢字を最も理解しているはずの中国人は、なぜ英語を学んでいるのか？ 漢字は、それを趣味とする人、古典を研究する人が学べばよいのだ。ちなみに、北朝鮮では「ハングル」という呼び名は使わない。「朝鮮語」、「朝鮮文字」と呼んでいる。

国漢文混用体で書かれた最初の書物——兪吉濬の『西遊見聞』

ハングルと漢字の混用体で書かれた最初の書物は、兪吉濬の『西遊見聞』だ。

朝鮮人留学生の第一号である兪吉濬（一八五六〜一九一四）は、日本に留学して福沢諭吉の弟子になった。彼は福沢の指導で、国漢文混用体で書く方法を身に付けた。日本の漢字仮名交じり文を模倣する訓練を受けたのだ。兪吉濬は世界を一周して、自分が見聞きしたことを『西遊見聞』に書いた。全二十篇、五三〇ページから成る、漢字とハングルを混用した最初の本だ。徹底した開化派だった彼は「開化」のためには、上辺だけ西洋人の真似をするのではなく、西洋の思想や文化も取り入れて実践するべきだと喝破した。今も昔も誰かが新しいことを始めれば、ぞろぞろとそれに従う人々がいるが、その時代も例外ではなかったようだ。彼はこのような人々に向かって鋭く言い放った。

兪吉濬と『西遊見聞』（1895）

「洋酒を飲んで、外国煙草を吸って、船来の腕時計をして、ソファーや椅子に腰掛けて、外国の風習を話し、外国語でぺちゃくちゃ喋っている人々は、開化のむなしい風に踊らされた、自分というものを持たない西洋かぶれにすぎない」

筆者が陸軍士官学校に所属していたのは一九六二年から一九六六年にかけてだった。『西遊見聞』が出版されてから七十年ほどの時間が流れていた。しかし、当時でも『TIME』誌を半分に折って持ち歩いている人や、ソウルの明洞《ミョンドン》にある音楽鑑賞室に行って静かに目を閉じて座っている人がかなりいた。「ブラームスを聴いて、モネを観賞して、ゲーテの本を読んでいると知識人で、おしゃれな人」であるかのように。ろくな知識もない人がインテリぶる顕示欲は、兪吉濬の時代から一世紀以上が過ぎた今でも少しも変わらず、綿々と続いている。

ハングルの分かち書きを主導したイギリス人牧師ジョン・ロス

朝鮮にやってきた外国人たちは未開な朝鮮人に西洋という発展した世界があるということを教えてくれたが、その中にはハングルの発展に寄与した西洋人もいた。ハングルの文章には分かち書きがなく、右上から下に向かって書く縦書き方式だった。それでは、最初の分かち書きはいつ頃現れたのか？

最初のハングル分かち書きは、一八七七年のイギリス人牧師ジョン・ロス

ジョン・ロス（John Ross）

から始まった。韓国の国立国語院によれば、彼が外国人のために編纂した『朝鮮語の第一歩（Corean Primer）』において初めて分かち書きが現れたという。国立国語院が公開している資料を見れば、ハングルの文章がまず出てきて、その下に発音と英単語（英訳）を順番通りに対応させているのを確認することができる。

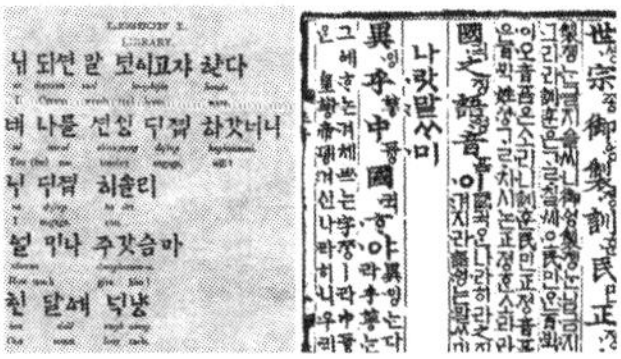
『朝鮮語の第一歩』

福沢諭吉の人物像

福沢諭吉（一八三五～一九〇一）は一八三五年に下級武士の家に生まれ、日本近代化の父にまでなった。日本貨幣の最高額である一万円札には一九八四年から彼の肖像画が印刷されている。彼は日本だけでなく、中国と朝鮮が共に参加する「文明開化」を主唱した。彼はまた自分が開拓した漢字辞典を朝鮮人の弟子たちに与えた。彼は自分が運営する新聞の社説を通じて、日本が韓国領土を併呑するようなことは絶対にしてはならず、相互の独立自尊の原則のもと、「公益の利得」を取る方向に進まなければならないと主張し、「征韓論」も否定して、朝鮮に対する内政干渉もしてはならないと主張した。

一八八一年、朝鮮から日本に留学生が派遣された。福沢は朝鮮人留学生の兪吉濬、朴泳孝、尹致昊らにしばしば会って、多くの教えを授けた。彼らが帰国した後も、福沢はまめに連絡を取り続けた。『独立新聞』などの新聞や言論に従事した尹致昊に対しては、言論経営についての助言をし、寄付も集めてやった。兪吉濬には、ハングルと漢字を混用してみるように教えた。

揮毫「天は人の上に…」

しかし、甲申事変が失敗した後、開化派の人々に対する過酷な刑罰や連座制を目の当たりにして、福沢は悲憤慷慨のあまり、その日は寝食を忘れて、惜しい人材を失ったと号泣した。続いて、「朝鮮独立党の処刑」という文章を発表して、朝鮮の野蛮な刑罰を非人道的だと強く糾弾した。それ以来、福沢は「脱亜入欧」（アジアを抜け出して、ヨーロッパに入っていくこと）を唱えた。彼の遺した有名な揮毫がある。

「天は人の上に人を造らず。人の下に人を造らず」。

筆者による「脱亜論」の大意要約

西欧化の風が東洋に向かって吹いているのは否定できない事実であり、すべての国家は西欧社会と共にこの運動に参加して、文明の功罪を味わう以外に選択の余地はない。文明は麻疹のようなものだが、いろいろと有益な点が多々ある。したがって、国家は文明に逆らうよりもむしろ、それを受け入れるべきである。文明化の過程で保守的な政府（徳川幕府）は障害でしかなく、これを倒してこそ日本において文明化を成し遂げることができる。旧体制を捨てて、近代文明を得る過程で、最も核心的なことは〝脱亜〟の二文字だ。日本はすでに精神的にアジアを抜け出したが、近隣諸国（朝鮮と中国）は改革を考えることさえできずにいる。この国々の儒教的な教えはすべてが偽善的であり、旧態依然として道徳的退廃をもたらしている。。中国と朝鮮の改革が失敗するならば、これらはまもなく世界の列強に国を奪われるだろう。西欧人はよく日本、中国、韓国を同じ文化を持った、似た国々だと考えているが、これは日本には障害でしかない。悪友と付き合う人は同じような悪い評判を避けられない。日本はこれらの悪友と絶交するべきである。

甲申事変は一八八四年十二月四日に起こり、「脱亜論」は一八八五年三月十六日に新聞『時事新報』にて発表された。福沢はなぜアジアを野蛮の状態から文明の状態に変えようとしたのか？ 欧米列強に近づくためにアジアからの脱却を唱えたという見方が主流だが、筆者は少し異なる解釈をする。

何よりもまず、福沢は彼が愛していた朝鮮人の弟子たちが粛清されたことに憤慨した。朝鮮から亡命してきた朝鮮人の開化派三十余人を彼は保護し、その中でも金玉均は十年以上にわたって世話をしていた。彼らのような優れた朝鮮人たちを無能な暴君から解放するためには、一日でも早く朝鮮王朝が滅亡しなければならない。そう考えた福沢はそれまでの非介入論から現実論に宗旨変えをしたのではないかと思われる。

日本はハングルを抹殺しようとしたか？

多くの韓国人は、日本がハングルの使用を強制的に禁止したと考えている。しかし、それもまた事実を一八〇度歪曲した主張だ。福沢諭吉は次のように強調した。

「教育の普及が近代化の第一歩だ。朝鮮の独立と朝鮮民族の啓蒙には朝鮮語による新聞の発行が不可欠だ。井上がいなかったらハングルはなかった」

この井上とは、井上角五郎という福沢の門下生の一人で、彼は福沢の意を汲んで漢字語の集大成に貢献した。朝鮮時代の書堂（寺子屋）の様子と現代式に建てられた学校の建築物を見比べた写真からも、日本が朝鮮人を大いに開化させたことが見て取れるはずだ。

朝鮮時代にはごく少数の両班階級だけが窓戸紙（楮《こうぞ》で作った紙）に筆で文を書いていた。印刷技術も普及していなかったので、教科書などはもちろんなかった。ところが日本の植民地時代には教科書が刷られ、子供たちに支給された。この教科書は朝鮮人が作ったものではなかったが、その内容はハングルで書かれており、「わたしの父」「わたしの母」「父母の恩」「他人に迷惑をかけるな」などの現代的な表現があった。ハングルと漢字混用の新聞も発刊されている。そして、次ページ下の図表を見れば、一九一一年にはゼロに近かった就学率が、一九四五年には六十四パーセント、一九四八年には七十四・八パーセントに急増したことが分かる。

ドイツ人旅行家のヘッセ・ヴァルテッグは、朝鮮の両班が庶民の暮らしをよくする努力を妨げていたと書いているが、日本は朝鮮人を開化させるために、「訓民正音」を実用に適したハングルに進化させ、それまでになかった単語を創出し、辞典まで作った。日本がハングルを抹殺しようとしたという話は、反日種族が捏造したデマであり、そのデマが今の教科書に載っているのだ。朝鮮総督府の統計年譜によれば、一九一一年から一九四二年までに日本が朝鮮に建てた学校数は三七五三校で、学生数は一九一万人を超えている。

漢陽（ソウル）の書堂（1903）

日本が発行した教科書

阿峴幼稚園（1920）

京城普通学校

朝鮮在住日本人＝91.5%（1915）
朝鮮人＝1.7%（1911）→64%（1945）
台湾人＝28.4%（1926）→92.5%（1944）

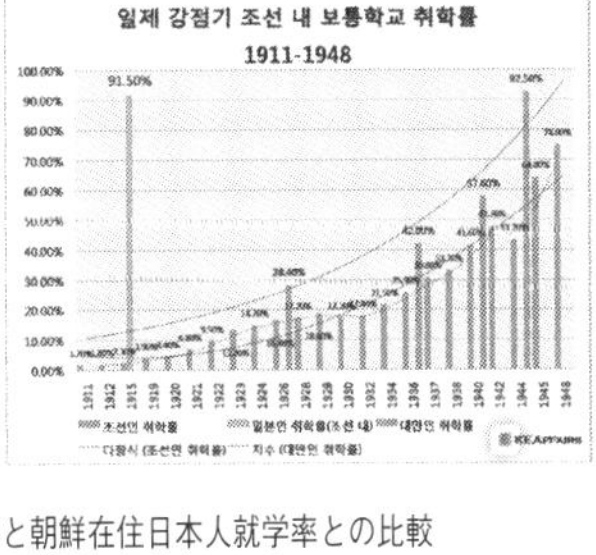

朝鮮人および台湾人就学率の推移と朝鮮在住日本人就学率との比較

朝鮮経済の基礎を築いた渋沢栄一

日本は朝鮮に教育・文化の面だけでなく、経済の面でも基礎を築いてくれた。その立役者は、福沢諭吉と双璧をなした渋沢栄一（一八四〇～一九三一）だ。渋沢は日本独自の資本主義文化を作り出した人物だ。当時、ヨーロッパとアメリカの経営哲学は、ひたすら損得勘定だった。

しかし、渋沢は「片手に論語、片手に算盤を持て」と教えた。ここで言う「論語」は孔子の説いた道徳を指している。同じ孔子から学んだ「道徳」を日本は「実用」の面で生かしたが、一方、朝鮮は儒教の「観念論」に自らを閉じ込めた。日本が孔子から学んだのは「利益ではなく改善を追求せよ、利益は改善から生まれる」ということだ。

彼は、「経営人は精神的な貴族であることを追求せよ。利益は自然についてくる」と説いた。一九二〇年代の松下幸之助を始めとする日本屈指の実業家たちがこれに従い、日本企業の文化となった。顧客を満足させるためなら、投資を惜しまなかった。このことを信じられないという読者は、第六章「日本は学ぶことの多い国」を精読されたい。そして、渋沢の経営哲学を受け継いだ人々の中でも有名なのが、一八九四年に生まれた松下幸之助だ。

渋沢栄一は西欧の手に渡っていた朝鮮鉄道敷設権を買い取り、京釜鉄道、京仁鉄道、中央線などの敷設という、世紀の大事業を達成した。朝鮮に「第一銀行」を創設し、一九〇二年から一九〇四年にかけて、重い葉銭《ヨプチョン》(李朝時代の銅銭である常平通宝の通称)の代わりに紙幣を印刷して流通させた。「第一銀行」発行の一円札、五円札、十円札には渋沢栄一の肖像が刷られていた。

朝鮮第一銀行

龍山駅から引き揚げる日本人

京釜鉄道株式会社は、日韓併合前の一九〇一年六月に設立された。日本は三十六年間、朝鮮を統治したとされているが、実際には少なくとも四十五年の間、朝鮮を開化させ続けていたのだ。そして、朝鮮の地に築いた五十二億ドルの固定資産をそのまま残して手ぶらで帰って行った。その資産は、朴正煕の近代化事業の礎となった。

葉銭！この言葉は「朝鮮人は何もできない種族だ」ということを表す自虐的な単語だった。一九六〇年代まで、筆者はソウルの新堂洞を歩きながら、「葉銭はどうしようもないな」という自嘲の言葉を何度も聞いたことがある。本書を書くために資料を調べているうちに、朝鮮が実際に「葉銭」であったことを実感した。

結果的に、日本は朝鮮に、一・学問と文化の基礎を築き、二・経済の基礎を築き、三・朝鮮としては思いもよらなかった五十二億ドルの固定資産と大企業を残してくれた国なのだ。朝鮮が抑圧されたとされているが、実際には、そのほとんどが捏造だ。朝鮮人が日本を批判する根拠には具体性が欠けていて、ただ漠然と「あくどいチョッパリ（日本人に対する侮蔑語）」と言っているだけだ。

過去から学ぶことのできない民族

盧武鉉《ノムヒョン》大統領の時代は、反日的な色彩の強い時代だった。彼が左翼だったということと反日デモとの間に何か関係があるのだろうか？　彼が書いた自叙伝やその行跡を見ると、彼の頭の中は幼い頃に形成された劣等感でいっぱいだったことが分かる。だから自分より優秀に見える人々を攻撃せずにはいられなかったのだ。（裕福なエリアである）江南《カンナム》バッシングやソウル大学バッシングなどがその良い例だ。そのような劣等感が現実社会の否定に変わり、そのような社会否定勢力が集まったのが左翼集団だった。

大韓民国の正当性を否定するために使われる恰好の手段が「李承晩《イスンマン》が親日派を率いて大韓民国を建国した」という主張だ。大韓民国はニセモノ国家というわけだが、このような狂気の反日ショーは、大韓民国を否定するためにもっとも効果的な手段だった。

独立するまでの朝鮮人は日本人が提供する技術的なサービスに全面的に依存していた。地主に登記簿謄本を取得させる行政の仕事も、測量技術を持つ日本人が行った。書堂の代わりに学校を設立して、現代的な学問を教えたが、朝鮮にはまだ国を担うだけの人材が十分育っていなかった。そんな中、突然空から「独立解放」というプレゼントが降ってきた。何の準備もなしに、いきなり新しい国家を作らなければならなかったのだ。そして、建国にあたり、現代的な行政、司法、警察、軍を管理する能力を持つ人材が必要だった。そのような人材は、李承晩の目にも、米軍政庁の目にも、日本の教育を受けて、日本仕込みの職務遂行能力を持つ開化派の人々以外にはいなかった。

フランスがドイツに占領されて統治を受けた期間はたった四年だが、韓国は三十六年だった。

三十六年も日本の統治下で生きていながら、朝鮮の独立が実現することを信じていた人は、少数の独立活動家のほかはほとんどいなかった。今日、外国の貧しい人々が韓国に来て、韓国人に同化して暮らしているように、日本統治下の朝鮮人たちも、時には出世し、時には追従と妥協をしつつ、日本人に同化して暮らしていた。このような行為は当時だけではなく、今もよくあることだ。

二〇〇九年七月、筆者はOBS放送の『名不虚伝《ミョンブルホジョン》』という番組に出演した。進行役の鄭漢溶《チョンハニョン》氏が筆者に「日本に併呑されるべくして併呑されたとおっしゃいましたが、それはどういう意味なのでしょうか?」と尋ねた。これに対して筆者はそれが自然なことだとは思わないのかと問い返すと、鄭氏は呆れたような表情になった。そこで筆者はこう説明した。

「昔のことを今の物差しで判断してはいけません。当時の世界情勢は弱肉強食でした。日本はまず近代化のための維新を行いましたが、私たちはドラマ『大長今《テジャングム》』で見るように、宮廷の塀の中でお互いを敵視して、謀略を企てることに明け暮れていたんです。そんな眠りから覚めない国を列強が放っておくわけがないでしょう。愚かで無能な所為でやられただけなのに、百年が過ぎた今も日本を罵り続けている自分たちの姿が恥ずかしくはないですか?」

ここまで話したところで、ようやく納得できたと言った。

朝鮮時代の陰謀と謀略は共産主義者たちに受け継がれた

一九〇五年の桂・タフト協定を見ても明らかだが、一九〇〇年代初頭の朝鮮は、ルーズベルトの日にも自活能力がない種族に見えたために、開化させる対象のリストに挙がったのだ。このような国を、はたして一人の朝鮮人の力で救うことができただろうか？　一個人の能力ではシステム崩壊を防ぐことはできない。それなのに、なぜ李完用を断頭台に立たせるのか？　それこそ野蛮なごり押しで、朝鮮式リンチではないだろうか？　左翼が反日感情を誘発させるための生贄として、李完用ら、いわゆる「乙巳五賊」（第二次日韓協約に賛同した五名の閣僚を批判していう言葉）と呼ばれた人物に無実の罪を着せたのだ。あたかも共産主義者たちが一九四二年生まれの筆者を親日派とでっち上げて、魔女狩りに遭わせてきたように！

日本統治下において、一般庶民らに強要された最初の開化は、まげを切って、両班・平民《サンノム》・奴婢という階級を打破することだった。まげを切ることも、階級制度の打破も開化に必要なことだったが、民衆は「倭奴、倭奴」と言いながら恨みがましく抵抗した。日本にさせられることは何が何でも嫌で、悪いことなのだ。両班は日本に自分たちの既得権益を剥奪されたので抵抗したが、奴隷にとって両班が話すことは天の声と同じで絶対的だった。一九〇一年から開化の過程を経ながらも、その時代の父親は自分の娘を人間として扱おうとしなかった。勉強をしたくてこっそり学校に行けば、父親がやって来て、娘のおさげを掴んで引っ張り出して、男子学生が見ている前でひどい暴行を加える時もあった。家庭での過酷な労働や蔑視に耐えきれず、若い女性たちは家出して、都市に向かった。その中には、お金を稼げて、勉強もできるという人身売買団の誘惑に負けて、日本軍の慰安婦になった女性も多かった。

日本を感情的に嫌う人々は、日本の巡査や憲兵が良家の娘たちを無理矢理捕まえて、日本軍に慰安婦として引き渡したと知らされてきたが、これが事実であるわけがない。突然変異が起こるように、日本の巡査や憲兵の中にはとんでもない法律違反者がいたこともあっただろう。このような憲兵が良家の娘を拉致して行ったことがあったとしても、それはあくまで日本の法律を犯したケースに当たるのであって、日本政府が指示したことではない。もう少し常識的に考えてみよう。仮に警察や憲兵がある女性を慰安婦にするために拉致したとしよう。しかし、そのことを上層部に報告することはできない。それは違法だったからだ。それでは、日本政府当局の指示なしで、どうやってビルマなどの南方戦線に送ることができたのか? それができるのは日本軍当局だけだ。

二〇〇〇年のことだ。筆者は韓国の東海岸のある部隊に勤務する何人かの将校から本当に腸が煮えくり返るような話を聞いた。海岸警備所に勤務している二、三人の兵士が、学校が終わって帰宅する高校生の男女に接近し、男子学生たちを殴って追い払った後、女子学生たちを麦畑に連れて行って暴行したというのだ。女子学生たちはその後も定期的に暴行を受けたが声をあげることもできなかったそうだ。このようなことは、その江原道《カンウォンド》の海岸だけではなく、韓国のどこの海岸でも発生し得ることだった。百年前に日本の巡査から被害を受けた女の子たちは日本当局の仕業だと言うのなら、西暦二〇〇〇年に韓国軍兵士から被害を受けた女子高生も韓国当局の仕業だということになる。そうすると、この事件は当時の金大中政権が命令して発生した事件ということになる。

共産主義者たちは彼らが謀略のために絞りだした悪行に、日本政府と韓国政府を引き込もうとする。韓国と日本を悪鬼の国にしたいのだ。彼らは一九八〇年の光州で戒厳軍が集団虐殺をしたと主張してきた。三々五々群れをなして動き回り、光州の女性を強姦し、虐殺したと言い。そしてこのすべての野蛮な行為は全斗煥が兵士たちに幻覚剤を飲ませたせいで起こったことで、全斗煥が全羅道の人々を根絶やしにするために発砲命令を下したと主張する。つまり「国家が軍隊に光州市民を虐殺しろと発砲命令を下した」ということを公式化したいのだ。韓国という国は国家の命令で国民を虐殺した野蛮な国なので、打倒しなければならないという主張をしたいのだ。また、彼らは「日本という国家」の命令で、日本の憲兵と警察が町や村の女の子たちを強制的に連行して行ったのだという話を事実にしたいのだ。「個人レベルで仕出かされた」ことと「国家レベルで仕出かされた」ことでは天と地の差がある。光州で韓国政府の命令による集団発砲があったと強弁するのと、朝鮮全域で日本政府の命令による慰安婦狩りがあったと強弁するのは、間違いなく同じ脈略であり、これこそが共産主義者たちの「謀略公式」なのだ。

二〇〇七年のことだ。数十カ国を相手に取引をしているある企業家からこういう話を聞いた。多くの外国を行き来しているせいか、話し方も闊達だった。

「日本の統治がなかったとすれば、朝鮮はまだ昔の朝鮮のままだったでしょう。朝鮮王朝が今も続いていたら、両班と平民《サンノム》の階級はいつまでたってもなくならなかったでしょう。インドはイギリスの支配を受けましたが、イギリスがカースト制度をなくさなかったために、今もなおその亡国的な身分制度を維持しています。イギリスに比べて、日本は朝鮮人に良いことをしたのではないでしょうか？そもそも朝鮮人に身分制度を自分たちで廃止するほどの改革能力があったら、日本に占領されることもなかったでしょう。こうした話を韓国国内ですれば、袋叩きに遭うでしょうが、私は日本より韓国の方に問題が多いと見ています。他人を非難したところで、何の発展もありません。歴史に学ぶには、私たちが自らの誤りをまず見直さなければならないのではないでしょうか？」

第四章　日本軍慰安婦と強制徴用

韓国では慰安婦がナイチンゲールよりも気高いと言わなければ

韓国では従軍慰安婦問題は聖域だ。慰安婦出身の女性に敬意をこめて「慰安婦ハルモニ」と呼びかけ、彼女たちは両班家の育ちがいいお嬢様だったと言わなければならない。非の打ち所がない良家のお嬢様が野獣のような日本の憲兵に強引に日本軍の慰安所に連れて行かれて、性奴隷として毎日数十名もの野獣のような日本軍将兵に凌辱されて身も心も憔悴しきっていた、日本人は獣にも劣る野蛮人だ、と言わなければならない。朝鮮の娘たちが自ら慰安婦になったなどと言うのはもっての他だ。

慰安婦の権利と名誉を守るために設立された挺身隊問題対策協議会(略称：挺対協)も聖域化された組織だ。戦時下の労働力不足を補うために組織されて工場などでの勤労労働に従事した挺身隊と主に戦地で将兵の性の相手をしていた慰安婦は、性格自体が全く異なるにもかかわらず、一部の左翼系の女性が一九九〇年十一月十六日に日本軍慰安婦の名誉と人権を守るという名分で「挺身隊問題対策協議会」を設立した。慰安婦と挺身隊を混同して付けた名称だ。同団体の名称は「慰安婦問題対策協議会」とするべきだった。

彼女たちは三十年間韓国内外でこの団体名を名乗って国家利益と相いれない不穏な活動を行って来たが、未だに慰安婦問題はこの組織が事実上排他的に独占している。慰安婦についてこの組織の見解と異なる発言をした人間は、言論人であろうが学者であろうが直ちに糾弾されて訴訟を提起される。

挺対協は二〇一八年七月十六日に団体名を「日本軍性奴隷制問題解決のための正義記憶連帯」（略称：正義連）に変えたが、一年以上たってもこの名前を知る人は少ない。長年自分たちが慣れ親しんできた名称をわざわざ変えた理由として、次の二つのことが考えられる。

一つは、挺対協が悪名高かったからだ。挺対協は多くの韓国民から「慰安婦を口実に反日・反米・反国家活動に奔走している」という批判を受け、そのたびに大規模な弁護団を組織して訴訟を起こした。現在の韓国司法部は左翼系の判事らに掌握されているだけに、左翼の実勢の顔色を窺ったような判決が多かったことから「挺対協が訴えたらみな監獄行きだ」という流行語まで生まれた。だから、この組織の幹部はこの悪名高い名称を使いづらくなり、曖昧で抽象的な「正義記憶連帯」という名称に変えたのだろう。

もう一つは、挺対協の正式名称が「挺身隊問題対策協議会」だからだ。自分たちが挺身隊と慰安婦を混同していることを露呈するような名称を使うのはさすがに体裁が悪かったはずだ。

女子勤労挺身隊の姿（1944年6月）

慰安婦という名称は反日・反国家活動の道具として利用された

「慰安婦」は、韓国において神聖不可侵な存在だ。慰安婦を大義名分にして自らの政治的野望を達成しようとする「挺対協」もそれと同じだ。この二つが聖域として手厚く保護されているのは、これらが韓国における反日感情を維持・拡大させる上で決定的な役割を果たすからだ。

挺対協は慰安婦を利用して反日感情を煽ってきた。この組織は北朝鮮及びスパイ出身者と太いパイプで繋がっており、韓国社会を掌握している共産主義者たちから積極的に支援されている。その結果、韓国では慰安婦を売春婦と同列の扱いにすることはタブーだ。

二〇一九年九月十九日、延世大の柳錫春《リュソクチュン》教授は、講壇で五十名ほどの学生に「慰安婦は売春の一種」だと述べたばかりに魔女狩りの標的となって解雇され、挺対協を始め、いくつかの社会団体から訴えられた。他にも、同じ趣旨の研究結果を『反日種族主義』という書名で出版した李栄薫《イヨンフン》前ソウル大教授、電子新聞『メディアウォッチ』の幹部らや、チュ・オクスンオンマ（ママ）放送代表、チョ・ウソク前KBS理事なども同じ目に遭った。かくの如く、光州五・一八と慰安婦と挺対協は、誰も侵してはならない神聖不可侵なサンクチュアリだ。

公の立場にある人々は、慰安婦問題について触れる際は、とりわけ万全の注意を払わなければならない。「慰安婦ハルモニは花のような青春を獣のような日本の軍隊に踏みにじられた気の毒な女性だ」と言いながら目を潤ませ、彼女たちの証言に偽りはない、彼女たちは日本の兵士に強制的に性を提供させられた、汚れのない女性たちに襲いかかった日本の兵士は人間性を自ら棄てた鬼畜のような存在だ、憐れみを乞う彼女たちに獣のように襲いかかって身も心もぼろ雑巾のようにずたずたにした、等と言いながら熱い涙を流さなければならない。このような演技をして尊敬される知識人として頭角を現そうとした人々もいる。事実を歪曲し、慰安婦の苦痛は朝鮮人みんなの苦痛であり、十字架を背負っ

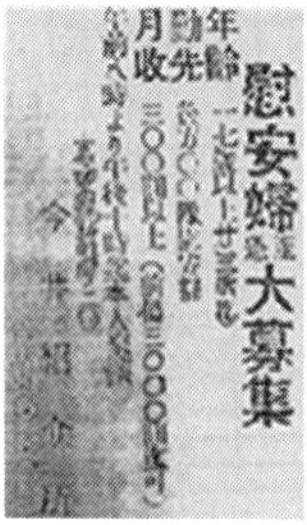

『京城日報』
1944.7.26

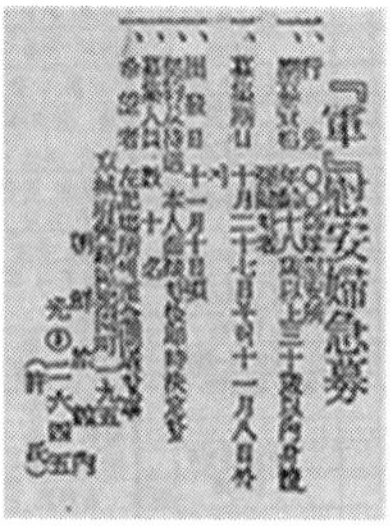

『毎日新報』
1944.10.27

軍慰安婦募集広告

た犠牲の権化だとお涙頂戴的に訴えなければならない。慰安婦を偶像化しようとするこの馬鹿げた風潮を誰が作ったのか？ 言うまでもなく今韓国を支配している従北主義者たちだ。

一九四〇年頃の新聞を見ると、慰安婦を募集する広告が度々掲載されている。共産主義者たちが言うように「強制的に連れて行かれた」わけではなく、新聞広告等を見て自分で応募した女性もいたはずだ。挺対協に協力している数多くの元慰安婦が慰安婦になる経緯について証言しているが、自主的に行った人、両親に売られて行った人、人身売買のグループに騙されて連れて行かれた人など、その道筋は様々だ。これらの証言は、すべての慰安婦が強制的に連れて行かれたわけではないということを証明する貴重な資料と言える。

才気溢れる慰安婦・文玉珠

共産主義者たちは、日本の憲兵に連れて行かれて慰安婦にされた女性の数は二十万人を下らないと主張している。しかし、多くの研究者の見積もりによると、朝鮮半島出身の慰安婦は一九三七年の日中戦争から一九四五年八月十五日までの八年間で最も多い年でも三六〇〇人ほどだった。日本軍慰安婦の構成割合を国別に分類して見ると、最も多かったのは日本人（約四割）で、その次が中国、続いて、朝鮮を含む十カ国にのぼる被占領国の順になっている。

にもかかわらず、共産主義者たちは、日本軍慰安婦はすべて朝鮮人で、その数は二十万人にものぼると主張しており、これまで慰安婦問題に関心がなかった韓国人はその嘘を真に受けている。韓国で誰もが知っている慰安婦に関するキーワードは、一・強制連行、二・理不尽な強姦、三・嘲りと虐待、四・代価のない搾取などだが、これらには専門家の研究結果と一致しない事実が含まれている。

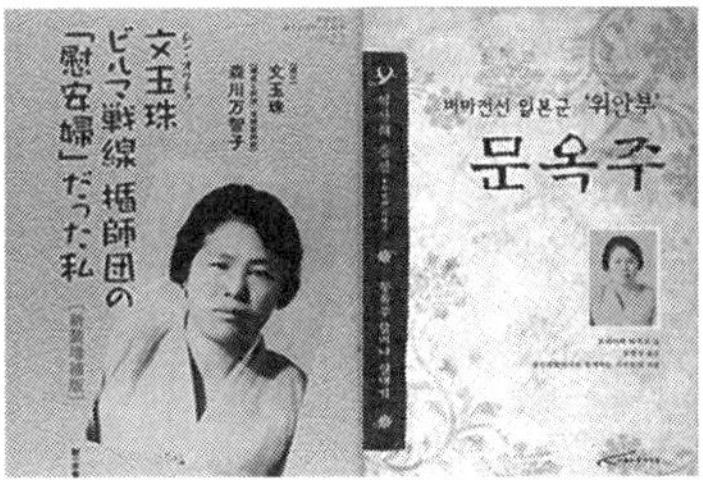

文玉珠著『ビルマ戦線楯師団の「慰安婦」だった私』の日本語版と韓国語版

元慰安婦の中でもその名が知られている文玉珠《ムンオクチュ》のケースを見てみよう。一九九六年に日本で、次いで二〇〇五年に韓国で彼女が自分の半生を語った『ビルマ戦線楯師団の「慰安婦」だった私』（森川万智子解説）という本が出版されたが、そのあらましを紹介する。

彼女は一九二四年に大邱の大明洞で生まれ、十二歳の時に日本に売られて行き、十七歳になるまで料亭などで下働きをした。当時日本は十七歳未満の少女を性接待に供することを固く禁じていた。十八歳になった彼女は妓生になることを志してタルソン検番に入学し、一年で妓生修業を終了してからビルマ（現ミャンマー）の遊郭に行った。そして、一九四二年七月に二十名の朝鮮人女性と一緒に釜山―サイゴン―シンガポールを経由して当時ビルマの首都だったラングーン（現ヤンゴン）に駐在していた日本軍楯師団の将兵所属の慰安婦になった。

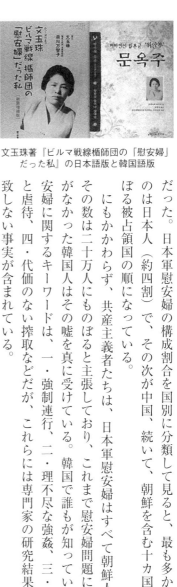

彼女の回顧録によると、彼女は顔がきれいなうえに優しい性格で、歌もうまかったのでたちまち将兵たちの人気者になった。家族と離れて寂しい思いをしながら死と隣り合わせの日々を送る日本軍兵士を気の毒に思い、性の相手をするだけでなく、歌を歌ったりしてやさしく励ましてあげた。やがて日本軍兵士のヤマダイチロウ（仮名）と恋に落ちた。未だに彼が恋しくて五十一年が過ぎた一九九三年にも涙を流していた。当時彼女と一緒に慰安婦をしていた大邱出身の女性たちの多くが日本兵士と恋愛して、中にはある兵士を深く愛するあまり彼の子供を身ごもったまま帰国して、大邱で大切に育てた「ヒトミ」という女性もいた。

文玉珠は華のある女性だったようだ。非常に歌がうまく、利口で、陽気で、面倒見がよかったので所属部隊の将兵たちに人気があり、多額のチップを貰っていた。ワニ革のバッグやダイヤモンドの指輪や華やかなレインコートを買ったりしてショッピングを楽しんだと語っている。ビルマ駐在の慰安婦は日本軍の将兵から規定の花代の他にチップを受け取っていた。人気者だった彼女は二十歳から二十二歳までのわずか二年間で、実に三万一千円以上稼いで故郷の大邱に帰り、その金で貧しかった家を盛り立て、事業まで起こして二十八年間大邱の花柳界のシンデレラと呼ばれた。

これを見る限り、少なくともビルマの慰安婦はただの性奴隷、もしくは、苦痛に耐え抜いた犠牲の権化ではなかったようだ。ある意味彼女は日本帝国という豊かな水を得て活き活きと泳いでいた魚かもしれない。

李栄薫教授らの『反日種族主義』によると、楯師団の慰安所運営には規律があり、花代の価格表があった。

彼女は、現金三万一千円やダイヤモンドの指輪、ワニ革のバックなどの贅沢品の他に、日本本土の郵便局に五万百八円相当の貯蓄をしていた。彼女が貯金を引き出したか否か知る由もないが、花代とチップの合計額は約八万円に及ぶ。

《慰安所規定》

一、用時連帯本部が発行した許可証を営業者に提出すべし。

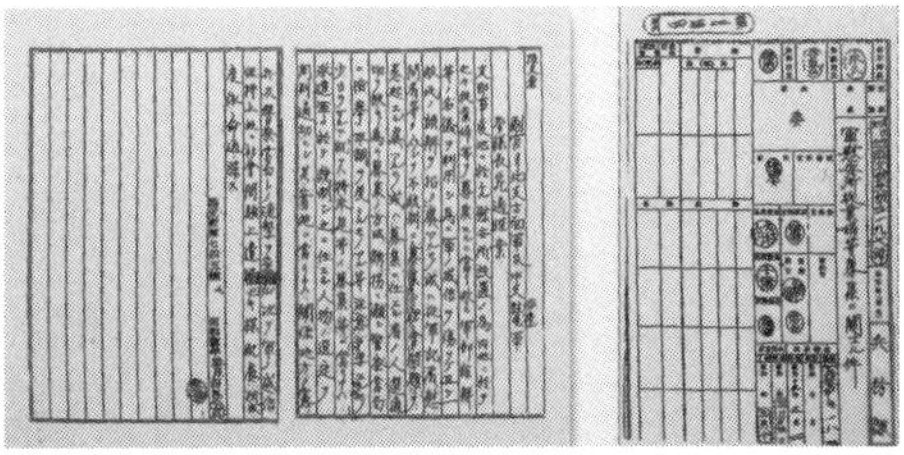

従軍慰安婦募集に関する公文書（1938）

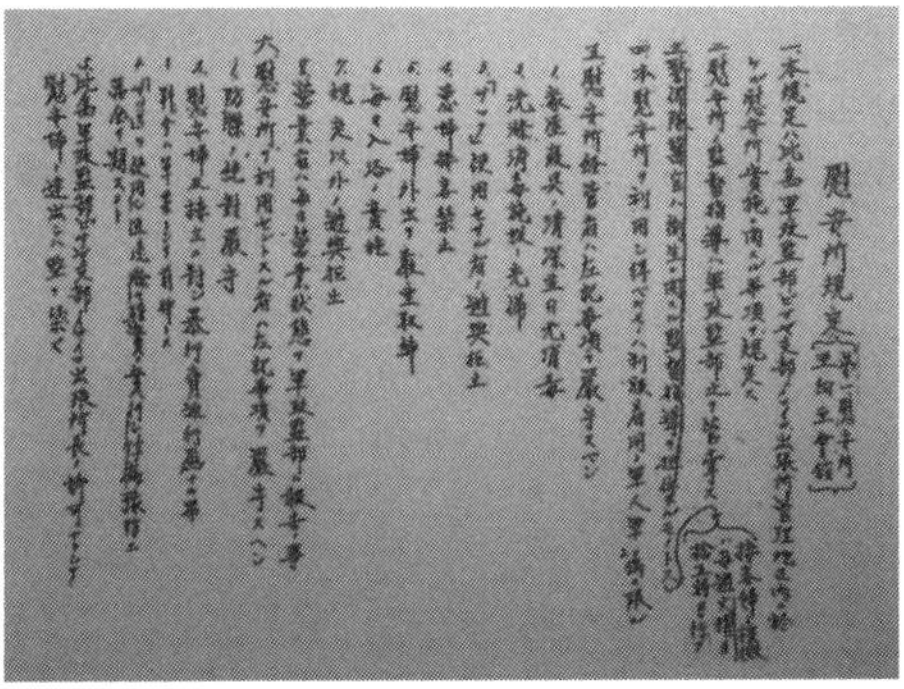

慰安所規定

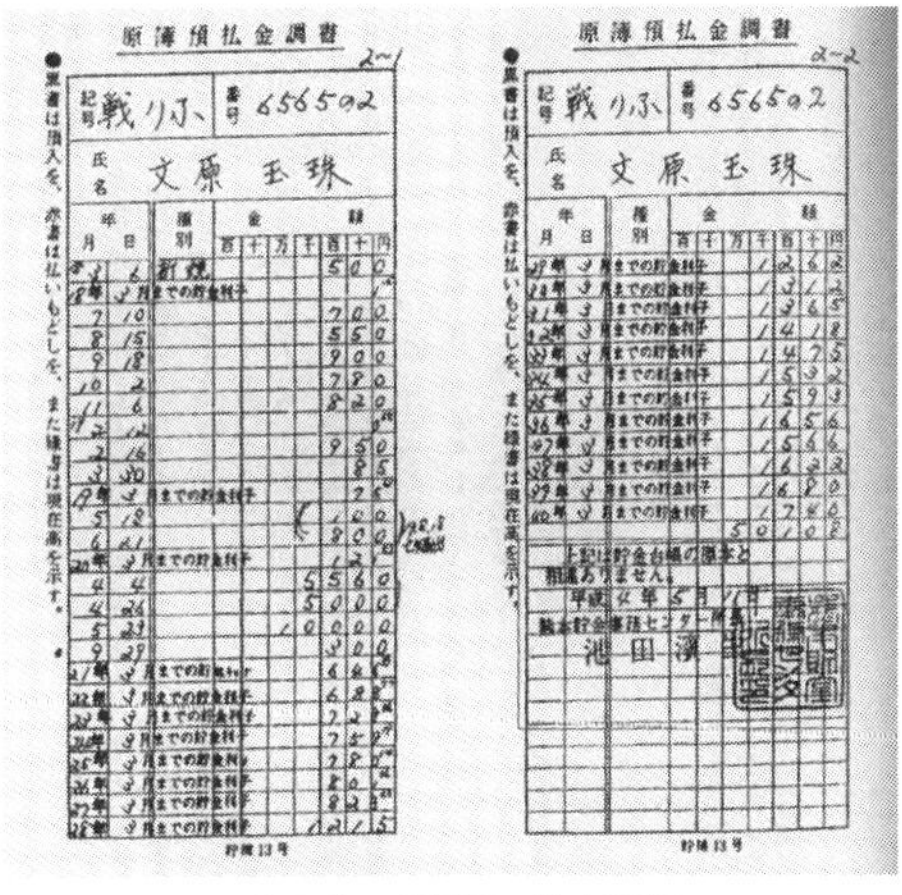

原簿預払金調書

文原玉珠

文玉珠の郵便局の貯金通帳

二、慰安所内では食事を供することを禁ず。
三、慰安婦及び営業者に対する乱暴な行動を禁ずる。
四、利用時間を厳守し、他人に迷惑をかける事を禁ず。
五、営業者その他の慰安婦、女給等に対する一切の貸借を厳禁する。
六、慰安婦らは定期的に性病検査を受けるべし。

《利用時間と料金》
一、兵は十時から十七時まで、三十分当たり一ウォン、一時間当たり二ウォン。
二、下士官は十七時から二十二時まで、三十分当たり一ウォン二十銭、一時間当たり二ウォン四十銭
三、准士官以上は二十二時から、一時間三ウォン、二十四時以降は十ウォン。
四、サック（コンドーム）は営業者が負担する。
五、皇軍以外のものは接客を禁ずる。
六、営業者は毎月五日までに慰安婦各自の営業状況を報告する。

日本軍当局は、慰安婦と日本軍兵士双方を保護するために定期的に慰安婦に対する健康診断を行っていた。また、次ページの写真を見ると、各女性の氏名は伏せられているが、実際にはある者は月経なので接客を禁じる、ある者は淋病に罹っているので接客をしてはならないといった具体的な指示を

各慰安所に行っていた。これらはいずれも非難の対象とすべきことではなく、合理的な行政措置ととらえるべきであろう。

文玉珠は、「一日当たり三十～四十ウォン、週末は七十～八十ウォン稼いでいた」と述べている。このことは慰安婦が規定料金どおりに受け取っていたわけではなく、結構な額のチップを受け取っていたことを示唆する。大邱の花柳界のプリマドンナとなった彼女は次々に男性と同棲したり、込み入った事情で財産を蕩尽したりしたが、挺対協の熱心な勧誘にあって慰安婦の登録を行った。彼女が前掲書で自分の過去を公開したとたん、世間体を気にした親類縁者から冷たく縁を切られたという。

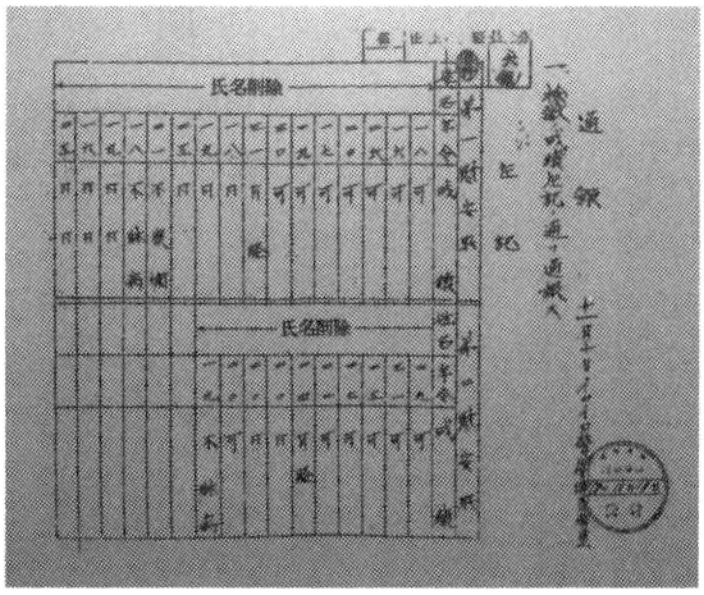

慰安所医務室健診結果表
（氏名省略、年齢、健康診断結果）

朝鮮の父母が娘を慰安婦に追いやった代表的事例

『解放前後史の再認識』第一巻に、サンフランシスコ大学で慰安婦問題を研究している蘇《ソ》貞《ジョン》姫《ヒ》教授の論文が掲載されているが、同教授は論文の中で元従軍慰安婦のムン・ピルギ、イ・ドクナム、イ・サンオク、キム・オクシル、ペ・ゾクカン、ソン・シンドらの証言を紹介している。彼女たちはいずれも耐え難い家族による暴力から逃れて、新女性として生きて行くことを夢みていたが、言葉巧みに近づいて来たブローカーに騙されて慰安婦になった気の毒な経歴を持つ女性たちだ。

돈에눈어둔父母

죽기보다실타는딸을팔려고

딸은警察차저泣訴

仁川大火

假刑事

見出し『1300ウォンで娘を売った朝鮮の父親』

児童労働者

上にあるのは、金に目がくらんだ父親が一三〇〇ウォンと引き換えに娘を慰安婦として売ったという新聞記事だ。李朝時代の父親は娘を自分に仕える奴隷と見做していたのか、娘を殺したり、娘を中国や日本に売り渡したりすることが珍しくなかったという。フランスの宣教師クロード・シャルル・ダレも「朝鮮の貧民が中国の密輸業者に自分の幼い娘を一人当たり米一斗で売っていた」と述べている。

一、ムン・ピルギ

毎週在韓日本大使館の前で挺対協が主催する示威にいつも参加している女性だ。彼女は一九四三年後半から二年間満州の日本軍慰安所にいた元慰安婦で、一九九二年六月に元慰安婦として挺対協に登録した。彼女は、一九二五年に二男九女の子供がいる小さな雑貨屋を営む家に生まれた。幼かった頃に彼女が一番やりたかったことは勉強だった。しかし、父親は「娘が勉強したって小賢しい女狐になるだけだ」と頭ごなしに怒鳴りつけるだけだった。母親が父親に内緒で米一斗を売って普通学校に入れてくれた。だが、一週間もたたないうちに父親の知るところとなり、彼女は教室から無理やり父親に連れ戻されて教科書も燃やされてしまった。それでも怒りが収まらない父親は、娘を殴りつけて家から追い出した。彼女は伯父の家に逃げ込んで世話になっていたが、二度と学校には行かないと約束させられて家に帰ることができた。そして、勉強したい気持ちを押し殺して九歳の頃から家事や畑仕事など家のことならなら何でも手伝って一生懸命働いた。

彼女が十八歳になった一九四三年の秋に、村に住む日本人の手先のようなことをしている五十代ぐらいの男性から、「勉強もできるしお金も稼げる所があるが、行く気はないか」と尋ねられて、思わずそのおいしい話に飛びついて彼について行った。その男と巡査は彼女をすぐさま車に乗せて釜山に連れて行った。彼らは、彼女の長い髪を切り、チマチョゴリを脱がせてワンピースに着替えさせた。そして、他の四人の女性と一緒にそのまま満州に移送されたという。この女性が毎週水曜日午後十二時に日本大使館の前で、日本国が自分を強制連行して慰安婦にしたと主張して謝罪と被害賠償を要求しているのだ。

二、**イ・サンオク**

この元慰安婦の父親は慶尙北道達城郡達城面の面長で、作男を置いて農作業をさせる富農でもあった。彼女は九歳の時に学校に入ったが、兄が「女を学校に行かせても何の役にもたたない」と言って学校に行くことを禁じて、教科書をかまどの中に放り込んで燃やしてしまった。兄に逆らって学校に行こうとすると、殺すと脅された。隣家の女の子が学校に通うのがとてもうらやましくて、母親にも内緒でソウルに逃げた。伯母が学校に行かせてくれたが、兄が伯母に執拗に圧力をかけた。

伯母の家を出てソリゲ（トンビ）という店に入った。そこに父親に売られて来た九人の若いむすめがいた。当時十五歳で一番年下だった彼女は行く当てもないので彼女らについて下関に行った。彼女たちを引率していた軍属らしき人は、この十人のむすめを朝鮮人夫婦が営む軍の遊郭に連れて行き、この夫婦から金を受け取ると彼女たちを残して帰ってしまった。

イ・サンオクは日本語を話すことができたので、軍病院で働いて俸給を受け取っていた。ある軍医が彼女に同情して朝鮮に帰そうとしてくれたが、帰国当日、爆撃を受けてその件はご破算になった。この女性も女性に対する家庭内暴力が原因で遊郭に追いやられたケースだ。

三、**イ・ドゥクナム**

一九一八年生まれの彼女は一九三九年から三年間は中国で、その後の三年間はスマトラで慰安婦をしていた。学校に行きたかったが、父親が酒癖の悪い博打打ちで、のべつ殴られてばかりいた。彼女は「家にいるのが死ぬほど嫌だった」。

十七歳の時に嫁に行けと言われたが、それは売られて行くのと同じだと思った彼女は、近所の友だちと一緒に汽車に乗って働き口を探しに行き、仁川の紡績工場に入った。それから慰安婦になった。

四、キム・オクシル

この慰安婦は一九二六年に平壌から十里離れた村で生まれた。彼女の父親も勉強しようとする娘をムチでひどく折檻した。十一歳の時にある近所の友だちがハングルを教えてくれて歌も習うことができる所があると教えてくれたので一緒に行った。数日後にそのことが父親にばれて、「何の役にも立たない字を女が覚えてどうするつもりだ、恋文でも書くつもりか！」とムチで叩かれた。

その後父親の顔を見るのが嫌で家出をした。おばさん達が平壌では妓生が最高だと話しているのを聞いて、きれいな着物を着て、きれいな輿に乗って歩く妓生に憧れて妓生の家の養女になった。しかし、わずか一週間で父親に無理やり家に連れ戻され、「ご先祖様や親の顔に泥を塗る気か」とひどく罵倒された。しかし、その後も家出をして、靴下工場の女工になった。そこで三年、たばこ工場で四年働いたが、人身売買のグループの罠にはまって慰安婦になった。

五、ペ・ゾクカン

この慰安婦は一九二二年生まれだ。この女性は自殺を試みるほど母親からひどい虐待を受けていた。木綿工場で働かせてあげるという近所に住む区長の嘘を真に受けて、中国へ行った。中国各地の慰安所を転々として、一九四六年にようやく家に帰ったが、母親はそっけなかった。母親は臨終のときに娘に会いたがったが、彼女は行かなかった。

六、ソン・シンド

この慰安婦も一九二二年生まれで、母親からひどい虐待を受けた。十六歳のときから生きていくためにあらゆる雑用仕事をやった。いい職場を世話してやるという隣人の誘いに乗って中国に行き、一九三八年から四五年まで慰安婦をした。日本人の兵士が結婚しようと言ったので一緒に日本に行ったが、彼は日本に着くとすぐに彼女を棄てた。

日帝下の女性の人生

『解放前後史の再認識』第一巻二部（二〇〇六）には「植民地下の女性の人生」というテーマで、大阪産業大学の藤永壮教授、シカゴ大学の崔京姫《チェギョンヒ》教授、サンフランシスコ州立大学の蘇貞姫教授の論文が載っている。これらの論文を読めば左翼陣営の主張がどれほど荒唐無稽なものか知ることができる。また、論文で引用されている資料を見ると、日本人の調査がきわめて綿密に行われているのに対し、韓国人のものは杜撰だ。韓国の学者がこの分野の研究をおざなりにしてきたこと、そして、挺対協がいかに客観性を欠いた感情的な主張を行ってきたかが如実にわかり、この分野を研究する諸外国の研究者に対し非常に恥ずかしい。

植民地支配の最後の十年（一九三五～四五）は、朝鮮における産業革命のような時代だった。農民が土地を離れて労働者階級が生まれ、人口の流動性が増大し、都市社会が一挙に拡散したことに伴って女性の間にいわゆる新女性に対する憧れが広がった。一九一七年に李光洙《イグァンス》の小説『無情』が新聞に連載され、新文明の普及書となった。この作品は、西洋の新文明が輸入され、開化思想が拡散して、モダンボーイやモダンガールが誕生した時代の若い男女の恋愛を描いた新小説だ。一九三五年には沈《シム》熏《フン》の『常緑樹』が発表された。まるでそこだけ時の流れが止まっているような旧態依然とした農村社会を開化する啓蒙書だった。彼は、当時の農村の人々の考え方がどれほど旧弊で原始的であったかを赤裸々に描いた。慰安婦は、このような開花時代の産物だ。一九〇人の慰安婦に対するある調査によれば、うち一六八人が脱農村時代に当たる一九三七～四四年の間に慰安婦になっていた。都市に憧れる一種のゴールドラッシュの絶頂期だった時代に家を飛び出した娘が人身売買グループの格好の餌食になったのだ。

また、一八一人の慰安婦を調査したところ、四分の一以上が、慰安婦になる前に家から独立してお手伝いさん、工場労働者、食堂及び置屋の女給などをしながら生計を立てていたこと、そして、その中の六割程度が満州、台湾、中国に移送され、慰安婦になっていたことが判明した。このように生活苦から家を飛び出したケースもあれば、両親兄弟による家庭内暴力から逃れようとしていた若い娘が人身売買グループの罠にはまったり、聞きかじりの曖昧な情報を頼りに期待に胸を膨らませて社会に飛び出したものの世間の荒波の中で彷徨っているうちに人身売買グループの生贄になったりしたことが慰安婦になる発端であったこと、さらに、当時の人身売買グループの手先はほぼ朝鮮人で、軍隊の慰安所を経営する朝鮮人も多数いたことがわかった。

慰安婦になるルートは二つあった。「家庭→労働市場→慰安所」と「家庭→慰安所」だ。この二つのルートを取り仕切っていた仲介役が人身売買グループだった。彼らが暗躍できる環境を提供したのが、娘に対する家族の暴力や虐待、そして学ぶことに対する憧れをひたすら抑圧しようとする無知蒙昧な男尊女卑文化だ。そんな中、当時は慰安婦の募集広告が頻繁になされた。強引に連れて行かれたのではなく、希望者を募る広告を見て自ら行った多くの女性がいたはずだし、貧しい父親に売られた慰安婦も多かったはずだ。

沈美子さんのケース

二〇〇五年、筆者は初代慰安婦会会長だった沈美子《シムミジャ》氏と筆者の事務室で何度か会って、彼女から聞いた話をまとめた。彼女は二〇〇四年日本の最高裁判所で本物の「日本軍慰安婦」だとの判決を受けた人物である。彼女らが起こした元慰安訴訟で彼女の法廷闘争を支援したのは訴訟代理人の高木健一弁護士らと「日本の戦後責任をハッキリさせる会」の臼杵敬子氏や平田氏だった。一九四〇年、黄海道のある小学校の五年生の時だった。彼女は刺繍が得意でよく刺繍をしていた。

韓国の地図に満開の槿の花を刺繍したところ、日本人の先生が教室の壁に貼ってくれた。これを見たほかの日本人の先生から、日本地図に刺繍してほしいと頼まれた。彼女は、日本地図に朝顔の花を刺繍した。ある日、日本の巡査に捕まって尋問された。日本の花は桜だ、なぜはかない朝顔を刺繍したのかと因縁をつけられた。そのあげく、巡査に強姦され、拷問までされた。背中と足、指の爪に耐え難い拷問を加えられ、今も拷問の跡が残っていると言って私に見せてくれた。

沈美子氏と著者（2005.4.13）

日本軍慰安婦になって日本に行った。顔がきれいで知的に見えるので憲兵隊長の鈴木の恋人になった。後ろ盾を得た彼女は遊郭に行かずに済んだ。この憲兵隊長の妻という証明書まで得ることができた。その頃、韓龍雲《ハンヨンウン》と金瑪《キムマ》利亞《リア》が訪ねて来て、望むことがないかと尋ねられた。彼女が、母親と祖母に会いたいと答えると、彼らは、独立運動の資金が必要だ、資金を援助してほしいと言った。

彼女はその話を信じて日本軍の将校の洗濯をしたり、編み物をしたりして資金を作って彼らに渡した。独立軍が来て「旅行証明書を作ってくれ」と言われれば、鈴木隊長に「親戚だ」と嘘をついて何度もフリーパスの旅行証を発行してもらって渡した。独立軍の人々は、憲兵隊長の愛人だった彼女から金をせびり取ったり、フリーパスの通行証を入手したりしてたびたび彼女を利用した。後に彼女は慰安婦集会の初代会長になり、挺対協に登録されたすべての慰安婦を訪ねて夜を徹して話し合ったが、自分のように強制的に連れて行かれた慰安婦は少なかったと語った。これは左翼が口にする内容とは全く異なる。彼女の意見が挺対協の見解と異なり、事実を捻じ曲げてまで彼女たちを悲劇のヒロインにしようとする挺対協に疑問を感じた彼女は、挺対協から脱退した。

韓龍雲　　金瑪利亞

日本軍慰安所の元祖・上海慰安所

明治元年（一八六八年）から明治十四、五年頃まで上海にいた日本人は十～百名ほどにすぎず、年に平均五、六名増加する程度だった。性別の割合は、男性が三分の一、女性が三分の二で、そのうちの六、七割が外国人相手の売春婦だったとされている。森崎和江の著書『からゆきさん』によると、明治十五年（一八八二年）には上海で八〇〇人の日本人女性が「東洋茶店」で客を引いていたという。「みるみるうちに日本娘がふえた上海では日本領事がこれを国辱として彼女たちをとらえ、本国に送り返した。明治十七〜八年にかけておよそ五、六〇〇人が帰されている。が、なお二〇〇人が潜んでいた」

沖縄に居住していた朝鮮人の元慰安婦の証言を記録したルポルタージュなど十数冊の本が日本で出版された。慰安婦問題が日本で注目されるようになったのは、一九九一年八月から朝鮮人の元日本軍慰安婦が立て続けに自分たちの存在を明かして日本政府に対して補償を求める訴訟を提起したのがきっかけだった。資料を調べてみると、日本軍最初の慰安所は上海慰安所であることがわかる。日中戦争開始後、上海にいた慰安婦の数が最も多かったことから、同慰安所が他の地域のモデルになったと思われる。

上海の日本人娼館にいた日本人娼婦（からゆきさん）が海外渡航した典型的なケースだ。上海駐在日本領事館は、一八八〇年代からからゆきさんに対する取締りをしていたが、一九二〇年にマラヤの日本領事館がからゆきさんの追放を行い、彼女たちの多くが日本に帰り、海外の日本人娼館もやがて消滅した。その後、日本軍が駐留する海外駐屯地での一般市民に対する日本軍兵士による強姦等の不法行為を見かねた岡村寧次が、軍慰安所を提唱して一九三二年に上海に創設された。これは軍による公娼制度の導入を意味する。公娼制度の設置理由は、一・強姦防止、二・軍の士気高揚、三・性病予防、四・防諜だった。

一九三二年三月十四日付け上海派遣軍高級参謀岡部直三郎の日記にはこのような一文がある。

この頃、兵が女捜しに方々をうろつき、いかがわしき話を聞くこと多し。これは、軍が平時状態になるたけ避け難きことであるので、寧ろ積極的に施設をなすを可と認め、兵の性問題解決に関し種々配慮し、その実現に着手する

『岡部直三郎大将日記』二十三ページ

上海派遣軍参謀副長を務めた岡村寧次元陸軍大将は、当時を次のように回想している。

慰安婦問題を考える。昔の戦役時代には慰安婦などは無かったものである。斯く申す私は恥ずかしながら慰安婦案の創設者である。昭和七（一九三二）年の上海事変のとき、二、三の強姦罪が発生したので、派遣軍参謀副長であった私は、同地海軍に倣い、長崎県知事に要請して慰安婦団を招き、その後全く強姦罪が止んだので喜んだものである。

『岡村寧次大将資料上（明治百年史叢書第九十九巻）』三〇二ページ

日本軍慰安婦の発祥地は上海であり、日本軍が開設していた慰安所は、一・軍直営慰安所、二・軍が監督・統制する軍専用慰安所、三・民間の売春宿を兵士用に指定した民間慰安所（民間／軍共用）、四・民間専用慰安所があり、四番目の慰安所は日本軍慰安所とは無関係だった。上海駐在日本軍司令部が日本軍慰安所の設置を決めた一九三二年当時、同地における日本人による風俗営業の内訳は、割烹三ケ所、飲食店七十二ケ所、喫茶十三ケ所、海軍慰安所十七ケ所、クラブ二ケ所、舞踏場一ケ所、芸妓一三四名、踊り子一七〇名、酌婦一六六名であった。

同時期、朝鮮人の女性も上海にかなりおり、ダンサーやカフェーの女給をしていたり、金を稼ぐた

めに売春をする者もいた。その後も朝鮮半島から自主的に上海にやって来る女性がだんだん増え始め、一九三六年当時、朝鮮人ダンサーが三十七人、日本人が経営する飲食店、カフェーなどで働く朝鮮人女給が四十八人いたが、彼女たちは金を稼ぐために闇で売春行為を行って雇い主と折半したりしていた。一方で、二九〇人の朝鮮人女性が私娼街にいた。少なくとも、一九三六年までには朝鮮人女性は日本軍が運営する公娼宿にはいなかったと思われる。

日中戦争中期の一九四〇年頃から主に日本人と中国人の慰安婦が急増した。戦線が広域化する中で慰安所が大量に開設されたが、これらは日本軍が直接経営する慰安所ではなく、民間の経営者が日本軍の営業許可をもらい、日本軍が定める規則を遵守して接客営業を行う慰安事業体だった。このような日本軍公娼システムに参入した業者の中に朝鮮人の名前がかなり見受けられる。これに人身売買グループが集めて来た二十～三十人単位の朝鮮人女性が合流し始めた。朝鮮人女性が日本軍慰安所の母体とも言える上海の公娼慰安所に目立ち始めたのは一九四一年以降と考えられる。

韓国系女医、オーストラリアのホテルで慰安婦扱いされて

インターネットのある記事を紹介する。

韓国系女性（エリス）はハーバード大学を出てカナダで産婦人科医をしていた女性で、最近研究のためにオーストラリアに行った。二〇一九年八月のある週末、夜道を車で走っていると、午

後九時頃いきなりタイヤがパンクしてしまった。週末で修理ができなかったので牽引車を呼んで近くのホテルに行った。予めホテルに電話を入れて空室があることを確認して行ったにもかかわらず、フロントでチェックインをしようとすると、従業員から「そんなことをして稼いだ金で部屋を取るのか?」「君はもしかして慰安婦じゃないか?」と言われた。彼女は否定して身分証まで見せたが信じてもらえなかった。押し問答の末、彼女はとうとう警察を呼んだ。駆け付けた警察官は双方の言い分を聞いてから、ホテル側に味方した。ホテルの従業員は、「数日前、韓国人の女性がホテルに宿泊して慰安婦行為をしたため追い出した」と語り、「当ホテルには一人でやって来た韓国人の女性に慰安婦か否かを質問する権利がある」と主張していたのだ。この女性は、アジア系に対する人種差別だと反論したが、黙殺されてしまった。

韓国人の女性が外国に行くと慰安婦として蔑視される世の中になった

この韓国系の女医は学歴も職業も立派で、韓国社会に来たら丁重にもてなしてもらえる女性だ。しかし、アメリカ・日本・カナダは緊密な同盟関係にあり、三国ともこの隊列から離脱した韓国を嫌っていることもあり、これらの国々の人々の脳裏に韓国人の女性は慰安婦だという固定観念が出来上がっているかもしれない。韓国内のいたる所に置かれている慰安婦問題を象徴する少女像、見る人によって感じることは違うと思うが、筆者はこれが一番嫌いだ。

なぜか? 韓国の女性が韓国内外で前述した女医と同じ目に遭う日が来ると思うからだ。筆者の妻や娘たちが韓国で道を歩いているときに外国人観光客からどんな目で見られているのか？ 彼らは、「あの女性も慰安婦だろうか？」と心の中で考えているのではないか、さらに、妻や娘が外国に行ったときに、「彼女たちは慰安婦の国から来た女性だ」、そんなふうに蔑んで見られるのではないかとずっと懸念していたが、それがオーストラリアで現実のものとなった。共産主義者たちが全世界に喧伝して来た慰安婦問題が、日本に非難のまなざしを向けさせるのではなく、大韓民国の女性を慰安婦視させる結果を生んでいる。皮肉にも、少女像（慰安婦像）やそれを作り出した共産主義者たちが韓国の品格（National Identity）を失墜させているというアイロニーに陥っているのである。

少女像（慰安婦像）

日本は世界で最も礼儀正しい国民と見做され、日本製の商品やサービスのクオリティの高さは世界的に有名だ。一方、韓国は国際間の条約や合意を無視し、慰安婦問題を掘じくり出して日本を槍玉に挙げ、補償金を強請るあさましい国になってしまった。国際社会における日本と韓国の位相の差は著しい。このような状況下で共産主義者たちが、慰安婦を盾に日本を引きずり降ろそうとしても徒労に終わるのは明らかだ。世界は日本の味方であり、韓国に同情しない。韓国の女性や男性に自尊心があるのなら、自分自身、そして自分たちの娘が世界の人々から心の中では「慰安婦」視されるこのような情けない状況に「ＮＯ」を突きつけなければならない。

韓国全域で志を同じくする人々が組織を作って慰安婦問題を象徴する少女像の撤去を求め、国民を啓蒙しよう。そうでもしなければ、韓国人の中には慰安婦ではない女性もいる、羞恥心を持つ女性もいるというメッセージを世界に発信することはできない。今こそ、すべての韓国人に韓国が慰安婦の国ではないことを啓蒙し、世界の人々が韓国に対して抱いている偏見、即ち韓国＝慰安婦の国という誤った認識を払拭する必要がある。世界の人々に慰安婦問題は北朝鮮になびく共産主義者たちが日本を排斥するために韓国の国民の心の中に潜在する反日感情を煽る道具として悪用して来たこと、そして、そのために慰安婦問題を歪曲することさえ辞さなかったことを伝えなければならない。

朝鮮時代の女性は両班の性奴隷的な存在

次ページの二枚の写真は李氏朝鮮末期の女性と両班の姿を写したものだ。九～十歳ほどの妓生に四人の両班が酒席で酌をさせている様子や朝鮮の女性が胸を晒すことに性的羞恥心を感じないで暮らしている様子が捉えられている。

朝鮮の婢（奴婢階級の女性）は、奴（奴婢階級の男性）の下女でもあった。一六六〇年代の朝鮮を見たオランダのヘンドリック・ハメルは、政治的権力を有する家門の両班が二～三千人人もの奴婢を所有していたと記録している。

奴婢の身分の女性はすべて両班の財産であり、両班の意のままになる性奴隷でもあった。彼女たちが産んだ両班の子供はみな奴婢となったが、両班はそんな子供たちに全く関心を示さなかった。

一方、奴婢間の恋愛はご法度で、それを犯した女性は過酷な拷問を加えられて殺されたが、両班の監視の目をかいくぐって恋をはぐくむ奴婢もたくさんいた。そのため、両班はもちろん、王宮にも梅

胸を出したまま暮らす女性

9～10歳の妓生

毒が流行っていたであろう。梅毒から逃れるために王室では世子が選ばれると直ちに幼い少女と結婚させていたが、世子が王位に就けば、王室という花園にいる美しい宮女たちはすべて彼のものになった。だが、王のお目に適うほどの宮女であれば、既にほかの男性と関係して梅毒にかかっている確率が高かったはずで、王といえども梅毒と無縁ではいられなかったのである。

朝鮮の女性は両班のために働く代価の要らない奴婢であり、彼らに性を捧げる性奴隷だった。文玉珠を始め、二十数名の大邸の女性は日本軍兵士と愛を交わした。日本軍の将兵から受け取った花代とチップを故国に持ち帰って貧しさから解放された生活を送ることができたのに対し、朝鮮時代の両班は女性を奴婢として、性奴隷として酷使しておきながら、花代を払うどころか虐待を厭わなかった。

ところで、最近「パワハラ」が社会問題になっている。中には、外国労働者に対してパワハラを通り越してヒステリックな虐待を加える場合もあるという。これは多分に朝鮮人のDNAからくるものであろう。

韓国人は日本が帝国主義国家だったと批判し、帝国主義の象徴である日章旗を憎悪しているが、こうして、朝鮮と日本の姿を比べてみると、果たして韓国人に日本人を非難する資格があるのか疑問に思わざるを得ない。ことあるごとに日本にこじつけを言うのは、天に唾する行為と言われても仕方がないような気がする。

中国の蛮行〝還郷女〟

李朝五百年間、現在のソウルの西方面、独立門のあたりに迎恩門があった。宗主国である中国からやって来た使臣を迎える施設であった慕華館の前に建てられた門で、恩恵の国、中国からやって来た使臣を朝鮮王が自ら出向いて迎えた門だ。一八九六年に独立協会がこの門を壊してその前に独立門を建てたが、二個の柱礎が文化財史跡第三十三号に指定されている。

当時の中国の横暴は尋常ではなかった。この国が最も喜ぶ贈り物は貢女であり、奴婢より官吏の娘を望んだ。太宗八年（一四〇八）、中国に贈る若い女性を選ぶ席で、平城君《ピョンソングン》こと趙狷《チョギョン》の娘が中風に罹ったように口をぴくぴくさせ、李朝参議・金天錫《キムチョンソク》の娘は首を左右に大きく振って狂ったふりをし、軍資監の李雲路《イウンロ》の娘も足が不自由なふりをした。これに怒った中国の使臣・黄儼《ファンオム》は彼女たちの父親を流刑に処して、官職から退かせた。

京畿道議政府市には「義順公主の墓」がある。丙子胡乱直後の中国は王族から貢女を選んでささげるように命じた。これに第十七代孝宗が悩んでいると、王族の錦林君《クムリムグン》が娘を差し出した。孝宗は有難く思い、その娘を義順公主と名付けて自らの養女にした。彼女は清国の睿親王の後宮となったが、その後白羊王の息子の側室になり、さらに先王の部下の伯欒の側室となった。伯欒が亡くなると彼女は寄る辺ない身の上になったが、中国に使臣として派遣されていた父、錦林君が懇請して連れ帰った。

迎恩門

故国に帰った彼女は、七年間も中国で身を汚した「還郷女」と周囲の人々から蔑視され、一六六二年八月に二十八歳の若さでこの世を去った。

毎年議政府《ウィジョンブ》市では市役所主催の鎮魂の行事が盛大に行われている。しかし、参加者にとってはマッコリを振る舞ってくれる行事でしかない。かつて中国に連れて行かれ、用済みになって帰ってきた女性たちは「還郷女」と呼ばれた。彼女たちがあれほど懐かしがった故郷は、故郷ではなく地獄だった。故郷の人々は「還郷女」と呼んで彼女たちを蔑んだ。無理やり連れて行かれて辛酸をなめた女性は、従軍慰安婦ではなく、還郷女だ。

中国が作った還郷女と共産主義者たちが作った「神聖な慰安婦」、この二つについて再度考えてみる。日本軍慰安婦は一九三七年から一九四五年までわずか八年足らず存在したにすぎない。文玉珠は花代やチップを受け取り、人気者にもなった。貯金をしたりダイヤの指輪やワニ革のバッグを買ったりしてそれなりに楽しく暮らし、年老いてからも懐かしく思い出すほどだった。これに対し、五百年間中国に貢物として連れて行かれた数多くの貢女はそれっきり人生そのものを奪われた。

東豆川の慰安婦

売春の歴史は人類が誕生してから、国や社会を問わず存在して来た。売春にもシステムがある。公

アメリカ軍将兵と娼婦

娼と私娼だ。公娼は国家が特定の地域を定めることで売春が一般家庭に悪影響を及ぼすのを防ぎ、売春婦に定期検診や衛生管理を施すが、私娼は遊郭や酒場などで市場原理に基づいて個人的に営まれる。

アメリカ軍政は一九四七年十一月に「公娼制度廃止令」を発して、三十年以上運営されてきた韓国の公娼制度を廃止した。売春は自由市場主義の下での私娼システムに委ねられることになった。アメリカ軍の駐屯部隊の周辺にあって繁盛していた私娼窟にはいわゆる「洋公主（西洋人相手の娼婦）」がうようよしていた。その数は百万人を超えていたという説もあるほどだ。日本軍は一九三七年から一九四五年八月まで国家が将兵たちの健康と慰安婦の健康に配慮し、料金まで厳格に監理していたが、アメリカ軍は一九四五年九月に韓国に進駐して以来、売春問題を洋公主システムに委ねてきた。

韓国国内の性的需要のために、朴正煕政権は一九六一年に公娼制度を導入して娼婦に衛生管理と治安サービスを提供したが、盧武鉉政権は何の対策も立てないままこれを廃止した。

ところで、二〇一八年二月八日、奇妙なニュースがあった。東豆川《トンドゥチョン》の洋公主が政府に対して損害賠償請求訴訟を提起していたが、この事件を審理しているソウル高等裁判所の裁判官が彼女たちを「東豆川の慰安婦」と新たに定義したというものだ。

同法院の二十二部民事部のイ・ボムギュン部長判事は、一九六〇年〜八〇年代の政権がアメリカ軍との軍事同盟強化と外貨獲得のために基地村を運営し、女性たちに売春あっせん業者教育までさせたという趣旨の判決を出した。

報道によると、米軍基地で売春していた一一七人の女性が国を相手に損害賠償を求め、同判事は彼女たち全員に七〇〇万ウォン（性病罹患者）または三〇〇万ウォンずつ賠償するよう命じた。同判事のこの判決は、李承晩、朴正熙及び全斗煥政権をあたかも売春あっせん政権であったかのごとく仕立て上げて、米韓同盟を売春同盟と、韓国経済を売春経済と見做したも同然である。

米軍の基地村で三十数年の間に性売買をしていた女性がどれぐらいいたのか？ 前述の通り百万人だとする説もある。このうちわずか一一七人が国を相手取って訴訟を提起した。国家がポン引きの役割をしたとしたら、国は売春婦が稼いだ花代からどれぐらい着服していたのだろうか？ 彼女たちはこの判決に歓喜の声を上げたというが、彼女たちを喜ばせたものは何だったのか？ 賠償金の金額か、名誉か、それとも李承晩、朴正熙及び全斗煥政権にポン引きの烙印を押し、米韓同盟を売春同盟、韓国経済を売春経済と定義したことか？ もしも後者の場合であったとしたら、訴訟を提起したのは「東豆川の慰安婦たち」の意思に依るものではないような気がする。

米韓同盟を売春同盟だと認定した判決

二〇一八年二月、ソウル高等裁判所で誕生した「アメリカ軍慰安婦」という言葉は、反米反国家思想に基づく政治的産物だ。李承晩・朴正熙・全斗煥、そして韓国とアメリカを一挙に窮地に追い込むために意図的に作り出されたものだが、皮肉にもそのことで彼らは自分で自分の首を絞めるはめに陥った。日本軍慰安婦の誕生秘話を知らなかった多くの国民に、期せずして、あの東豆川慰安婦と日本軍慰安婦が本質的に同一であることを教えてしまったからだ。高等裁判所の判決は、美しく高貴なイメージで神格化されてきた日本軍慰安婦の実体を白日の下にさらす結果となった。日本軍慰安婦とアメリカ軍慰安婦の違いは、雇用主が日本政府か李承晩・朴正熙・全斗煥政府かという点だけだと。

東豆川慰安婦には花代を定めた料金表も明文化された規律もなかった。「洋公主」の権益と花代を定めるアメリカ軍司令部レベルの命令もなかったし、韓国の歴代政府も作らなかった。韓国政府もアメリカ軍当局も彼女たちを放置したまま、「市場経済システム」に任せていたと言える。これに対し、大日本帝国は一般家庭の女性を日本軍兵士による強姦被害から守るために慰安婦制度を導入して国の体面を守った。

前述の裁判でイ・ボムギュン判事は、李承晩・朴正熙・全斗煥各政権はアメリカ軍を韓国につなぎ留め、同時に経済的発展のためのドル獲得の手段として自ら洋公主を養成してアメリカ軍に提供した、彼女たちは韓国政府の犠牲となった気の毒な女性たちだと結論づけた。

日本軍慰安婦を神聖視する韓国の自称人権擁護派は、日本や中国、台湾、タイ、ビルマ、さらにはオランダ出身の日本軍慰安婦については一切語らない。これらの国々の女性よりも恵まれた待遇を受けていたという点についても語ったことがない。もう語るべきではないかと思う。

同じ日本軍慰安婦をしながら、他の国々の慰安婦が恵まれた扱いを受けていたにもかかわらず、朝鮮半島出身の慰安婦だけが冷遇されていたと言うのであれば、その理由について説明できるはずだが、それもしていない。

韓国人は好色漢と見做される

売春は需要と供給から成り立つ商取引だ。人類の歴史が存在する限り、売春の歴史は永遠に続く。自由党の時代、李承晩政権は性売買を法律で禁止した。その結果、性売買による被害が一般家庭にまで及んで淋病と梅毒が流行り始め、性病に罹った人々がそのことをひた隠しにしたせいで、性病が伝染病のように拡散した。朴正煕は、この嘆かわしい光景を眺めて、政権の座に就くとすぐさま公娼を制度化した。彌阿里《ミアリ》、清凉里《チョンニャンリ》、龍山《ヨンサン》などを始め全国的に公娼施設を作り、娼婦に定期的な予防と治療を施して韓国社会に広く浸透していた性感染症を遮断した。

その後、盧武鉉政権が再び性売買を禁止した。ひと昔前と違い、豊かになった韓国人の中には海外へ行って性売買を行う人々が現れた。二〇一七年三月にフィリピンで性売買をした容疑で地元警察に摘発された韓国人九人（内二人は公企業幹部）が国際メディアに取り上げられた。彼らは六年から十二年の刑を受けるということだが、フィリピンやタイなどの東南アジアなどに買春目的の団体旅行に出かける韓国人の男性が増えている。

二〇一六年に公表された「女性の国外における性売買」に関するアメリカの統計を見ると、タイ人十一・七パーセント、ペルー人十パーセント、メキシコ人九・六パーセントであったのに対し、韓国人は実に二十三・五パーセントを占め、ダントツ一位だった。このような状況は国家の恥である。このような有様なのだから、韓国が日本軍慰安婦問題を世界中に喧伝しているのは、むしろ自己欺瞞であり、厚顔無恥な行為と言わざるを得ない。

挺身隊についての基礎知識

挺身隊という言葉を文字通りに解釈すると「率先して献身する部隊」という意味だ。日本の戦争遂行能力向上に寄与しようと朝鮮の学生、農夫、主婦、一般市民らが自主的に作った組織が挺身隊の起源だ。日本に忠誠心を示そうとした当時の朝鮮社会では、このような運動が全国的に広がりを見せていた。日本が朝鮮を支配してから三十年以上が過ぎ、その間に日本の統治に順応していた朝鮮人、日本のお陰で両班から解放された朝鮮人は、今後朝鮮が独立することなど念頭になく、ひたすら日本に感謝しながら生きていた。脱北者の話を聞くと、北朝鮮の人々は植民地時代の暮らしを懐かしく思っているという。

太平洋戦争開始直前の一九四一年十一月、さらなる兵力増強によって深刻な労働力不足に陥り、大規模な勤労者拡大策が緊急の課題となった日本政府は「国民勤労報国協力令」を公布した。これに伴って大々的な勤労動員が始まった。男性は十六～四十歳、女性は十六～二十五歳で未婚女性が対象とされていたが、実際にはほぼ男性だけに適用された。当初は女性については、速やかに地方企業に行って働くように勧告しただけだった。一九四〇～四四年の間、日本の対戦国だったアメリカでは女性勤労者が五割も増加したのに対し、日本は一割増にすぎなかった。

一九四四年一月に日本の東条英機総理大臣は、航空機製造及びその他の重要基幹産業における労働確保のために女子勤労挺身隊を発足することを発表した。これがきっかけとなって本格的に女性を勤労現場に動員する動きが強まった。そして、一九四四年八月に昭和天皇の勅令第五一九号が布告され、

勤労挺身隊

日本の警察、朝鮮の女性勤労者を手厚く待遇

十二歳以上三十九歳未満の女性が動員されることになった。当初の奉仕期間は一年であったが、後に二年に延長された。動員された朝鮮婦女子は看護補助、軍需品生産、その他の戦時雑役などに従事した。

よく知られている挺身隊の中に一九四四年夏に編成された「豊川女子勤労挺身隊」がある。豊川海軍兵器工場は愛知県にあった国内最大の軍需工場で、最盛期には五万人がこの工場で働いていたと言われる（この軍需工場は一九四五年八月六日に広島に原爆が投下された翌日にアメリカの爆撃を受けて、死者二五〇〇人以上、負傷者一万人以上の被害が出た）。戦時体制の下で閉鎖された遊興施設で働いていた女性や家で家事手伝いをしていた少女なども志願したり動員されたりして男性に代わる労働力として工場などで働いていたが、彼女たちにとって最もつらかったのは食糧難と爆撃だったと語っている。性の搾取ではない。

挺身隊は、勤労という性格上、少なくとも国民学校の教育を受けた人の中から選ばれていた。朝鮮では、ソウル、仁川、光州、釜山にあった中学や実業学校の女学生が挺身隊に動員された。選抜は教師が行った。形式上は志願制だったが、教師にノルマが課せられていたという。このようなやり方は現在の韓国における行政のやり方と同じだ。

『解放前後史の再認識』によると、挺身隊員の実態は以下のようである。

朝鮮人の挺身隊員は一般的に朝鮮半島内の企業で働いていたが、中には日本、満州、中国、シンガポールなどにある工場に派遣された人々もいた。海外に派遣された人々は会社の寄宿舎で暮らしていた。寄宿舎の寮母が毎朝彼女たちのために朝食を準備して工場に送り出し、寮父は彼女たちを車に乗せて工場まで連れて行った。労働時間は一日八時間で、週に一度休日があった（四四七ページ）。

労賃を貯蓄して、戦後それを学費に充てて学業を継続した（五五三ページ）。

大邱の近郊にあった紡績工場、九州の大牟田や長崎にあった炭鉱、名古屋にあった三菱飛行機工場などで働いた（四五〇ページ）。

一九九九年三月一日に五人の元挺身隊の女性が日本政府と三菱重工業に対して訴訟を提起したが、その際、慰安婦に間違われるのを避けようとして、仮名を使用し、顔の公開も拒否した（四五二ページ）。

「強制徴用」の概念

「強制徴用」と「日本軍慰安婦」は、反日種族が韓国の国民を煽動するために編み出した言葉だ。韓国の人々に日本を野蛮な国、悪魔の国と思い込ませて憎悪をかき立て、ひいては日米韓の三角安保体制を崩して韓国を崩壊させ

製糸工場で働く女性労働者

ようとしている従北主義者の核心戦略だ。金日成教に染まった彼らは、民族の伝統性は北朝鮮にあり、韓国は誕生してはならなかった汚れた国だと韓国人に必死に吹き込んでいる。

「強制徴用」と「日本軍慰安婦」というテーマは、韓国人に日本を不倶戴天の敵と思い込ませるのにうってつけの素材だ。幼い頃から日本に対する憎悪心を植え付けられて育った人々は、坊主憎けりゃ袈裟まで憎い式に自分たちが吸収すべき日本の優れている点、道徳、人間性、知識までかたくなに否定して採り入れようとして来なかった。

しかし、劣等感と小英雄主義はコインの裏表だ。反日感情を強く表現することが愛国者であり、知識人と認めてもらえる道だと考えている人々がいるが、彼らの反日はファクトに基づいていないことが問題である。問題は、マスコミの大部分がこうした従北主義者の代弁者になっており、読書しないこの国の国民もマスコミが伝える情報を鵜呑みにして考えることを放棄していることだ。

筆者や李栄薫教授らの研究成果によると、「日本軍慰安婦」も「強制徴用」もなかった。反面、日本が近代化の遅れていた朝鮮を開化させたという証拠はたくさんある。日本は近代的な教育の普及のために大きな学校を建て、嘘をつくなという道徳教育に一番力を注いだ。国家レベルでは日本人と朝鮮人を分け隔てしなかった。解放後の朝鮮半島では日本に弾圧された共産主義者とその子孫がその恨みを晴らそうと陰湿に画策して来たが、「日本軍慰安婦」や「強制徴用」は反日種族である彼らの「労作」だ。

一九三九年七月から朝鮮の青年にロマンの道が開かれた。一九四一年十二月八日、日本は航空母艦を製造してハワイのアメリカ海軍基地を焦土化させ、アメリカとの戦争を始めたが、戦場の拡大に伴っ

植民地時代の朝鮮人鉱山労働者（1937）

西ドイツに派遣された炭鉱労働者（1964）

て一九三九年からそれまでにない規模で日本人の青年が軍隊に召集されて工場を去っていた。当時の日本はアジア数カ国を占領していた。その結果、軍隊は二八〇万まで膨れ上がったが、日本本土では企業で働いていた青年や就職前の若者が根こそぎ軍隊に召集されたために深刻な労働力不足が生じていた。

日本政府はこうした事態に対処すべく一九三九年九月に「国民勤労報国協力令」を公布したが、これに先立って同年七月に「国民徴用令」を日本本土で施行し、これを受けて同年同月朝鮮総督府も「労務動員計画」を施行した。さらに、一九四〇年に日本政府は「朝鮮工場労務者内地移住幹施に関する件」を発信した。

これにより、一九三九年九月以降、実に七十三万人もの朝鮮人の青年が日本本土で働くようになった。志願者が多く、ちょうど一九六四年に西ドイツの炭鉱で働く労働者を選んだ時のように倍率が非常に高かったという。

一九三九年九月から終戦の日までの六年間、七十三万人もの朝鮮半島出身の勤労者が日本に渡ったが、差別待遇を受けたり行動を制限されることはなく、給料日に遊郭や飲み屋に行く自由もあり、彼らが送金した金で田畑を買った家がたくさんあった。特に、炭鉱で働いていた青年たちは日本の巡査や大卒者の初任給の倍ほどの月給をもらっていたという。

以上のとおり、日本の植民地時代末期に日本本土で就職した朝鮮半島出身の青年たちは日本人と同等の待遇を受けていたが、左翼は、炭鉱労働者について、強制徴用されて炭鉱で過酷な労働条件で働かされたと事実を歪曲した主張を行っている。彼らによれば、朝鮮人の労働者は賃金を貰えないか、貰っても日本人の半分ほどで、そこからさらに様々な名目で控除されて手取り額は雀の涙だった、あるいは、まともな食事も与えられず最も劣悪な環境で酷使されてあばら骨が浮き出るほどの飢餓状態で、自由もなかった、そのうえ、民族差別を受けて理由もなくしばしば殴打されたり、リンチを受けたり、監禁されたりしていた、ということになる。そして、彼らは事実と異なるとんでもない写真まで教科書等に載せた。

それでは彼らの主張に対する反証として、落星垈《ナクソンデ》経済研究所の李宇衍《イウヨン》研究委員が発表した賃金表を紹介しよう（次ページ上表）。各鉱山で日本企業が朝鮮人労働者と日本人労働者に支給した賃金はほぼ同額である。朝鮮人労働者が日本人労働者の三割増しの事例さえあるが、これは熟達程度や家族手当、超過勤務手当などが関係していると思われる。同研究委員は注目すべき点として「日本人労働者の三十一パーセントほどが同じ炭鉱で五年以上勤続しているが、朝鮮人は長くても三年未満である」ことを指摘している。

同様に、左中段の賃金比較表を見ると、鉱山労働者の月給は日本人の巡査の初任給の三・六七倍であり、ソウルの男性教員の四・五六倍だ。朝鮮人鉱山労働者は寄宿舎で生活していたが、酒場に行ったり、花札をやったり、遊郭に行ったりして翌日欠勤したり、稼ぎを蕩尽する場合もあるなど自由を謳歌していた。

左下に掲載した新聞に日本の炭鉱で働いていた朝鮮人労働者が故郷の貧しい人々に寄付をしたというニュースがあるが、見出しに、強制的に動員されて行った労働者ではなく、「金を稼ぎに行った労働者が日本の炭鉱で稼いだ金を故郷に寄付した」と書かれている。

百年前に日本屈指の企業を起こした創業者の優れた人格や経営哲学から現在の韓国の企業トップが学ぶところが多いと思う。彼らが勤労者を非常に大切にする徳望家であったことは国際的に知られて

	갱내부			갱외부		
광산명	조선인	일본인	임금격차	조선인	일본인	임금격차
北鹿	3.435	4.038	14.9	2.912	2.771	-5.1
[illegible]	4.207	5.586	24.7	3.171	3.055	-3.8
[illegible]	3.534	4.327	18.3	2.826	3.364	16.0
大金	3.806	5.091	25.2	2.712	3.251	16.6
上北	3.631	4.283	15.2	2.695	2.868	6.0
赤石	3.395	3.493	2.8-		2.572	
花輪	3.127	4.149	24.6	2.378	2.475	3.9
大谷	3.050	3.232	5.6	2.551	2.079	-22.7
高玉	2.342	3.091	24.2	1.524	1.958	22.2
日立	3.112	4.226	26.4	1.823	2.688	32.2
日光	2.321	2.797	17.0	2.293	2.169	-5.7
삼천	3.031	3.801	20.3	1.561	2.221	29.7
[illegible]	2.804	2.843	1.4	2.283	2.250	-1.5
尾小屋	3.394	4.110	17.4	2.406	2.446	1.6
白滝	3.614	4.073	11.3	2.291	2.171	-5.5
馬上	3.660	3.262	-12.2	1.322	1.900	30.4
玉の山	3.170	2.998	-5.7	2.893	2.230	-29.7
春日	2.696	2.880	6.4	2.512	2.986	15.9

表：李宇衍研究委員発表の「賃金表」
（表の中は左から鉱山名、坑内の朝鮮人賃金、日本人賃金、賃金格差、坑外の朝鮮人賃金、日本人賃金、賃金格差）

연도	비교 직종	월수입	배율a	배율b
1940	서울 방직(면가공) 남공	14.00	5.19	3.41
1940	서울 남자 교원	15.96	4.56	2.99
1940	서울 남자 회사원	21.00	3.46	2.27
1940	서울 남자 은행원	30.80	2.36	1.55
1944	일본 순사 초임	45.00	3.67	
1944	일본 사무직 대졸 초임	75.00	2.20	

表：李宇衍研究委員発表の「賃金比較一覧表」
（左から年度、比較職種、月収入、倍率a、倍率b）

돈벌러간人夫
故鄕에旱害救濟金
農村勞働力을利用
勤勞報國隊組織
咸南道의勞力補充

新聞記事「金を稼ぎに行った人夫（労働者）
故郷に旱害救済金」

いる。渋沢栄一、松下幸之助、豊田喜一郎のような優れた企業家であり世界的が認める思想家ともいえる経営者に向かって強制労役、虐待、無報酬の搾取といった言葉を浴びせるのは、「井戸の中の猿族」だと言われてもしょうがない愚かな行為である。

強制徴用問題を反日謀略の目玉商品にする理由

ところで、第二次大戦中に多くの朝鮮人労働者が日本本土の工場や炭鉱で働いていた事実が強制徴用による労働搾取と歪曲されて反日の目玉商品として悪用されているのはなぜか、そして、反日種族はなぜ生まれたのかということについて考察してみる。

一九一九年にレーニンは共産主義運動の指導組織（コミンテルン）を作って、世界の労働者に国境を越えてソ連と連帯しようと扇動した。その後、共産主義が世界中に拡散し、共産主義を知らなければ知識人にあらずといった風潮まで生まれた。共産主義者は朝鮮や日本本土でも生まれた。日本の警察は日本本土や朝鮮半島に氾濫する共産主義者を厳しく取り締まっていた。

一九二五年に安東出身の金在鳳《キムジェボン》がコミンテルンの密命を受けてソウルで朝鮮共産党を組織したが、党員は日本の警察から厳しい弾圧を受けた。それでも根絶やしにならなかった共産主義者は、しぶとく根を広げて今日では朝鮮半島のいたる所に根を張っている。韓国における共産主義者の数は増え続けている。韓国や北朝鮮の共産主義者たちが日本を憎悪する理由として考えられるのは、（一）かつて共産主義者を弾圧した大日本帝国の警察に対する復讐心、（二）金日成教の根本が彼の抗日遊撃神話にあること、である。ちなみに後者については、一九六一年に朴正煕が軍事革命を起こした時に反共が国是だったように、北朝鮮では反日が国是だ。だから、北朝鮮に追従する左翼勢力は、韓国の歴史教科書やメディアを巧妙に操作して反日感情を作り上げたのだ。

独立後の韓国では、李承晩政権、朴正煕政権及び全斗煥政権が共産主義者を厳しく取り締まった。共産主義者は、幾度となく彼らのせいで無念の涙を呑んだ。一九四六年九月のゼネラル・ストライキ、同年十月一日から四十六日間続いた大邱十月事件、一九四八年の済州島四・三事件、同年十月の麗水・順天事件、六・二五戦争（朝鮮戦争）などで共産主義者たちは徹底的に弾圧された。その数は数百万人にのぼると思われる。韓国にはこのような従北分子とその子孫たちが毒キノコのように蔓延しており、一九八〇年五月にはついに北朝鮮軍を光州に呼び入れて国家の転覆まで企てた。このような種族が「五・一八種族」だ。「反日種族」と「五・一八種族」がでっち上げた嘘は瓜二つだ。

反日種族は、「朴正煕は勤労者を抑圧し、搾取した」と主張する。そして、全泰壱を虐げられた労働者階級の象徴に仕立て上げた。しかし、朴正煕は失業率三割と言われた当時の経済状況を立て直して韓国経済を飛躍的に発展させた産業化の英雄だ。当時の労働庁の集計によると、ソウルにある平和市場と統一商店街、トンア市場には四二八個の作業場があり、約七六〇〇人の労働者が働いていた。平和市場一帯の被服工場の職種は、裁断士、ミシン士、ミシン補助、裁断補助、下働きなどに分かれていたが、ミシン士と下働きは大抵女性労働者で、裁断士と裁断補助は主に男性労働者だった。また、女性労働者が全体の八～九割を占めており、彼らの賃金は、下働きが月一八〇〇～三千ウォン、ミシン士が七千～二万五千ウォン、ミシン補助が三千～一万五千ウォン、裁断士が一万五千～三万ウォンだった。技術者や技能工は社長に次ぐ高給取りだったことから、「大学に行くより技術を身につけたほうが有利だ」と言われるほどだった。韓国経済が目覚ましく復興すると、金日成の目に暗い嫉妬の炎が浮かんだ。

雨後のタケノコのように成長する韓国企業を倒産させるべく都市産業宣教会（一九五八年結成）は大学生を訓練して企業に偽装就業させた。工場に就職した大学生は純真な勤労者を選んで「君が生活できないのは国家のせいだ」と洗脳し、ヒロイズムを吹き込んだ。そして、その純真な労働者に、すべての労働者のためにわが身を犠牲にする者こそ真の英雄だと説いて、大衆の面前で国家を糾弾しながらシンナーを浴びるように説く。若い労働者が大衆の前で彼らの指示通りに行動した瞬間、誰かがマッチを擦る。一九七〇～八〇年代にこんなふうに焼け死んだ若者が十七人もいた。彼らはいわゆる烈士に仕立てられたが、その第一号が全泰壱だった。

全泰壱が共産主義者たちの犠牲になったことは中高生が読む『書き直す韓国史二』の一九五ページと『写真と絵で見る韓国史書簡五』の二〇三ページを読めばよくわかる。

偉人全泰壱

全泰壱烈士は雙門洞、道峰山のふもとにあるバラックのようなみすぼらしい家に住んでいた。一九七〇年十一月十二日朝、同烈士は母親に次のように言った。お母さん、明日はちょっと驚くようなことが起きます。午後一時に国民銀行の前に来てご覧ください。

国民銀行の前の横断幕には、我々は機械ではない！　と書かれていた。五百人ほどの労働者が警察に追われていた。その時だった。デモ隊に向かって横の路地から全身炎に包まれた人間が飛び出しながら、労働基準法を守れ！　我々は機械じゃない。日曜日は休ませろ！　と叫んだ。それが全泰壱だった。炎に包まれた彼の手には労働基準法の本が握られていた。

筆者がはなはだ疑問に思うのは正にこの部分だ。自分が死ぬことを知りながら母親にその姿を見に来いと言う子供はいない。そして、全身が炎に包まれた状態で労働基準法を守れ、云々と叫んだり、紙でできた労働基準法の本を握ったりできたのか？　私には信じられない。

朴正煕はある中小企業の社長に直筆の書簡を送った。その手紙には「若い女性労働者が夜間に勉強できるようにして頂けたら有難く存じます」と書かれていた。彼の偉業を毀損するために共産主義者たちが全泰壱を始めとする十七人の若者を焼身自殺させた。

毀損された朴正煕の銅像

朴正煕を貶めるために全泰壱を偶像化したように、共産主義者たちは日本を卑下するために強制徴用集団や慰安婦集団を偶像化、聖域化した。その共産主義者たちが朴正煕の銅像に旧大日本帝旭日旗を巻きつけて彼の業績を冒涜し、国民を欺こうとしている。

挺対協の正体

韓国には触れてはならない聖域が二つある。光州五・一八と慰安婦だ。前者については必ず民主化運動と言わなければならず、後者については日本の犯罪を証明する最も貴重な証人と言わなければならない。前者は第七章で扱うことにして、本項では後者の正体について考察する。

挺対協は一九九〇年十一月に慰安婦の権利と名誉のために活動するという旗印を掲げて船出したが、実際には反日活動に専念している。一九九一年から始まった日本大使館前の水曜集会は二〇一九年八月十四日で千四百回目を迎えた。彼らは毎週水曜日に反日声明を読み上げて日本を糾弾し、これと合わせて反米声明も出すなどのいわゆる親北活動を行っている反国家団体だ。

二〇一七年九月十四日にこの団体の代表である尹美香《ユンミヒャン》が突然在韓ベトナム大使館前で人権・女性団体と一緒に「韓国軍がベトナム戦争に参戦して八十年前に日本軍が朝鮮に対して行った悪行をベトナムで繰り返したことを謝罪する」と書かれたプラカードを掲げて示威を行った。ベトナム戦争に参戦した韓国軍兵士がベトナムの民間人を無差別に虐殺し、女性を強姦したことに対する謝罪行動だという。このプラカードには二人の元慰安婦の謝罪の言葉も添えられていた。これはこの団体が反国家的組織であることを示す明白な証拠だ。

日本に占領されていたアジアの国々は数カ国に及ぶが、その中で反日感情が強いのは韓国だけだ。これには挺対協の政略的な宣伝・煽動活動の影響が大きいと思われる。全教組（全国教職員労働組合）が若い世代を赤く洗脳することに成功したとするなら、挺対協は思惑通りに韓国の国民を反日思想に染めあげることに成功した。彼らは反日感情を拡大再生産することによって、韓国の安保の柱である米日韓三角安保協力体制を破壊しようとしている。花壇や庭園を造るべき場所に慰安婦問題を象徴する少女像を電信柱のようにあちこちに設置するのは、慰安婦の権益のためでも彼女たちの名誉のためでもない。たんに慰安婦を政治的エンブレムにして大韓民国を慰安婦の国として国内外にイメージさせたいだけだ。冬になるとこの少女像は襟巻やスカーフ、そして温かそうな毛布で飾られる。これを眺める若い女の子たちは言う。

「オンマ、私も慰安婦になるわ」

「オンマ、うちのハルモニも立派な慰安婦だったんでしょ?」

この女の子たちの行く末を考えると暗澹とした気持ちになる。

筆者と挺対協の法廷闘争

二〇一五年十二月二十八日に日本と韓国の間で「日韓慰安婦協定」が妥結された。ところが、挺対協はこの協定に対する反対世論を全国規模で巻き起こした。このことに関連して、隔週で発行されている週刊誌『未来韓国』が二〇一六年九月一日号でこの団体の正体を余すところなく暴いた。

尹美香常任代表の夫、一九九四年兄妹間諜団事件で懲役四年を宣告されたキム・サムソク氏

ソン・ミヒ挺対協対外協力委員長の夫ハン・チュンモク氏、マッカーサー像撤去集会など各種反米闘争を主導して実刑

ソン・ミヒ挺対協対外協力委員長は四十数回訪朝、統進党（統合進歩党※）解散命令反対示威、金正日弔問主張

韓神大出身の尹美香常任代表は、一九九二年に行われた最初の水曜集会から幹事として実務を担当してきた挺対協の歴史の生き証人であり、最近は彼女が共同代表になり活動の中心となっている。ところで、同代表の周辺人物のうち三人がスパイ容疑で裁判を受けた。彼女の夫は、一九九四年の兄妹間諜団事件で懲役四年、資格停止四年を宣告されたキム・サムソク氏だ。韓国外国語大学校出身の彼は、一九九三年に日本で北朝鮮の工作員と会って金品を授受し、この工作員の指示に従って国家機密を探知・収集した容疑で国家安全企画部（現大韓民国国家情報院）に逮捕された。この事件でキム・サムソク氏と一緒に拘束されて懲役二年執行猶予三年を宣告された彼の妹のキム・ウンジュ氏は、彼女の夫である統合進歩党進歩政策研究員政策企画室長のチェ・ギヨン氏と一緒に一心会事件で逮捕され、二〇〇七年十二月に懲役三年六カ月を宣告されて服役した。尹美香代表と一緒に挺対協発足当初から水曜集会などの実務に積極的に関わって来たソン・ミヒ挺対協対外協力委員長の夫であるハン・チュンモク韓国進歩連帯共同代表も国家保安法違反の容疑で数回拘束されたことがある。特に、ハン代表は二〇〇四年に行われたマッカーサー像撤去集会などの各種反米闘争を主導した容疑で起訴され、二〇一八年九月に最高裁判所で懲役一年六カ月、執行猶予三年を宣告された。

※二〇一一年十二月五日に設立され、二〇一四年十二月十九日に大韓民国憲法裁判所に「強制解散」を命じられた韓国の左派政党。

挺対協に同調する団体の大部分は従北団体であり、挺対協の幹部の配偶者がスパイや国家安保法違反で重刑になった人々で、これらの夫婦は分業体制で反国家反米従北運動を行って来た。北朝鮮を四十数回も訪問して北朝鮮の組織と共同で反日運動を行い、統合進歩党解散命令や済州島の海軍基地建設及びサード（ＴＨＡＡＤ）配備に反対する一方で、二〇一〇年三月二十六日の天安沈没事件や同年十一月二十三日の延坪島砲撃事件が韓国の自作自演だった、北朝鮮の誘導弾は人工衛星だなどと北朝鮮を擁護する発言を行い、あまつさえ死亡した金正日の弔問を主張するなど、大韓民国の国民として見るに堪えない従北利敵行為を行って来た。毎週水曜日に日本大使館前で開かれている集まりも従北利敵・反国家的主張に悪用されてきた。

この記事に接した筆者と筆者の陸軍士官学校同期生であり、国防研究所の同僚でもあったイ・サンジン博士は、二〇一六年にインターネットを通じて何度も挺対協が慰安婦問題を口実にして反日反米反国家従北活動を行っている事実を指摘した。そして、インターネット新聞『ニュースタウン』が我々の記事を掲載してくれた。

これに対して挺対協代表の尹美香が左翼系の大物弁護士シム・ジェファンを立てて民事訴訟と刑事訴訟を起こした。同弁護士は法務法人ヒョンポブ所属の弁護士十人を総動員して法廷闘争の先頭に立った。彼は前統合進歩党代表の李正姫の夫だ。内乱煽動事件で懲役九年が確定した李石基《イソッキ》が所属していた統合進歩党は、憲法裁判所が違憲政党と見做したために二〇一四年末に解散させられた。シム・ジェファンは、一九八七年に北朝鮮が金賢姫《キムヒョンヒ》を使って起こしたＫＡＬ八五八機空中爆破事件（大韓航空機爆破事件）について「大韓民国国家安全企画部の工作だ」と言い続けてきた人物だ。告訴状の内容は次の通りだ。

被疑者らは、共謀して「尹美香代表の夫であるキム・サンソク氏は一九九四年兄妹スパイ団事件で懲役四年を宣告されたスパイだった」「ソン・ミヒの夫のハン・チュンモク氏はマッカーサーの銅像撤去集会など各種反米闘争を主導して実刑を宣告された人物だ」「挺対協が開いている慰安婦集会をスパイの妻であり同協議会の常任代表である尹美香が操っている」「挺対協の指導部を北朝鮮やスパイと関わりのある人物が握っている」「挺対協を動かしている幹部の大部分は北朝鮮のシンパだ」「尹美香の夫（キム・サンソク）は、金泳三《キムヨンサム》時代に発覚した兄妹間諜団事件の兄だ」等の虚偽の事実を記事化し、慰安婦問題の真の解決を目指して活動している告訴人団体（挺対協）及び同団体の代表者である尹美香を従北左派と罵倒し、慰安婦ハルモニを口実にして従北活動をしていると虚偽の事実を書いて告訴人らの名誉を著しく棄損した。

刑事告訴状を受理したソウル北部地方検察庁は二〇一六年十二月二十七日に「被疑者らが違法に名誉棄損及び侮辱を行った事実は認められない」として不起訴処分にした。この処分に対してシム・ジェファン弁護士はソウル高等検察庁に抗告したが、棄却された。

これを不服として同弁護士はソウル高等裁判所に裁定申請を提出し、同裁判所のキム・ヨンビン判事が二〇一七年八月十七日に十分な論理展開のないままソウル北部地方検察庁に対して公訴提起を命じた。そして、同判事は同年八月二十四日付で春川地方裁判所長に栄転した。

これが追い風になって、民事事件を担当したソウル西部地方裁判所のチェ・ヨンミ判事は、二〇一八年二月十三日に「被告らは、原告らに対し、連帯して二六〇〇万ウォン支払え」との判決を言い渡した。一方、刑事事件を管轄したソウル北部地方裁判所では二〇一八年八月十日に最終公判が開かれ、検察官が求刑を放棄して、「裁判長の判断に一任します」と述べた。これは検事としては処罰の必要性なしと思料するので、裁判所が法律に基づいて判断してくれという趣旨だった。

筆者は一九九七年から公益関係の裁判を二〇〇件ほど受けて来たが、このような経験は初めてだった。裁判長から最終陳述を促されたので、筆者は陳述書を裁判長に手渡してから、逐一読み上げた。陳述書の内容は次のとおりである。

一審最終陳述書
事件番号二〇一七こ単
被告人：池萬元

大韓民国憲法第五条及び第三十九条は、国防と安保にかかる国民の義務を規定しています。挺対協は朝鮮慰安婦の名誉回復と権益保護という目的を掲げて一九九〇年に結成された市民団体です。ところが、その構成員の面々や活動の実態をみると国家の安寧を脅かす危険性があり、国民から監視されてしかるべき団体だと言わざるを得ません。

被告人がこの団体を危険だと考えるのは、挺対協が慰安婦問題という公的な名分を掲げながら、それにかこつけて実際には反国家及び従北活動を行って来たからです。二〇一七年九月十四日付けのハンギョレ新聞等に思わず我が目を疑いたくなるような記事が掲載されていました。尹美香が在韓ベトナム大使館の前で「韓国軍がベトナムで一般市民を虐殺し、ベトナムの女性に性暴行をふるった事実について心から謝罪する」という趣旨の示威を行ったことが報じられ、その様子を写した写真も載せられていました。大きなプラカードに元慰安婦のキム・ボクトン、キル・ウォンオク両氏の「我々は元日本軍慰安婦として二十年以上闘って来たが、韓国の軍人から我々と同じような被害を受けたベトナムの女性に韓国国民として心から謝罪する」という謝罪の言葉も添えられているということでした。また、尹美香たちが近いうちに代表団を組織してベトナムに行き、韓国軍が過去に日本軍と同じ蛮行を働いたことを謝罪する行進を行う予定であることも書かれていました。

韓国軍が挺対協という女性団体にベトナムに謝罪してくれと依頼したことはありません。韓国軍は、アメリカ、オーストラリア、ニュージーランド、タイ、フィリピン等の友軍とともにベトナム戦争に参戦しましたが、とりわけ韓国軍の活躍ぶりは国際的な模範事例となるほどでした。ベトコンにとってダイハン（大韓）は恐怖の的でしたが、蔡命新《チェミョンシン》司令官がベトコンを逃しても一人の一般市民を保護しろ」と命じていたので、民間人に対しては徹頭徹尾「天使」でした。韓国軍は、ベトナム人の支持を得るために対民心理戦を積極的に遂行して、橋や幼稚園、老人向けの施設などを建設し、食事を振る舞ったり、治療行為を行ったりしました。これらはすべてベトコンを制圧するために韓国軍が独自に行った対ゲリラ戦法です。

一九五二年に「韓国で民主主義を望むことは、ゴミ箱からバラの花を見つけるようなものだ」と酷評していたロンドンタイムズが、それから十四年経った一九六六年五月二十九日付特集記事で「韓国軍がベトナム戦を総指揮していたか、ないしはアメリカが韓国軍の戦術を採用していたらとうの昔に勝利していたはずだ」と韓国軍を絶賛しました。IMF（国際通貨基金）の前身ともいえるG10（Group of Ten）が一九六六年に「ベトナム戦を見ると、韓国は将来性のある国だ」と、二十七億ドルの借款を提供してくれました。ベトナム戦争への参戦が契機となって中小零細企業にすぎなかった現代、韓進、セハンなどが大企業に成長し、ベトナムの暑い気候に鍛えられた韓国男児が今度は中東の砂漠に行って「中東特需」をもたらしました。そのおかげで韓国経済が毎年十三パーセントもの高度成長を遂げることができたと言えると思います。そういう意味で、多くの困難にもめげず勇猛果敢に戦った韓国軍が今日の韓国経済の礎を築いたと言っても過言ではありません。

にもかかわらず、慰安婦問題が専門の尹美香や慰安婦ハルモニたちは、五千人もの兵士が戦死し、十六万人以上の兵士が枯葉剤に苦しめられながらも見事に任務を全うした誇るべき韓国軍の歴史を歪曲し、韓国は戦争犯罪国だと罵倒しています。どんな国でも自国の名誉と地位を高めた人々を歓呼の声で迎え、国家に忠誠を捧げた人々に深く感謝します。にもかかわらず、なぜ挺対協は国のために勇敢に戦った兵士を敵視し、彼らが命がけで積み上げた国家の名誉や地位に唾を吐きかけるような真似をするのでしょうか？　その理由はただ一つ、大韓民国が挺対協の敵だからです。この団体が慰安婦問題にかこつけて国家の破壊活動を行っている理由は、これ以外に考えられません。

挺対協はカウンターパートである北朝鮮の「朝鮮従軍慰安婦および太平洋戦争被害補償対策委員会」と共催したシンポジュームを一九九一年五月から二〇〇四年六月まで計九回開きました。彼らは慰安婦問題の解決という大義名分を掲げて、実際には政治活動と赤化統一活動を行いました。慰安婦活動が南北自主統一の前哨戦だと宣言し、「分断は植民地支配の延長」であり、「日本軍慰安婦問題の公正な解決なしには植民地支配の清算や自主性の回復を達成することはできないことを共感した」という共同声明まで出しました。挺対協と北朝鮮の同委員会が慰安婦問題についてのシンポジュームという表看板を掲げながら、実際には反日・反米・統一をテーマとする政治活動を行っていたことは明らかです。大韓民国を敵とする廷対協が北と連携して南北赤化統一を目論んでいるという事実に驚愕を禁じえません。

告訴人は、尹美香の夫が仮にスパイであったとしても、彼は挺対協に属しておらず、同協議会の活動に参加したこともない、被告人らは彼をスパイと決めつけて挺対協との関係について論じているが、それは悪意のある憶測にすぎないと主張しています。しかし、私は憶測に基づいて記事を書いたわけではありません。同氏は実際に挺対協の活動に深く関与しています。その証拠に、同氏は二〇〇五年に『水原市民新聞』を創刊しましたが、この新聞は二〇〇七年から挺対協の機関誌の役割を果たしています。同紙のウェブサイトで「挺対協」を検索すると、二〇〇七年二月十二日から二〇一八年六月二十二日まで実に一一五件の「挺対協の関連記事」が閲覧できます。

同氏が書いた記事もたくさんありますが、尹美香が「市民記者」として投稿した記事も三十一件あります。これらは、挺対協と尹美香、そしてキム・サンソクが三位一体となって挺対協の活動を行なっており、『水原市民新聞』が事実上挺対協の機関誌の役割を果たしていることを物語る有力な証拠です。

上記のように、尹美香とキム・サンソクは夫婦であると同時に政治活動上のパートナーでもあります。キム・サンソクは、秘密スパイに顔負けしないほど韓国に甚大な被害を与え得る活動を公然と行っています。被告人は、彼の発言が掲載されている二〇〇五年版の『統一ニュース』の記事を証拠として提出します。これらの七つの記事の内容を要約すると次のとおりになります。

「過去の清算の核心は対米従属関係の解消だ。軍に入隊することはアメリカの奴隷になることを意味する。韓国軍はアメリカの奴隷軍であり傭兵にすぎず、民族の裏切り者が行く退避壕だ。アメリカは自国の意のままになる軍人を将軍や総長に任命しており、ソウルの半分がアメリカの財産になっている。北朝鮮の先軍政治は軍を最優先することによって民族の主権を強化するための政治であるが、二〇一八年六月十二日にシンガポールで行われた米朝会談で北朝鮮に非核化を強要しようとしていたアメリカは北朝鮮に屈服した。韓国は統一のために国家保安法を直ちに撤廃すべきであり、南北統一を妨害する対北軍事装置である日米韓同盟も破棄すべきだ」

このように、同氏は若者に兵役拒否と軍に対する造反を唆し、国家保安法を早急に撤廃して米日韓共助体制を切り崩すことが必要だと説いています。

同氏は、二〇〇五年に活動の舞台を『統一ニュース』から『水原市民新聞』に移して以来、反日、反米、反国家従北活動を行ってきました。にもかかわらず、同氏は国家保安法の撤廃やアメリカ軍の撤退を主張したことはないと反論しています。しかし、『未来韓国』（前ソウル市長・金尚哲が二〇〇一年に創刊した時事週刊紙）などが公表した挺対協の面々のプロフィールや活動、そして水曜集会でたびたび発表している反日、反米、反国家従北声明を考え合わせると、彼の主張は信憑性に欠けると言わざるを得ません。以上のことから挺対協は国民からもっと厳しい監視を受けてしかるべき危険な組織です。僭越ながら、被告人は、ソウル北部地方検察庁が最初に下した「不起訴処分」が最高裁判所の判例に沿う適法な処分だと思います。最後に、本裁判手続きを心穏やかに受けられるようにして下さったことに対して裁判長にお礼を申し上げます。ありがとうございました。

二〇一八年八月十日　被告人　池萬元

本件事件についてソウル北部地裁のパク・ヒョンベ判事が、ソウル北部地方検察庁の公判検事に求刑するよう促したところ、同検事は「求刑を放棄する」と答えた。しかし、同判事は、筆者に対して懲役八月、執行猶予二年、イ・サンジン博士には懲役六月、執行猶予二年の刑を言い渡した。

もっと恐ろしいことは、ソウル北部地方検察庁とソウル高等検察庁が不起訴処分にしたにもかかわらず、ソウル高等裁判所のキム・ヨンビン判事がシム・ジェファン弁護士の裁定申請を認容して裁判を命じたことだ。一審で検事が求刑しないと述べたにもかかわらず、パク・ヒョンベ判事は筆者が指摘した挺対協の反国家行為を正当化し、筆者たちに重刑を言い渡した。つまり、北朝鮮に愛国心を持つ者を擁護する偏った判決だった。

二審でも検察官が求刑できないと言ったにもかかわらず、ホン・チャンウ裁判長は三十一ページの分厚い判決文で筆者に懲役六月、執行猶予一年を宣告した。そして、最高裁判所第一部の裁判官は、筆者の上告を棄却した。

結局、韓国の赤化した司法部は筆者に原審の判決どおり挺対協に二六〇〇万ウォンの損害賠償金の支払を命じ、刑事裁判では筆者に懲役六月、執行猶予一年を言い渡した。

本章を終えるに当たって

売春の歴史は人類の歴史でもある。歴史のある所に必ず売春があった。二〇一八年にソウル高裁の判事は「洋公主」を「アメリカ軍慰安婦」と定義した。運転手を美化して運転技士と呼ぶように、まさか娼婦或いは売春婦と言うわけにもいかないのでそのように呼んだのだろう。今や彼女たちは「アメリカ軍慰安婦」と名を改められた。ちなみに、朝鮮戦争当時は「韓国軍慰安婦」もいた。

これまでの韓国人慰安婦を分類して見ると、「朝鮮時代の両班慰安婦」、「還郷女慰安婦」、「海外送出日本軍慰安婦」、「日本本土遠征慰安婦」、「上海遠征慰安婦」、「韓国軍慰安婦」、「アメリカ軍慰安婦」、「紅燈街慰安婦」そして現代の「海外遠征慰安婦」に大別することができる。この中で、海外に行って「日本軍慰安婦」となった朝鮮人の女性と最近の「海外遠征慰安婦」はその性格が似ている。すなわち市場が両方とも海外だからだ。時代は異なっても性を売り物にして海外に行ってお金を稼げた。

これまでの研究結果から、基本的に日本軍の憲兵が朝鮮人女性を強引に拉致した事実はなかったと考えられる。韓国社会で広く知られている「慰安婦強制拉致」は流言飛語にすぎない。それは、「五・一八光州で空輸部隊が女性の乳房をくりぬいたり、妊娠中の女性の腹を切り裂いて胎児を取り出して母親の顔に投げつけたりした」といった猟奇的な流言飛語が撒かれたように、左翼たちが組織的に反日謀略のためにでっち上げた作り話だ。

次に、「両班慰安婦」と「日本軍慰安婦」を比較してみる。前者は代価を受け取ることなく性と労働を搾取されていたが、後者は日本という国家が規則を作って女性を暴力や性病、搾取から守ってくれた。李朝朝鮮の両班は女性を思いのままに玩んだり捨てたりした。そのくせ、自分以外の男性と情を交わした女性を厳しく罰した。しかし、日本軍兵士は朝鮮人女性に花代やチップも渡し、彼らと交わした情を数十年後も懐かしく思い出す慰安婦もいた。

最後に、元日本軍慰安婦の文玉珠の前掲書一二一ページの一文を紹介して本章を終える。

ワニ皮の揃いのハンドバックとハイヒールに緑色のレインコート。こんなおしゃれな格好でサイゴンの街を闊歩した。だれがみたって、わたしを慰安婦だとは思わなかっただろう。いまも思い出してはなつかしく、得意になってしまう。

第五章　日本との決算

この帰属財産が何であるかを理解すれば、アメリカと日本に感謝の念を抱かずにはいられないだろう。

韓国と日本の間には、金銭的、非金銭的な損益計算書が存在する。その中で、まず第一に挙げられるのが「帰属財産」だ。帰属財産という名称は、米軍政がつけたものだが、日本が朝鮮に残した財産をアメリカが全て差し押さえ、その所有権を韓国政府に引き渡した財産という意味だ。韓国の人の中でこのような事実を知っている者は少ないだろう。この帰属財産が何なのかということを理解すれば、アメリカと日本に感謝の念を抱くことができるのではないだろうか。

帰属財産（Vested Property）

二〇一五年十月、成均館大学の李大根《イデグン》名誉教授は『帰属財産に関する研究――植民地統治の遺産と韓国経済の道のり』という七〇〇ページに及ぶ本を出した。その内容を要約すると次のようになる。

一九四五年、日本は三十六年間朝鮮の地に建設したダム、鉄道、道路、

『帰属財産に関する研究』

港湾、電気、鉱工業、製造業など、様々な分野の社会的間接資本を丸ごと残したまま引き揚げた。日本人は運用していた個人・企業財産その全てを置き去りにした。米軍は、朝鮮から退却する日本人たちのポケットの中まで調べ、紙幣一枚残らず押収した。北朝鮮には二十九億ドル、韓国には二十三億ドル相当の公共財産が転がり込むこととなった。日本が韓国に残した二十三億ドルは、米軍政が李承晩政府に委譲したが、これは当時の韓国経済規模の八割以上を占めていた。一言で言えば、この帰属財産が存在しなければ、当時の韓国経済はお先真っ暗の状態だった。

それから二十年経った一九六五年、朴正熙政権が日本から無償で供与された額は三億ドル、上述の二十三億ドルはこの八倍。このような莫大な財産を、あえて言うならアメリカが日本から無理やり韓国へ引き渡したのだという事実を我々は知らなければならない。

では、李氏朝鮮五一八年を代々統治してきた二十七人の王たちが成し遂げた国の資産について考えてみたい。道路や鉄道の整備などはされたのか。近代的企業が出現する環境が作られていたのか。ハングル辞書などのまともな単語帳を一つでも作ったたか？ 二十七人にものぼる王たちは、道路を作れば中国から女真族が侵入してくると信じて疑わず、元々あった道すらなくしてしまう程であった。宣祖（朝鮮十四代目の王）は、壬辰倭乱の渦中、中国に亡命することしか念頭になかった。彼らは次ページの写真からも分かるように、民を奴隷のようにこき使っていた。五一八年間の歳月で朝鮮の王たちが残したものは、藁の家、道路のないソウル、糞尿だらけの路地、禿山、迷信と陰謀にふりまわされる未開人たちが共存する辺境であった。

その一方日本は、たった三十六年の間に朝鮮に五十二億ドルの財産を残してくれた。この莫大な財産をアメリカがいわば奪うようにして、大韓民国の建国者である李承晩に「贈り物」のように与えてくれた。アメリカは、我々の力では守り切れなかった国を日本から取り返してくれた上に、当時としては想像もつかないような天文学的な金額の財産も日本から取り返してくれた。我々は、アメリカだけでなく日本にも感謝の気持ちをもつべきなのだ。我々が恩知らずな民族となってしまったのは、共産主義者たちの歴史捏造のせいだ。

米軍政は当初、日本人の私有財産を差し押さえの対象から除外していたが、軍政法令第八号（一九四七年十月六日制定）により、その後私有財産も差し押さえとなった。公的・私的財産目録は一七万六〇五件、李承晩政府に渡されるまでの三年間、米軍政はその管理に多くの人員と経費をかけていた。米軍政に引き渡されず、農林部などに登録されていた日本人の財産は一二万一三〇四件にのぼる。この全てを合わせた総財産は二九万一九〇九件に及んだ。

アメリカはどこまで日本人を丸裸にしたのかというと、帰国する日本人が所持できる金額を極度に制限し、民間人は千円、軍の将校は五百円、士兵は二五〇円とし、これ以上は所持を許さなかった。釜山港から帰国する日本人の荷物検査も徹底した。一九四五年末までに朝鮮半島から日本に引き揚げた民間人は、四十七万人余りだった。駐韓米軍司令部情報参謀部が一九四五年十一月三日に作成した『情報日誌』（G-2 Periodic Report）五十四号によると、一部の日本人が一五〇〇円払って、密航船を利用したという記録もある。これらの資料は韓国の国史編纂委員会電子資料館に保管されている。だが、密航船を使い脱出した日本人は果たしてどれぐらいいたのか。我々が記憶しておくべきことは、アメリカが日本人を身ぐるみはがした状態で日本に送り返したという事実である。

日本人が残していった数多くの株式会社級の企業は、その後どうなったかというと、大部分は、その会社の職員または関係のある朝鮮人たちに安価で売り渡され、大企業へと成長を遂げた。今日の韓国の大企業は、ほぼ例外なく元々は日本企業で、朝鮮人たちが個人で創った会社には「商会」という称号がついていた。下記の事例は、現在の韓国の大企業が解放後、自らの力で一から会社を興したわけではなかったということを証拠づけている。

「昭和麒麟ビール」は当時管理人だった朴斗秉《パクトゥビョン》に売り渡され、斗山グループ系列である「OBビール」となった。「サッポロビール」は明成皇后の姻戚、ミン・ドッキに売り渡され、「朝鮮ビール」になった(一九九八年、ハイトビールに商号変更)。「朝鮮油脂仁川工場朝鮮火薬共販」は管理人だった金鍾喜《キムジョンヒ》に売り渡され「ハンファグループ」の母体となった。「鮮京織物株式会社」は工場で生産管理責任者だったチェ・ジョンゴンに売り渡され「SKグループ」の母体となった。SKグループは一九三九年、朝鮮から満州へ織物を売っていた日本人反物商が作った鮮満紬緞（絹織物）と、日本の京都織物が合体した「鮮京織物」としてスタートした。「鮮満紬緞」の「鮮」と京都織物の「京」にちなんでつけられた名前だ。

「永岡製菓」は職員の朴柄圭《パクビョンギュ》らへ売り渡され、「ヘテ製菓合名会社」となった。「小野田セメント三陟工場」は、李洋球《イヤング》に売り渡され「東洋セメント」となった。「韓国貯蓄銀行」は「正修奨学会」設立メンバーでもあるチョン・ジェホに売り渡された。「三越百貨店京城店」は、李秉喆《イビョンチョル》に売り渡され「新世界百貨店」に、「丁字屋百貨店」は「ミドパ百貨店」になった。「朝鮮製錬」は具仁會《クイネ》に売り渡され「ラッキー化学」（LG化学）となった。三陟の「是川製鉄所」は、解放後「三和製鉄」に商号変更され、チャン・キョンホに売り渡されたのち「東国製鋼」となった。「朝鮮生命」は李秉喆《イビョンチョル》に売り渡され「三星火災」となった。「朝鮮燃料、三国石炭、聞慶炭鉱」は金《キム》壽根《スグン》に売り渡され「大成グループ」の母体となった。「森永製菓・森永食品」は解放後「トンニプ産業」に商号変更し、一九八五年には「第一製糖（現CJ）」に併合された。

「豊国製菓」は解放後「プングク製菓」に商号を変更し、一九五六年には「東洋製菓（オリオン）」に併合された。「京畿織物・朝鮮紡績」は大邱で石鹸工場を営んでいた金成坤《キムソンゴン》へ売り渡されたのち「雙龍グループ」の母体となった。「朝鮮郵船」は職員だった金龍周《キムヨンジュ》に売り渡され「大韓海運」になった。「東洋紡織」は管理人だったソ・ジョンイクに売り渡された。「旭絹織」は釜山工場長であった金智泰《キムジテ》に売り渡され「韓国生糸」となった。「朝鮮住宅営団」は「韓国住宅公社」になった。「浅野セメント京城工場」は金仁得《キムインドウク》へ売り渡され「碧山グループ」となった。「京城電気・南鮮電気・朝鮮電業」は解放後合併され「韓国電力」となった。「鐘紡紡績光州工場」は金瑩楠《キムヒョンナム》、金龍《キムヨン》周《ジュ》に売り渡され、「日新紡織」になった。「朝鮮米穀倉庫株式会社」は解放後「韓国米穀倉庫株式会社」となり、のちに「大韓通運」となった。「朝鮮重工業株式会社」は解放後「大韓造船公社」となり、その後「韓進グループ」へ編入され、「韓進重工業」となった。「朝鮮火災海上保険」は「東洋火災海上保険」なり、その後「メリッツ火災海上保険」となった。「中外製薬」はソウル事務所の管理人へ受け渡され、現在の「中外製薬」となった。この他にも、我が物顔をしている韓国企業らは、ほとんどが日本人が設立、運営していた会社だと考えて良い。

朝鮮人が設立した大きな企業は、金性珠《キムソンス》の一家が設立した「京城紡織」、「三養社」あたりを除いて大部分は「商会」という名前がついていた。例えば「和信商会」、「開城商会」、「京城壁紙」などである。

日本の引き揚げに伴って放り出されたそれらの会社を、朝鮮人たちは李承晩政府の時代から「拂下（売り渡し）」という名目の下、タダ同然の価格で買収した。そのためこれらの一部は、一九六一年に起きた五・一六軍事革命の後、政経癒着による「不正蓄財者」と見做されることとなった。「ぼろ儲け」をした人々がいる一方、財産を奪われた日本人たちはどれだけ胸が張り裂ける思いをしただろうか？だから日本はサンフランシスコ条約締結時に、韓国に残してきた二十三億ドルにのぼる財産の請求権を申し立てた。

解放直後、北朝鮮を占領した旧ソ連は、軍政下、北朝鮮に建設された発電所・工場などを引き続き運営するために、それらの建設に従事した日本人技術者を確保するのに必死だった。ソ連軍政は、満州に駐在していた「日本避難民団長」と協議をし、日本人技術者たちに対し北朝鮮にこのまま残るよう頼み込んだ。彼らの手で作り、手塩をかけて維持・運営してきた機械や設備に対するエンジニアとしてのプライドと愛着心に訴えかける作戦を使ってだ。努力の結果が実り、一九四六年一月には、計二一五八名の技術者たちを北朝鮮に残留させることに成功した。スターリンは当初、北朝鮮にある設備はソ連に移すよう命令し、ソ連軍政は主要機器を分解してソ連へ搬送し始めた。

しかし北朝鮮の国境を越える直前、再びスターリンから急遽搬送を止めるようにとの指示が下りた。当初はスターリンが北朝鮮にあった機器や設備等をただ奪い取ったとの憶測が流れたが、実はそうではなかった。専門家の話によると、スターリンはこの当時、六・二五戦争を念頭においていたため、このような方向転換をしたのだそうだ。戦争になった場合、北朝鮮内で兵器をはじめとした軍需物資を自家生産しなければならず、そのための機械や設備などが必要になると判断したのである。

日本が育てた山林

朝鮮の山々はもともと手付かずの禿山だった。そこへ日本は科学の力で経済性のある木を植え始めた。今も日本の山々にはまっすぐに伸びた木（経済木）らが多く見られる。さらにそれらの木は一本一本きちんと管理されている。アメリカも同様だ。そのため解放当時、韓国全土の山々には日本が植えた木がうっそうと生い茂っていた。現在京畿道にあるクァンヌン国立樹木園が管理している木々はみな日本の「作品」と言ってよい。

朝鮮の禿山（1903）

しかし李承晩政府に変わってから、あちこちに軍の基地が作られ、「厚生事業」という名の下、師団長らが先を争って「軍の厚生」という名目で伐採に手を染めた。彼らは巨木を次々と切り倒しては売りさばいて資金を作り、様々な目的に利用した。軍隊が大手を振って歩いていた時代、韓国の山は再び禿山となってしまった。

そこで朴正熙大統領の命令を受けた張坰淳《ジャンキョンスン》農林長官が大規模な植林事業に着手したが、その木々は日本統治時代の山林のような経済林ではなかった。「浦項製鉄」の事例に見られるように、工業分野においては日本から技術的援助を受けていたが、植樹計画の分野は日本の援助を受けられなかった。筆者が張坰淳氏から直接聞いた話では、樹種の選択は国内の技術に頼るしかなかったという。

19穴の練炭

緑あふれる山を維持するためには、木の代わりとなる燃料の開発が必要だった。一九六〇年代になってやっと十九穴の練炭が山林破壊阻止のスタートを切ったが、イギリスでは朝鮮王朝の英祖時代だった一七五〇年頃、すでに石炭が木に取って代わっていた。イギリスは韓国を約二一〇年先取りしていたというわけだ。このような格差を作ったのは一九六一年に政権を握った朴正熙ではなく、朝鮮の王たちだ。日本が育てた山林は金銭的に換算できるものではないが、おそらくその資産はとてつもない額であったに違いない。

日米韓三角経済の建設

日韓会談は、一九五一年十月、六・二五戦争のさなかに始まった。十三年八カ月の間、およそ一五〇〇回に及ぶ大小の会議が開かれ、ようやく一九六五年六月二十二日、「日韓基本条約」が締結されることとなった。無償資金三億ドル、有償資金二億ドル。そして商業借款三億ドルで合意し

日韓基本条約締結（1965.6.22）

た。ここで私たちが注目すべきは、日本が提起し続けてきた「帰属財産」二十三億ドル返還に対する請求を、この時点で放棄したということだ。わが国が無償で受けたのは三億ドルだけではなかった。二十三億ドル分の財産に対し、日本はこれ以上所有権を主張しないという内容も含まれていたのだ。

　このことについて筆者は、巷でよくある離婚訴訟を連想してしまう。例えばこのようなケースだ。名もなく金もない男が、ひょんなことから大金持ちの家の娘に気に入られ、結婚することになった。しかし一緒に生活するうち、二人は価値観や格の違いで結局は離婚してしまった。離婚した後、男は女を訴えた。一緒に生活してきたのだから、財産を山分けしてほしいという理由でだ。この事例で、もしも男が分別をわきまえた文明人だったら、そもそもこんな訴訟を起こしていただろうか？

「わかりました、離婚しましょう。取り柄のないこんな私を一度でも好きになってくれてありがとう。あなたは僕にとってあまりにも出来すぎた女性だった。短い間だったけれど一緒に暮らすことができて本当に幸せだったし、感謝している。私でなければあなたはもっと幸せだったはずなのに、本当に申し訳なく思っている。あなたのおかげで私は上流社会に接することができ、感化され、道も開けた。今までありがとう」

　文明人であれば、このような受け止め方が常識であろう。しかし、男は残念なことに朝鮮人であった。

「おい、そこのお前。俺はわけもわからずあんたについてきた。俺の青春を返せ。俺は今までお前の陰で劣等感の固まりのようにひっそりと生きてきたんだ。納得がいかない。お前、一千億持ってるんだろう? だったら五百億俺に分けろ。いいか、お前は俺にとって永遠の敵なんだ」

女性の立場からすると、関わってはいけない人に引っかかってしまったと悔やんでも悔やみきれないに違いない。筆者はまさにこの架空のストーリーが、今日の日韓の葛藤をわかりやすく説明しているように思う。

韓国政府は一九六六年から一九七五年までの十年間、日本から受け取った請求権資金(無償＝五億ドル)をどのように管理したかについて、「請求権資金白書」を発刊した。内訳として、鉱工業(浦項製鉄、中小企業、産業機械、原資材の輸入)分野に二億七八〇〇万ドル(五十五・六パーセント)、社会間接資本(昭陽江ダム、京釜高速道路、鉄道の改良、建設装備、海運、送配電、上水道、市外電話、浚渫事業など)に九千万ドル(十八パーセント)、農林水産業(農業用水、農業機械、山林事業、漁船)に六六〇〇万ドル(十三・二パーセント)が投入され、科学技術(学校、実験材料、海洋実習船、研究施設)には二千万ドル(四パーセント)が投じられた。残りの九・二パーセントはその他の雑多な項目のため割愛する。これらの資金は、二十年前に受けた二十三億ドルの約五分の一にすぎない。しかし、この五億ドルがなかったら、今日の韓国経済はなかったかもしれない。

商業借款においては、企業が個別に日本資金を導入したが、経営能力が及ばずに元利金を返済できない事態が起きた。これを受け、政府や取引銀行が、それらの企業が返済できなかった元利金を肩代わりしなければならなくなった。政府や銀行は、国に迷惑をかけた一部の企業の経営権を剥奪した。

一九九七年に発生したＩＭＦ通貨危機の際、金大中《キムデジュン》が公的資金を提供する代わりに、ビッグディール(対企業間事業交換)とワークアウト(リストラ)を強要したのと同じ脈絡だった。昔も今も多くの韓国企業は「盗人の心」を持っているように思われるが、かといってこれらの企業がなくなりでもすれば、雇用もなく納税もされなくなってしまう。

そのため朴正熙は、このような企業でも生かそうと考えた。一九七二年八月三日、我々の予想を超える緊急措置をとった。いわゆる「八・三緊急経済措置」だった。信用不足のため銀行からの融資を受けられない企業は、闇の高利貸し業者から資金を借りていたが、経験の浅い企業等が高額の利子を返済するのは難しく、相次いで倒産する危機に直面した。企業が次々とつぶれていく姿をこれ以上傍観することができず、朴正熙は高利私債に対する元利金の返済を強制的に凍結させた。これは高利貸し業者にとっては青天の霹靂であったが、企業再生のために朴正熙が選択した苦肉の策だった。

しかし、政府のこの措置はあくまでもその場しのぎに過ぎず、根本的な代案を考え出さねばならなかった。企業の外資(借款)導入を停止させ、外国企業が直接韓国に投資する方式に転換した。外国企業を誘致するために工業団地の建設に力を入れ、輸出拡大のために輸出自由地区の造成に勤しんだ。更には軽工業体制を重化学工業体制に転換するなど、画期的な措置も行った。と同時に朴正熙政権は、製品の国産化にも情熱を注いだ。だが、国産化とは言っても、それは「組み立て」の国産化を意味するもので、素材、部品、装置、技術などは日本から輸入し、それらを組み立てて米国の市場に輸出するという、通過型経済体制だった。

このような組立生産の基盤づくりのためには、多くの科学者と技術者が欠かせない。そのため朴正熙大統領は、外国で活動する優秀な韓国人たちを呼び寄せ、直接会って励まし、技術指導に力を貸してもらえるよう懇願した。先進国での手厚い待遇を捨て、韓国に戻った科学者や技術者たちは、祖国の発展に身を捧げた。

日本資金に依存した代表的な投資事業

一、浦項総合製鉄工場建設

「産業の核」である総合製鉄工場を自国に持つということは、まさに国家にとってのロマンであった。そのため外資調達先の確保に奔走したのだが、経済的にまだまだ不安定な韓国への投資に積極的な国はなかった。米国をはじめとする国々はどこも、投資への見通しが暗いという理由で韓国を避けた。

浦項総合製鉄工場の建設

結局、日本だけが頼りだった。

日本は請求権資金一億二千万ドルを投入し、一〇三万トン規模に及ぶ総合製鉄工場の建設に合意した。日本から受け取った資金は、朴正熙に丸投げされたお金ではなく、朝鮮の人たちの役に立つ使い道がされるよう監視、統制されていた。つまり日本は単に合意しただけではなく、その支援にも積極的だったのだ。専門家を派遣し技術支援を行い、素材と部品を惜しみなく提供した。その結果、一九七三年七月、ついに百万トン以上の規模を持つ製鉄工場が完成した。

浦項製鉄のようなものを欲しがっていた中国の鄧小平のこんなエピソード

がある。

一九七八年八月二十六日、朴大統領を尊敬しているという鄧小平が、君津にある製鉄工場を訪れた。新日本製鐵会長の稲山氏が彼を案内したのだが、鄧小平氏は、日本が中国に経済支援をしたことに感謝の意を示しながら、帰り間際に「浦項製鉄のような工場を中国にも建ててもらえないか」と懇願した。これに対し稲山会長はこのように答えた。

「浦項製鉄は金と技術だけで成し遂げられたわけではありません。朴《パク》泰俊《テジュン》という優れた人物がいたからこそ成り立っているのです。しかし中国にはまだ彼のような人物がいません」

中国は一九九二年十月、朴泰俊を招待した。要請を受けた彼は喜んで中国へと向かい、国賓級の歓待を受けた。中国にも浦項製鉄と同様の工場を作る約束をした彼は翌年、その約束を守ることなく日本に亡命せざるを得なくなった。その理由は、選挙対策本部長を引き受けてほしいという金泳三からの依頼を彼が断ったため、朴泰俊を監獄に入れようとしたからだった。

二、京釜《キョンブ》高速道路建設

経済開発五ヵ年計画を指揮していた朴正熙は、経済成長によって増える物資の流動量をふまえて、京釜高速道路の建設を計画した。一九六七年に京釜高速道路の建設計画を立てると、ただちに必要資金調達に乗り出し、世界銀行（ＩＢＲＤ）等の国際機関を当たってみたがどれも失敗に終わった。アメリカをはじめとする先進国も背を向ける中、ここでも日本だけが助け舟を出した。請求権資金六九〇〇万ドルを建設資金に投入することに日本からの同意を得ることに成功した。

工事は一九六八年二月一日に着工し、昼夜を問わず行われた。一九六八年十二月、ソウル—水原《スウォン》高速道路が初めて開通され、続いてソウル—大田《テジョン》が開通した。そして一九七〇年六月二十七日夜十一時、タンジェトンネル（現在の沃川トンネル）南側出口から「マンセー（万歳）」が響き渡った。最難関かつ「魔の区間」と呼ばれていたタンジェトンネルが完成したことにより、延べ四二八キロメートルに達する京釜高速道路の全区間がついにつながったのだ。小白山脈を貫通するタンジェトンネルの工事過程では、数回に渡る落盤事故と湧水の噴出で多数の死傷者を出しながらも、この京釜高速道路四二八キロメートルは一九六八年二月一日に着工してから二年五カ月後の一九七〇年六月二十七日についに竣工した。

京釜高速道路の建設

ここでもう一度振り返ってみよう。当時韓国には高速道路を建設する資本もなければ技術もなかった。さらに輪をかけるように、金大中と金泳三が工事の進行を妨害し、資金の要請を断られた世界銀行にも鼻で笑われていた。にもかかわらず、高速道路は予想をはるかに超える短い期間で完成した。忠清北道の秋風嶺にある高速道路の記念碑には、こんな言葉が刻まれている。

「我が国の財源と我が国の技術、そして韓国人の力で世界高速道路建設史上最も短期間で作られた道」

たったの二年五カ月で京釜高速道路を建設したという事実は、我々が決して忘れてはいけない大切な歴史である。これはまさに、血と汗とあふれるほどの情熱で完成されたものだったのだ。延べ八九二万八千人が動員され、総工費は四二九億七千万ウォンだった。大統領が出席する開通式三時間前まで、道路の塗布作業をするという激しい速度戦が続くなど、その建設はまさに「戦闘」そのものだった。竣工されるまでの間、七十七人の命が犠牲となったため、毎年七月七日には慰霊祭が行われている。忠清北道沃川郡東二面に「京釜高速道路建設殉職者慰霊塔」が建てられた。

京釜高速道路の殉職者慰霊塔

三、昭陽江多目的ダムの建設

このダムの建設も朴正煕の夢だった。この工事は一九六七年四月から一九七三年十月まで、六年以上にわたる大規模な土木事業だったが、ここに日本請求権有償資金二一五〇〇万ドルが投入された。ダムの水量は二十九億トン、アジアでは最大規模であり、世界で四番目に大きいダムだ。水力発電容量は二十万キロワットであり、ここで開発された技術は、後に建設された忠州ダム（二十七・五億トン）、安東ダム、大清ダム、平和のダム（二十六・三億トン）などにも活用され、韓国は一躍ダム建設における先進技術国として知られるようになった。

友好的だった日韓関係

一九六五年に朴正煕大統領が日本との国交を樹立した後、韓国と日本は仲

昭陽江多目的ダムの建設

の良い隣国として共に助け合いながら、両国の経済にも大きなプラス要因となった。だからこそ政権交代によって両国の政治的方針が変わったとしても、両国の国民の間に壁ができてはならない。

その理由は、浦項製鉄の事例が代弁している。日本が浦項製鉄の建設を親身になって支援していた時、過去の歴史について謝罪しただろうか？ 慰安婦問題について事実であると認めただろうか？ 答えはノーだ。それらの問題は不問に付した。双方にとって不都合なことは避けるのが互いのためになる。日本とケンカをしなかったからこそ、「浦項製鉄」という神話が作られたのだ。夫婦がいちいち細かいことを責めながら日々の生活を送れば、互いに嫌気がさして別れることになる。

国際関係もこれと同じことだ。ヨン様やK－POPの株が上がったのも、日本が彼らに愛情を持ってくれたからこそ可能となったのだ。両国が築き上げたこれらの貴重な財産を目の前にして、なぜ今、韓国民は政府がこれらの全ての利益を吹き飛ばし、両国が作り出す壮大な相乗効果を封じ込め、両国民が互いを中傷し憎悪心を膨らませているのを傍観しているのだろうか。

金泳三の無分別な言動

金泳三《キムヨンサム》政権当時、日本では紳士的且つ良心的な政治家が登場した。一九九三年には「河野談話」が発表された。日本軍慰安婦の運営は、日本の軍や官憲が強制権を行使して犯した犯罪だったという要旨の談話だ。続いて一九九五年八月十五日には、当時首相であった村山富市氏が、いわゆる〝村山談話〟を発表した。

「植民地支配と侵略によって、多くの国々、とりわけアジア諸国の人々に対して多大の損害と苦痛を与えました。私は、未来に誤ち無からしめんとするが故に、疑うべくもないこの歴史の事実を謙虚に受け止め、ここにあらためて痛切な反省の意を表し、心からのお詫びの気持ちを表明いたします」

これは、外交の場において日本が、自国の植民地支配を最も前向きに謝罪したものとして評価された。

このような良心的日本に対して、分別力に欠ける金泳三は、左派たちに惑わされ、政府中央庁舎（旧日本総督府の建物）と南山の外人アパート団地を爆発させると言って虚勢を張った。「国を愛する」朴正熙は過去に蓋をしたが、「国など眼中にない」金泳三は、血気にはやった行動をとった。この愚か者は、日本に怒りをぶつけることがすなわち英雄になる道だと考えていたようだ。「日本を教育しなおしてみせる」という浅はかな発言によって、日韓関係は急速に冷え込んだ。

しかしその後、日本が金泳三の「悪癖」を教育しなおすことになるという事態が起きた。一九九七年に起きたＩＭＦ通貨危機である。苦しむ国民は日本ではなく、舵取りを完全に誤った金泳三を強く責め立てた。

金大中が誘発させた反日感情

日韓の憎悪戦が日増しに強まる中、金大中が更に油を注いだ。一九九九年一月、独島（竹島の韓国名）水域を何の見返りもなく日本に渡したのだ。彼が韓国の排他的水域を、日本との共同水域にする法案を強行採決したことにより、三千余りの漁船は突如として漁場を失い、漁業関連会社は仕事がなくなり途方にくれた。民間人だけでなく道知事や放送局までもが、独島に出入りできなくなった。独島の歌も消えてしまった。まさにこの瞬間から日本が独島問題をより猛烈に攻撃してくるようになったのだ。

金大中が勝手に国会を通過させた「新日韓漁業協定」に対して、怒りに満ちた韓国民が金大中に詰め寄るのが当然の成り行きだが、韓国の記者たちはその憎悪心の矛先を金大中ではなく日本に向けさせた。

金大中が一方的に決定した新日韓漁業協定によると、独島は日本のものでも韓国のものでもないとある。独島が今日まで韓国に実効支配されている理由は、李承晩の「リー・ライン」に基づいたものだ。一九五二年一月、李承晩大統領が「李承晩ライン」(Peace Line もしくは Lee Line) を設けると同時に韓国は独島を実効支配し始めた。では、李承晩はどうやって独島を実効支配することができたのか。平和線李承晩ラインを引く前に、彼は当時の憲法学者・兪鎭午《ユジノ》に対し、「対馬と独島をとにかく韓国の領土だと主張できる根拠を研究してみなさい」と指示を出した。そこで兪鎭午は、当代最高の史学者である崔南善《チェナムソン》のもとを訪ねると、「対馬は話にならないが、独島は一度主張してみる余地がある」と言われたそうだ。これを根拠に李承晩は、独島を「リー・ライン」の内側に入れたという。

紛争の島、独島は当時、国交正常化に向けた日韓会談の最大の障害物だった。

しかし、日韓両国は一九六五年一月十一日、ソウル城北洞の某所で、独島問題の妥結に向けた高官級秘密会談を行ったという。この会談で両国は、以下の内容で合意し、日韓基本条約は妥結に至ったとのことだ。

一、日韓両国は、両国が独島を自国の領土と主張することを認める。同時に、これに反論を提起することに対しても異議を唱えない。
二、将来の漁業区域は、両国がそれぞれ独島を自国の領土とする線を確定し、二つの線が重複する部分は共同水域とする。
三、現在韓国が占拠している状態であることは認める。しかし今後警備員を増強したり、新しい施設を増築してはならない。
四、両国は、この合意を継続的に守ることとする。

これらの独島に関する暫定的な合意に基づき、一九六五年六月の日韓基本協定を成功させることができたのだ。

『独島密約』ロー・ダニエル著、キム・チョルフン訳（ハヌル社）二〇一一

独島をめぐって繰り広げられる日本と韓国の一歩も譲らない綱引で、実はアメリカは密かに韓国の味方をしていた。ところが、アメリカの態度が今少しずつ変わりつつある。文在寅政権が反日・反米・北寄りの態度を露骨化している上、米国が根気強く引き止めたにもかかわらず、二〇一九年八月には、GSOMIA（日韓情報保護協定）破棄を持ち出した。これはアメリカと日本の感情を刺激するための行為だったが、それに追い打ちをかけるかのように、八月二十五日、独島防衛訓練を行った。イー

ジス駆逐艦である世宗大王艦（七六〇〇トン級）が初めてこの訓練に参加し、鬱陵島には数十人の陸軍特殊部隊が参加した。海軍と海上警察の艦艇が約十隻、F—15Kを含む戦闘機も十台余り参加し、例年に比べて二倍の規模で行われた。これに対しアメリカ国務省は怒りを露にした。

「韓国が最近実施した独島防衛訓練は、日韓問題の解決において役に立つものではない。最近の日本と韓国の葛藤を考えると、先日二十五日と二十六日に実施された独島防衛訓練は、タイミング、メッセージ、規模、その全てにおいて、問題を解決するうえで、非生産的である」

続いて、「独島は無人島（リアンクール）だ。文在寅政府に対して、GSOMIAが終了する十一月二十二日までに原状回復することを願う」という最終通告を突きつけた。この防衛訓練は、独島を守るためではなく、ただ単に日本の感情を刺激するための幼稚なお芝居だったのだ。

盧武鉉の体系的反日感情の助長

韓国では、任期満了となった盧《ノ》武《ム》鉉《ヒョン》前大統領が在任期間中に犯した不正に対して調査を受けている最中、高さ三十メートルの岩から転落するという事態が発生した。その際、岩に何度もぶつかったはずなのに、血痕は確認されなかった。不審の多いこの事件だが、検死すら行われなかった。韓国内で彼は監獄に送られるだろうという雰囲気が漂う中、「アカの首長」が不正に次ぐ不正で監獄に行けば、「アカの勢力」は消滅しかねない。その勢力が滅ばないように彼を抹消したという疑惑は、未だ解消されていない。

彼は大統領職を悪用し、日韓関係の体系的悪化を促進させた人物であった。二〇〇五年春から盧武鉉は、国民の税金を一日に四十億ウォン以上も使いながら、世界各地を回った。行く先々でアメリカを糾弾し、国内では反日感情をあおった。反日感情を触発するためには、国民を扇動できる手段、すなわちなんらかの生け贄（身代わり）が必要だった。「オーマイニュース」がその先頭に立ち、突如韓昇助《ハンスンジョ》教授を名指しして、「魔女狩り」を始めたのだ。彼が「日帝時代は韓国にとって祝福だった」と語った論文を日本の雑誌「正論」に掲載したからだ。論文にはこう書かれている。

「どのみち奪われざるを得なかった朝鮮を、もし中国やロシアが引き取っていたとしたら、今の韓国は中国またはロシアの辺境になっていたはずだ。日本に支配されたのは不幸中の幸いだった」

彼の考えは、非難に値するものではなかった。

少なくとも東亜日報や朝鮮日報ほどのレベルの新聞社なら、問題の文章を分析し、独自の判断によって記事を書き直すべきだが、どういう訳か、記事をそのまま転載した。マスコミが一丸となり、連日韓教授を糾弾した。それこそ「妖魔悪鬼」たちの魔女狩りだった。耐えかねた韓教授は結局、家族と長期間の逃避を余儀なくされた。

このようにマスコミは、韓国社会の方向を誤った道へと誘導し、社会全体の品格を下げているのだ。日韓関係の悪化は、それこそ質の悪い韓国マスコミの作品と言えるだろう。悪化した日韓関係は李明博《イミョンバク》、朴槿恵《パククネ》政権でも悪化の一途をたどり、文在寅政権となった現在、史上最悪となった。

左翼の代名詞・金命珠の対日挑戦状

二〇一八年十二月四日、最高裁判所長官の金命珠《キムミョンス》が率いる裁判官十二人が全員一致で日本が行った「強制徴用工」に対し、一人当たり一億ウォンを賠償せよという判決を下した。彼が率いる司法府（裁判所）はこれに止まらず、その賠償金を強制的に徴収するため、韓国にある日本企業の財産を差し押さえ、競売により売却するという手続きを強行した。この行為は日本をこの上なく刺激した。徴用工を動員した日本企業は三菱、三井、住友、新日鉄、不二越などを含む二九九社であると報道されている。一九四〇年前後、これらの日本企業に雇用された朝鮮人労務者は十四万九千人に達し、死亡した場合には彼らの子供たちにも訴訟資格があるとした。しかし、前述のように日本の国家権力によって強制的に徴用された労働者はいなかった。みんながお金を稼ぐために競争を勝ち抜いて就職していったのだ。「強制徴用」ということば自体が最初から捏造されたものなのだ。

もし、十五万人が数年にわたって訴訟を起こし、彼らに一億ウォンずつ支払われるとなれば、日本の企業は総額十五兆ウォンの賠償をしなければならない。一九六五年、日本が韓国に無償で提供した賠償金が三億ドル、これは現在のレートで換算すると三千億ウォン。日本にしてみれば、この最高裁の判決は、日本に対する宣戦布告に等しい。韓国の判事というのは視野が狭すぎる。外交に関する裁判と国内の裁判は異なるものでなければならない。だから、前最高裁長官の梁承泰《ヤンスンテ》が事件を長引かせてきたのだ。

二〇一二年、この事件における損害賠償を初めて認めた人は金能煥《キムヌンファン》最高裁判事で、この事件の主審であった。「独立運動をする思いで判決文を書いた」と語った。彼が口にした言葉には、反日感情で判決文を書いたという意味が込められている。現在、韓国内に進出している日本企業は三九五社にのぼり、その数は米国企業とほぼ変わらない。総投資額は九千億ウォンに及ぶが、最高裁の判決通りだと韓国にある日本企業の財産はすべて差し押さえられてしまうことになる。これを黙って見ている国がどこにあるだろうか。

強制徴用者は韓国政府からすでに補償を受けている

朝鮮日報は二〇一九年七月十七日「強制徴用に関する補償は一九六五年、請求権協定に含まれる。盧武鉉政府当時、民官共同委員会で結論を出した事案である」という見出しの記事を出したのだが、朝鮮日報は大統領府（青瓦台）とその他のマスコミから激しい攻撃を受けた。朝鮮日報は、なぜ日本の肩を持つのかという理由でだ。記事の内容は以下の通り。

二〇一九年七月十七日付朝鮮日報

「強制徴用に関連する補償は一九六五年の請求権協定に含まれている。盧武鉉政権当時、民官共同委員会で結論を出した事案」

副題「二〇〇五年、李海瓚《イヘチャン》首相が委員長を務め、文在寅民情首席秘書官は、委員として参加し、被害者七万二六三一人に六一八四億ウォンを支払う」

二〇〇七〜二〇一五年の間、七万二六三一人に対し一人当たり平均八一〇万ウォンの賠償がすでに行われていたということである。

2005年8月、共同委員会の会議に出席した李海瓚首相（当時）と文在寅主席秘書官（現大統領）
（聯合ニュース）

強制徴用被害者への賠償問題は二〇〇五年八月、盧武鉉政府当時、官民共同委員会が一九六五年の日韓請求権協定に反映されていると発表した事案だ。当時、官民共同委員会は、およそ七カ月をかけ数万ページに達する資料を綿密に検討し、日韓協定で日本から受け取った無償資金三億ドルの中に、強制徴用への補償金が含まれているという結論を出したものの、一九七五年、韓国政府が被害者に補償をする中で、「強制徴用での負傷者は対象から除外するなど、道義的なレベル面での補償が不十分だった」という判断から、二〇〇七年に特別法を制定し、政府予算から慰労金や支援金を支給する措置がとられた。官民共同委員会には、当時大統領府民情首席だった文在寅大統領が政府委員、首相であった共に民主党の李海瓚代表が委員長として参加した。

官民共同委員会の結論として、一九六五年の日韓基本条約締結当時における諸般の状況を考慮すると、〝いかなる場合においても国が勝手に個人の権利を消滅させることはできない〟という主張はこの場合は難しいということだった。共同委は強制徴用問題にて、「政府が日本に再び法的被害補償を要求することは信義則上、困難だ」とも述べた（信義誠実の原則：全ての人が社会共同生活の一員として相手の信頼に反しないよう誠意をもって行動することを求める法原則。略して信義則という）。個人の請求権は消滅していないが、一九六五年に締結された協定に基づき、それを行使することは難しいという趣旨だった。その代わり、盧武鉉政府は、被害者補償に力を注いだ。二〇〇七年、特別法による追加補償手続きに着手し、二〇一五年までに徴用被害者七万二六三一人に六一八四億ウォンが支給され、これにて強制徴用賠償問題は終わったという認識が定着した。韓国政府も強制徴用問題は請求権協定で終わったという立場を維持し、裁判所も関連訴訟で同じ趣旨の判決を下した。

今回問題になった強制徴用賠償判決の根本は、事実上ＭＢ（李明博）政府の時からだ。強制徴用被害者である李春植《イチュンシク》氏らは一九九七年、日本戦犯企業を相手に、大阪地方裁判所に損害賠償請求訴訟を起こしており、二〇〇三年に敗訴すると、二〇〇五年に韓国内の裁判所にて同じ訴訟を起こした。一審と二審で敗訴したが、最高裁でそれらの判決は覆された。二〇一二年五月、最高裁判所は初めて日本企業の賠償責任を認めたのだ。日韓協定があったとしても、個人請求権を行使できるという破棄差戻しの判決が下された。当時主審だった金能煥《キムヌンファン》最高裁判官は「建国する気持ちで判決文を書いた」と述べた。

以後五年以上、二審、三審の裁判が継続されており、その後金明洙が最高裁判所長官になると、二〇一八年十月三十日、最高裁はその判決を確定した。司法と行政の判断が衝突する状況において、外交的な交渉を望む日本に対し韓国政府は、三権分立に従い司法府の判断に関与することができないという立場を堅持した。八カ月にのぼる対峙は、日本の経済報復へとつながっていった。申珏秀《シンガクス》元駐日大使は、アメリカなどは外交事案に対しては司法府が行政側の立場を聞いて慎重な判断を下すという司法自制の伝統があるが、韓国ではそれが「司法聾断」になっていると話していた。

朴正熙政府がすでにすべて受け取った

二〇〇五年一月十七日付のハンギョレ新聞の報道は、以下の通りである。

公開された五冊の文書により、一九六五年の日韓交渉の際に、韓国政府が徴兵・徴用被害者一〇三万二六八四人に対し、計三億六千四百万ドルの被害補償金を要求したことが確認された。日本側から請求権資金という名目で無償三億ドル、有償二億ドル、商業借款三億ドルなど合わせて八億ドルを受け取ったわが韓国政府は、七〇年代に徴用による元徴用労働者の中、すでに死亡した八五二二人に対して、一人当たりその遺族に三十万ウォンを支給し、日本政府が発行した有価証券約九七〇〇件余りについても、一円当たり三十ウォンに換算して支給するに留まった。このためか、太平洋戦争犠牲者遺族会などは政府を相手取った補償要求を本格化する動きを見せている。

二〇〇五年に公開された外交文書によると韓国政府は徴兵、徴用被害者に対する賠償額を計算し、三億六四〇〇万ドルを日本に要求したが、日本側は端数を切り捨て三億ドルを支払った。その後韓国政府は、徴用者らに賠償を数回行なったが、彼らはその額が少ないと不服を示し、政府に対して賠償訴訟の兆候を見せ始めた。これにより政府は、二〇〇七年から二〇一五年までの間、更に一人当たり平均八一〇〇万ウォンを賠償した。このため、日本政府を相手に損害賠償を請求する訴訟に対して、韓国の裁判所は棄却判決を下した。しかし、最高裁長官を含む司法府に、左翼の判事たちが採用され、二〇一二年に金能煥最高裁判事がこれまでの判決を翻した。続いて、金明洙という左翼系判事が最高裁判所長官に就くや、今日の対日戦争のスタートボタンを押した。

学習と思索のない韓国、永遠に日本に追いつけない

一九八〇年代の韓国はアジア四小龍（韓国、シンガポール、香港、台湾）の中で最も速いスピードの経済成長を遂げた。世界の人々は貧しい国だった韓国を「漢江の奇跡」という修飾語で称えた。一九六〇年前後の韓国経済は非常に悲惨だった。失業率が三十パーセントにものぼり、アメリカの援助でなんとか生き延びているという状態だった。先の見えない韓国経済が一九七〇～八〇年代に目覚

ましい成長を遂げたのはまさに奇跡だった。朴正熙は、彼の持つ愛国心と卓越した推進力によって、韓国経済を一気に垂直上昇させた。嬉々とした韓国の経済学者たちは、もうすぐ韓国は日本を追い越せると声高に叫んだ。

しかし彼らは、韓国経済と日本経済は「へその緒」でつながっているという非常に重要な事実を見落としていた。日本が素材、部品、技術の「へその緒」を切ってしまえば、韓国経済は数カ月ももたないだろうという非常に重要な事実を見逃し、韓国の高度成長の原動力は頭脳技術ではなく「手先技術」にあるという点も見逃していた。頭脳技術とは、新しい製品を作り出すための技術のことだ。新しい製品を作ってこそ、世界市場に出て納得のいく価格で競争することができ、安定した雇用も実現可能になる。しかし「手先技術」は人に教えてもらった工程で、教えられた通りに機械を動かすだけの技術に過ぎないため、高付加価値も雇用も創出することができない。既存の技術だけでは、もはや国内市場は飽和状態になった。

一九八〇年代が終わる頃、韓国は「小龍グループ」から脱落し、以降、韓国経済は伸び悩んでいる。シンガポールの一人当たりのＧＤＰは六万四千ドル。実に韓国の二倍以上だ。一時、安い賃金で賄える中国などの市場を開拓しようとしたが、それも収支が合わなくなった。こんな韓国経済が果たして日本経済に追いつくことができるのだろうか？　追いつくことができない理由を考えてみた。

第一、日本人は歴史から学び、自分の過ちから学ぼうとするが、韓国人は五千年の歴史の幻想に憑かれているだけで、過去の経験から学ぼうとしない。日本人は見えない問題点も探し出そうと努力するが、韓国人は見えている問題すら隠そうとする。日本人にとって昨日の過ちは今日の知恵となり教訓に代わるが、韓国人は昨日の過ちを今日もそのまま引きずっている。

第二、日本人は設計段階でもっとも多くの金と時間を費やすが、韓国人は物事の基礎となる設計にお金を使わない。韓国では、基礎科学などの設計に身を投じると金銭的に不安定になるため、頭のいい学生たちは法科大への進学を希望する。設計は最も高い付加価値を生み出すというのに。設計にお金を使わない民族には希望はない。

第三、日本は一九四六年度から米国が生んだ世界的な品質管理のプロの指導を受けながら科学的品質管理に力を入れ、その結果日本は今、世界第一の品質大国になっている。韓国人はそのような努力を省いてきた。

第四、技術には「文書技術（Paper Technology）」と「生産技術（Production Technology）」の二つがある。アメリカ人が新しい技術を開発し、文書にすると、日本人はそれをどこよりも先に生産技術に切り替えて金を稼ぐ。これは並外れた技術消化能力だ。ところが韓国は、独自の生産技術を開発するのではなく、他人が作った製品の真似をする。そして、技術の核心が詰まっている部品や素材は、そのほとんどを輸入に頼っている。

第五、日本企業は「改善」を目標とする。利益は改善に伴う結果に過ぎないと考えている。しかし、韓国の企業は、利益の最大化に力を注ぐ。日本企業は科学化を通じて利潤を得るが、韓国企業は、ごまかしや政経癒着などの跛行的な経営で短期的に利潤を得ようとしている。

第六、日本企業における意思決定は、統計資料や数理工学的分析に基づくが、韓国は企業主の嗅覚とどんぶり勘定に依存する。

第七、日本の企業は国内での激しい競争を通じて国際競争力を培うが、韓国の企業は政治的コネを使い、企業の事業拡大に執着してきた。にもかかわらず、政府は公正な競争システムを導入しない。

第八、日本には世界的に尊敬される立派な経営人が多い。しかし、韓国で一番の規模を誇る企業の経営者は、世間から後ろ指を差されることが多い。企業家のロールモデルがいないのだ。

第九、日本の企業家は、経営を通じて立派な後継者を育てあげるが、韓国の企業家は後輩たちを家来のようにこき使い、若い芽の成長を台無しにしている。

十番目、日本は、誰がなんと言っても世界一の品質国家であり信用国家だ。アメリカもイギリスも日本の品質管理から学んでいる。日本は、過去百年にわたる根気強い努力と創意力で、日本独特の品質管理理論や品質システムを創り上げてきたが、韓国人は、この全ての過程を省いている。

韓国経済が日本に簡単に追いつけると考えている彼らは、日本と韓国とのこのような相違点が実はどれだけ克服し難いことかを知らないようだ。韓国の経済政策には、数学的な深みと論理がない。経済政策を主導している主要な官僚らは、若くして公務員社会に入り、外の世界を知らずに生きている人々だ。構造的に、韓国の公務員組織は公務員の能力を進化させるのではなく、むしろ退化させる組織となっている。そのため、公職者の年齢が高ければ高いほど、固定観念の壁も厚くなっていく。理論体系なしに経験を積むと、その経験は非常に危険な固定観念になってしまう。たとえばソニーの盛田昭夫会長は、「経験のある人」を選ばなかったという。

韓国は市場経済が稼動できる基礎工事が省略されている

韓国社会は、李承晩政権の頃から、自由競争による市場経済を追求し、政策的には成長による分配を追求してきた。成長も分配も、自由競争に基づいて成り立って来たのである。しかし、左翼が政権を握り始めると、このような自由市場経済システムが破壊され、成長は停止し、分配だけが課題として残った。国際競争では、往々にして新製品が競争力を左右するが、新製品を開発するためには大金が必要だ。クライスラーやダイムラー・ベンツなどの大手企業が合併するのは、大金をさらに大金にして新製品を開発し、マーケティング組織を国際レベルに引き上げるためだ。しかし、韓国の左派は今、外国企業に比べれば非常に規模の小さい財閥企業を潰し、財産家が持っている資金を、労働者たちに少しずつ分け与えるという政策を取っている。企業と資本家は「左派政権」の敵、という訳だ。

市場経済とは何か？　家計、企業、社会、国家単位の全ての経済主体が、使用可能な資源を効率的に利用するために、合理的な意思決定を実行する空間である。消費者は、自らが必要とする商品やサービスについて、合理的な方法で優先順位をつけ、お金の使い道を決めている最も重要な「経済主体」だ。生産者はより多くの利益を得るため、合理的かつ独創的な方法でコストを減らし、付加価値の高い新製品を作り、アップグレードさせながらより多く販売しようと努力する経済主体である。限られた所得で最大の満足を得ようとする消費者の行為や、利益を最大化しようとする生産者の努力は、あくまでも他人の自由と幸福を侵さない範囲内で、民主主義的規範に基づいて行われなければならない。

民主主義的規範と合理的な意思決定理論に基づいて行動する消費者と生産者を「合理的な経済主体」

と言う。「合理的な消費者」と「合理的な生産者」を出会わせる空間が、いわゆるアダム・スミスが定義した「市場（market）」である。市場とは、生産者と消費者がそれぞれの利益を実現するために出会う有形無形の空間という意味だ。民主主義の世界における市場は、十八〜十九世紀に、英国、フランス、アメリカなどで始まった政治革命の基本理念である個人の自由（Individual Freedom）と個人の利益（Self Interest）に基づいている。全ての個人は個人的利益を追求する自由を持ち、消費者と生産者がそれぞれの利益を追求していく中で市場価格（Market Price）が形成されるということだ。つまり市場とは、経済を合理的に制御する基本メカニズムであり、これをアダム・スミスは「見えざる手」（Invisible Hand）と呼んだ。政府は、市場への関与を最小限度にして、個人の自由を拘束せず、経済行為は公正な競争に任せるべきだということだ。

一流市場か、三流市場かはシステムの産物

世界中の多くの国々が市場経済を追求しているにもかかわらず、成績が良い国と悪い国がある。その原因はシステムの違いにある。システムがうまく作動している市場は秩序があり、効率が良いが、システムが働いていない市場は自由奔放かつ混乱している。韓国の市場はどうだろうか？アダム・スミスが唱えた市場メカニズムが機能するためには、三つの前提条件が満たされなければならない。

第一、全ての経済主体が合理的な意思決定（Rational Decision Making）をせねばならない。

第二、全ての市場情報が誰にでもリアルタイムで公正に公開されねばならない（Free Flow of

Information)。第三、経済主体の間で公正な競争(Fair Competition)が保障されなければならない。

この三つの条件がどれだけきちんと守られるかによって、市場経済の成績表が変わってくる。しかし、韓国市場は、この三つの原則を支えるシステムがほとんどない。この基本システムさえ整えられない韓国経済は、お先真っ暗な未来を辿るだろう。もうすぐ日本に追いつくという考えは、ただの妄想にすぎない。

一、**合理的意思決定(Rational Decision Making)**

合理的意思決定とは、資源が乏しい(Scarce Resource)という認識から始まる。消費者にしても生産者にしても、資源が希少であってこそ合理的な意思決定を迫られる。資源に困ることがなければ、合理的な方法を模索する必要もない。しかし、韓国市場では、この資源の希少性そのものが否定されてきた。社会の雰囲気は政府が作る。政府が国民の血税を集め、その税金を湯水のように使うような社会では、資源が限られているという認識は持てなくなる。子どもたちも物資やお金の大切さを知らずに無駄遣いをする。どの国においても市場だけでは解決できない部分がある。公共善に関する部分だ。このため、政府が税金を集めてこれに使う。

しかし、政府と民間では金の使い方が違う。民間に金を使わせたら、政府が使うよりも高い効率が期待できる。限られた国家資源はできるだけ民間に使用させ、政府は、少ない税金で効率を高めるべく、優秀な専門家の頭脳を借り、科学的な方法に基づいた合理的な意思決定を高めていかなければならない。企業もまた同様に、先進国の企業は、PPBS、価値工学、リエンジニアリング等の変革の風を起こし、百人がかりで行っていたことを十人でできるように改善策を講じている。一方、韓国では、素人目にも分かるほど人材が余っているにもかかわらず、企業が人材を解雇できない状態だ。企業が合理的な意思決定をしようとしても、政府が妨害しているからだ。

借金の返済能力がない企業にも、韓国の銀行は融資をし続けている。いったん貸せば、企業がそのお金をどこに使ってもかまわない。借金が増えても銀行がいくらでも融資してくれるので、公共企業も、大企業も、資金をまるで「半自由財」のように認識してきた。銀行が顧客が預けた金を支払えなくなると、国が資金を肩代わりし、その金を丸ごと国民に負担させることになる。そんな銀行や国家はもはや合理的な経済主体とは言えない。

第一、銀行から簡単にお金が借りられるいまの制度を改善し、借した金に対しては、必ず銀行が公認会計士を雇い、その使い方を監視しなければならない。第二に、政府と企業は数理科学分野の専門家を多く起用し、合理的な方法で、不必要な人材はすっぱりと解雇できるようなシステムにしなければならない。結論として、韓国市場をアダム・スミスの理論どおりに機能させるためにはまず、自由財として認識されてきた資金や人材を、希少資源として認識するシステムを作らなければならない。

二、情報の透明性（Free Flow of Information）

合理的な意思決定を行うためには情報が必要である。ところが、それらの情報が透明性の高い事実情報ではなく、捏造され歪曲された情報の場合、分析過程がどんなに正しくても、それに基づいた意思決定は合理的なものにはならない。ある企業が赤字なのに黒字に見せかける粉飾決算をすれば、その情報は透明性を失い、不透明な情報を信じてその会社の株式を買った人は、合理的な意思決定ができなかったことになる。たとえ先進国企業であっても、透明性のある会計のための監視とインセンティブシステムがなければ、彼らも韓国企業のように偽の会計資料を操作する可能性がある。

同じ製品が、ソウルの江北地域では一万ウォンで売られ、江南地域では二万ウォンで売られているのにもかかわらず、このような情報が遮断されれば、アダム・スミスが唱えた「市場の自動調節機能」は働かなくなる。新しく売り出された製品が、安全且つ一定の性能を満たす製品かどうかを個人が評価できるシステムができていなければ、アダム・スミスが提唱した市場原理は成立しない。

三、公正な競争（Fair Competition）

他人の利益を害する犯罪的行為は、公正な競争を破壊してしまう。韓国では、コピー商品を作って売ったり、他人が作ったソフトウェアを無断で複製して使用している。有害食品を偽って売ったり、情報に疎い人々を相手に、価格を偽って販売したり、農産物の流通過程にブローカーが入り込んでぼろ儲けをしている。政府と業者が癒着し、株価は操作され、企業のランキングが偽って公表され、利益団体の競争で、消費者が被害を受けている。労働団体は労働市場を歪曲し、「借りたお金は返さなくてもいい」「自分のお金を使って商売をする人は馬鹿だ」という文句が韓国企業文化の主流になり、「銀行のお金はまず使ってみよう」「銀行のお金をなぜ返すのか」といった雰囲気が蔓延している。政府がＧＮＰの七割を非合理的に浪費している。

企業が談合して暴利をむさぼっている。銀行のお金を借りたまま返済しない。人の金を踏み倒す。

利益を上げられないまま銀行の融資で食いつないでいる。銀行の幹部たちは経営が悪化した企業に金を貸して手数料を受け取り、銀行の不良債権は政府が肩代わりしている。

韓国政府の調達機関はどのように働いているのだろうか?　形式的に公告を掲示して、後は証拠写真だけ残し「見ての通り、公開入札の原則に則って入札公告はきちんと行いましたよ。結果、入札した企業はたったの一社しかありませんでした」という。これは、目当ての業者に落札させるよくある手法である。おそらく、今はもっと巧妙になっているはずだ。

韓国では、このような市場秩序の破壊行為は数え切れないほど多い。これらの不公正な事態を防ぐことができてこそ、アダム・スミスの市場メカニズムが正常に作動できるようになるだろう。

市場経済を知らない学者の詭弁（市場失敗、政府失敗）

先に挙げられた異常現象が、韓国の市場内に広がっている。システムがないために起こる現象について、韓国の経済学者たちは「市場失敗（Market Failure）」と呼んでいる。韓国経済をリードしてきた学者たちは、この病的な現象の原因がシステムのエラーによるものだという認識を持っていないため、システムを構築することを考えずに政府の介入という処方箋を出した。

政府の介入は、必然的に政経癒着を生んだ。それはまさに市場を破壊する行為だった。公務員たちは、市場に問題が生じると、政府が介入する以外解決策はないと考えている。先進国のように、政府は「市場の秩序を裏で支える存在」とは考えず、「市場活動を細かくコントロールする存在」だと思っているのだ。つまり、市場の「見えざる手」によって、経済がよくなるようにするのではなく、政府が、自らの「見えざる手」を使って市場を管理しようとしている。権力者たちがこのようにして振り回す「見えざる手」の所為で、不正腐敗が絶えない。これこそが政経癒着なのである。政府の過度な介入を経済学者たちは「政府の失敗」(Government Failure)と呼んだ。これに対する世論が悪化すると、政府は再び管理をおざなりにし、自由放任体制を取ることで、さらなる「市場失敗」を招いた。

韓国経済は、これまで「市場失敗」と「政府失敗」を交互に繰りしながらも、今なお試行錯誤の連続から抜け出していない。

「資本主義の弊害は政経癒着だ。資本主義は無くさなければならない」

左派はよくこのようにささやく。資本主義の問題ではなく、市場メカニズムが正常に働かないがために起きている異常現象について、韓国の経済学者たちは「市場失敗」、「政府失敗」という用語までを作り出した。いま韓国がただちに向き合わなければならない当面の課題は、経済政策の権限を左翼から取り返し、いまだかつて経験したことのない、上記三つの「市場経済の前提条件」をしっかり定着させていくことだ。

我々が恥ずべきは、過去の歴史だけではない。過去から学べないことが、より恥ずべきことである。

第六章　日本は学ぶことの多い国

日本のやり方を学んでこそ

日本について否定的な先入観を抱いている人々が、日本に行き日本人と接すると、そのほとんどが感動する。街はきれいで、礼儀正しく静かな口調で話す日本人に安心感を覚えるという。製造業や貿易業に関わっている韓国人は、日本の悪口を言わない。日本の良いところを体感しているからだ。その反面、一部の国粋主義者は、日本が一〇九年前に朝鮮を植民地にしたという凍り付いた過去の記憶から抜け出すことができず、日本の全てに対して憎悪をあらわにする。一方で北朝鮮はというと、今の韓国はアメリカの植民地だと騒ぎ立てている。「日本は過去三十六年間の植民支配国、アメリカは解放後から現在まで七十五年にわたる植民支配国だ」というのだ。韓国ではアメリカは感謝すべき国だという雰囲気があるが、この主張から考えると、日本もアメリカも共にありがたい国だという意味になる。

弱肉強食の時代だった一九〇〇年初頭、日本が外国の文化と科学技術を積極的に取り入れて強者として成長する一方、韓国は宮殿の中で勢力争いに明け暮れ、弱者となった。少数の両班《ヤンバン》が大多数の同族を奴隷としてこきつかっていたため、国として機能しなくなっていた。侵略者から両班や王室を守るため自分の命を捧げようという忠誠心も生まれなかった。このような背景があって朝鮮は、植民地にならざるを得なかったことに対して自責の念は一切持てずに、むしろ、日本を恨み、憎悪している。過去の植民地の歴史は、自業自得で起きた結果だということに、韓国人は気づかなければならない。

朝鮮半島の人々は朝鮮戦争が起きる前にもしばしば同族間で戦ってきたが、有史以来数千年の間、同族間で働いた蛮行の中に日本人以上の残酷な事例が果たして本当になかったのだろうか。どちらがより野蛮か、どちらがより優れていたか。その答えは今の日本人と韓国人を見比べればよくわかる。日本は今、韓国よりも豊かに暮らしており、「誠実さ」や「信用」において世界でも認められている。そんな日本の悪口を世界中の至るところで言いふらしても、我々が笑われてしまうだけだ。多くの韓国人は井の中の蛙だ。外国事情に詳しい人の話によると、海外では韓国人と中国人が嫌がられているというではないか。認めたくない人は多いだろうが、これが現実なのである。

我々は、日本を追い越したいと思っているにもかかわらず、精神的には正反対のベクトルが働いている。発展には創意力と科学が不可欠だが、韓国人の心には日本に対する憎悪心ばかりが満ちあふれている。憎悪からは創意力どころか学習心も生まれないため、科学まで辿り着くことができない。我々はまず、日本の学び方を学ばなければならない。日本が米国から学んだように、韓国も米国と日本から学ばなければならないという意味だ。

アメリカは原子爆弾を作り日本人を実験の対象とした。このような凄まじい被害を受けたにもかかわらず、日本人はアメリカに対し憎悪心を燃やすどころか、アメリカから謙虚な態度で学ぼうとした。学んで勝とうと考えたのだ。憎しみを学びに切り替えたからこそ日本は今、産業や文化面でアメリカと肩を並べているのだ。

我々がもしこのような目に遭っていたなら、韓国民の多くは今もなおアメリカに対する憎悪心を膨らませ続けただろう。しかし、日本人は違った。廃墟と化した都市を復興させる傍ら、せっせとアメリカに出向き、工場を廻った。自分たちよりも優れたアメリカから学ぶためだ。アメリカ人はその様子を見て嘲笑した。

「どうせ日本はアメリカに追いつくことなどできないのだから、工場の中身を全部見せてやれ」

一九五七年当時、ダレス米国務長官は、アメリカの優位性をこのように表現した。

「日本は技術面において永遠にアメリカの競争相手にはならないでしょう。日本はいま世界最高品質のハンカチとパジャマを生産しているのに、どうしてそれらをアメリカに輸出しようとしないのですか」

偉大なアメリカの真似をしようと工場を覗きこむようなみっともない日本の姿と、日本製の粗悪なトランジスタラジオを嘲笑する発言だった。当時、アメリカは世界GNPの五十四パーセントを占めていた。ほとんどすべての生産機器がアメリカにあり、世界中に出回っている新製品といえばほぼメイド・イン・アメリカだった。ここにアメリカ至上主義の優越感があった。彼らはアメリカ以外で作られた製品に見向きもしなかった。これを「NIH症候群（Not Invented Here Syndrome）」と呼んだ。

このような侮辱を気にも留めず日本人は、アメリカから次々と専門家を招いた。一九五〇年には統計学者として有名なW・エドワーズ・デミング博士、一九五二年には高名な品質管理コンサルタントのジョセフ・M・ジュラン博士、そして一九五四年には数理物理学者のミッチェル・ファイゲンバウム氏を招待し、先進経営、システム経営、統計学的品質管理について学んだ。日本は一九五一年、産業界のノーベル賞ともいわれているデミング賞（Deming Prize）を制定した。日本が今日、最高品質を誇る国になれたのは、デミング博士がもたらした品質管理のおかげであることから、博士の功績を称えるためだ。私たちがもし日本の立場だったとしたら、原子爆弾で国民を大量に殺したアメリカ人を恩師として記念するだろうか。

デミング賞のメダル

「アメリカに倣おう（Copy the West）」、「アメリカに追いつこう（Catch up with the West）」……日本人は、アメリカを追い越すために情熱を注ぎ、知恵を絞り続け、一九八〇年代の初め、生産技術と品質管理において、ついにアメリカに追いついた。ダレス米国務長官の嘲弄まじりの演説から二十五年経った一九八二年には、乗用車におけるアメリカ人の満足度調査で、日本製が一位から三位を占め、アメリカの乗用車は七位にとどまった。その後しばらくの間、アメリカが日本に赴き学ぶようになった。

ここで北朝鮮について触れてみよう。北朝鮮は国外勢力を憎悪し、国際社会ではなりふり構わず非常識にふるまい、国内では住民を飢え死にさせ、反動分子は撃ち殺しにする殺伐とした集団である。北朝鮮の「王」は奴隷と化した国民の目と耳をふさぎ、外からの情報を遮断している。李氏朝鮮時代に一握りの両班が多くの民を奴隷のように扱い、愚民化した悪行に勝るとも劣らない。文在寅《ムンジェイン》政権は、このような北朝鮮と手を握り、日本やアメリカを敵対視している。そして、これに異議を唱える国民を圧迫する。

「憎め、憎むのだ、慈悲と同情は革命の敵だ」

このスローガンが韓国の共産主義者の頭を支配する原理である。アメリカと日本を憎む人々に、果たして発展が期待できるだろうか。憎悪心を煽って団結することはできても、発展することは難しい。このままでは愚か者ばかりが増えてしまい、益々、退歩の一路をたどることになる。だめな朝鮮と優等生の日本が絶妙に混ざりあっていたからこそ朝鮮が開花できたのだ。

五一八年も続いた朝鮮が、なぜ滅びる運命になったのか、気づかなければならない。李朝末期、尹《ユン》致昊《チホ》をはじめとする多くの先覚者は、朝鮮王朝の統治の仕方に見切りをつけ、いっそ日本に行って暮らしたいと嘆いていた。日本・中国・アメリカに計十二年の留学経験を持つ彼は、極度に混乱する国内情勢を目の前にして、失望のあまり日記に次のように記した。

もし私に住む場所を選べる自由があるならば、私は日本を選ぶだろう。私は、悪臭がする中国（清）、人種差別が激しいアメリカ、極悪政府のある朝鮮では生きたくない。ああ、祝福の国、日本よ、東洋のパラダイスよ、世界の庭よ！

『尹致昊日記』一八九三年十一月一日付

一九八〇年代のレーガン時代のブルーリボン委員会が評価した日本

日本の家電製品が品質や価格面において認められると、アメリカの家電市場には日本製が目立つようになった。謙虚な学びの精神と行政指導により、日本の工作機械やセラミック技術はアメリカが追いつけないほどまでに成長した。日本通産省（ＭＩＴＩ）はアメリカも一目置くほど立派な役割を果たしている。ＭＩＴＩは日本企業が将来を見据え、高いビジョンを持って技術開発に励み、国際市場の激しい競争に打ち勝てる製品を生み出せるよう、物心両面の支援を惜しまなかった。

日本企業はアメリカ企業よりも多くの科学者とエンジニアを保有しており、終身雇用制、勤務環境、人材育成、研究開発への投資や品質管理など全ての面で世界中の模範となっている。日本が長い月日を費やし、二〜三パーセントの投資収益率（ＲＯＩ＝Return on Investment）を挙げる間、アメリカ企業は長期投資を省略し、短期間に十五パーセント以上の投資収益率を達成させようとした。企業の成長に欠かせない長期投資を疎かにした結果がその後の品質の優劣にそのまま表れている。

一九九〇年代の日米経済戦争

一九九〇年代、日本とアメリカの経済戦争はますます加熱し、アメリカは日増しに神経を尖らせていた。一九七五年にソニーがBetamaxを開発した。テレビ番組を録画しておき、都合のいい時間に見ることができるＶＣＲ（Video cassette Recorder）である。見たい番組があるのに見られない忙しい現代人のために、「Time Shift」というキャッチコピーを使い製品の便利性をアピールした。VCR発売後、ユニバーサルスタジオとウォルト・ディズニー製作会社がソニーに即刻訴訟を起こした。VCRが空中電波を録画する機械（Taping from the air）であるため、著作権の侵害に当たると主張した。この裁判は八年の歳月を経てソニー社が勝訴するという形で幕を閉じた。このように、アメリカの企業は彼らより先を行く日本商品に対し、度々圧力をかけていた。

アメリカの対日赤字幅は毎年増え続け、ここ数年間は毎年六百億ドルを上回っている。このため日米間では貿易摩擦による論争が絶えなかった。アメリカは、日本が様々な製品を大量に持ち込み米国市場を独占しているせいで失業者が増えているとし、日本を「貿易侵略者」だと非難した。「相互主義（Principle of reciprocity）」に則り、アメリカが千億ドル分の日本商品を輸入すれば日本も同等のものをアメリカから輸入するべきではないのかという主張だ。しかし、この主張は間違っている。日本の人口はアメリカの人口の半分に過ぎない。アメリカが千億ドルを消費する間、日本はどんなに消費してもせいぜい五百億ドルほどだろう。日本はアメリカの相互主義概念を「保護貿易主義的発想」だと非難した。

また、アメリカは日本に対して通信市場の開放を要求した。貿易赤字は日本製品の優位性によって生まれたものだった。だから、「対日貿易赤字という現象を日本のせいにするのではなく、アメリカ式経営システムを見直すことから始めなければならない」と日本は主張し始めた。

アメリカは短期的利益を最大化するために設備投資や研究開発を怠り、従業員の能力向上にも目を向けなかったが、日本は、利益は二の次と考え、これらに多くの投資を行った。アメリカ人は幸福の条件として「高い報酬」と「余暇」を重要視しており、できるだけ多くの報酬を会社から受け取り、余暇は会社という垣根の外で楽しもうと考えていた。

しかし、日本人は会社の中で自身の才能と創意力を発揮することに幸せを感じた。経営陣も、職場が社員たちの頼れる大きなグラウンドとなるよう知恵を絞った。これは決して簡単なことではなかったが、働く者が幸せであればあるほど会社のためになり、利益へつながると考えた。これが日本の経営者のリーダーシップである。アメリカの経営者らはボス（Boss）としての立場を取るが、日本の経営者は科学的なマインドで社員を育て、経営を合理化することに勤しんだ。

日本人が存分に創意力を発揮している一方、アメリカの勤労者は、勤務時間と給与を巡る雇い主との駆け引きに余念がなかった。同じ仕事にもだらだらと時間をかけ、給与を少しでも多くもらおうとする。アメリカ企業は日本での現地採用に苦労する反面、日本式経営を取り入れ、アメリカで現地採用した従業員を日本式に教育した。このような経営の差別化により、実際にアメリカのホンダ自動車に就職したアメリカ人は、フォードやクライスラー社の従業員よりも高いプライドを持っていた。

アメリカはまず一番に会社の利益を優先したため、従業員は会社への愛情が少なかった。しかし日本は、利益のみならず従業員の幸福を増進させるよう努めたので、従業員は必然的にプライドを持つようになった。慢心しているアメリカをよそ目に日本は、十年先まで見通しながら、ぬかりなく研究開発を行い、結果を出した。

日本が新しい製品をどんどん作り出している間、アメリカはその製品が知的財産権や特許権侵害に引っかかるかどうかを探っては訴訟を起こしたり、日本が作った新製品にアメリカの会社のロゴを入れさせて輸入したりしていた。このようなOEMで利益を上げながらも、一方では政府に対し「日本がアメリカ市場を侵略している」と騒ぎ立てた。製品開発において常に日本が先取りをしてしまうので、アメリカで行われるビジネスセミナーの中では、学者らが企業家を責め立て白熱するというような場面がよく見られた。日本企業に怖気づかず、立ち向かうべきだと駆り立てた（「If somebody does it,I can do it.」）。

製品開発で後手に回ったアメリカ人は、徐々にサービス産業へと転向していった。安い労働力があるとすぐに海外に工場を移すので、アメリカの製造業は廃れ始めた。彼らには日本の企業と競争することより、短期間で利潤を最大化させることが急務だった。短期利益が低迷すると幹部たちが責任を負われるので、彼らは解雇されないためにもリスクを伴う意思決定は避けるようになった。しかし、日本は違った。一度の間違いで多大な損害をもたらしたとしても、幹部を責めることをしなかった。

このため日本の幹部たちは、自らのビジョンを持ってのびのびと長期目標に挑むことができた。誰が間違いを犯したのかを問いただすのではなく、なぜ間違ったのかその原因を突き止めるのが重要だという考え方であり、そうしてこそ、失敗から貴重な教訓が得られると信じていた。成功させようと思って挑戦したにもかかわらず、失敗してしまったときに解雇されるようでは、この次頑張ろうと思う者は誰もいないはずだ。解雇された人間が長年培ってきた知識や経験も消え去り、新しく雇われた人間がまた一から経験を積まなければならないという悪循環を繰り返すことになる。

アメリカ人が経験ばかりを重要視し、従来の慣習から抜け出せずにいる間、日本人はまっさらな未経験者を採用した。経験よりも大胆な発想を重要視したのだ。若者のチャレンジ精神を尊重しながら権限と責任を持たせることが、経験者を使うより可能性があると考えた。アメリカは、従業員一人に一つのことだけを教え、不必要になると解雇した。このようなシステムによって失業率は増加し、従業員には愛社精神が生まれなくなった。一方で日本人は従業員がいろいろな仕事に接することができるように配慮し、社会的には失業率の減少に貢献し、従業員に対しては愛社精神を育んだ。

日本ではセールスマンだった人が工場に勤務したり、逆に工場で働いていた人が営業の仕事をしたりするが、これには長所が多い。かつて小品種大量生産の時代には熟練した技術が重要だったが、多品種少量生産の現在は、万能な人間と機械が必要となった。様々な部署での仕事を経験することによって固定観念にとらわれない考え方や柔軟な対応力を身に着けた社員たちは、必要な時には互いの経験で得た知識と知恵を持ち寄って総力を発揮できるのである。

上記の例を見ても、経営システムにおいて日本企業が優位であることが分かる。だから、日米間の貿易摩擦で日本に政治的な圧力をかけるのではなく、自国が抱えている内部的な問題に目を向けるべきだと日本は強く忠告した。

ソニーがアメリカでテレビ販売事業を展開させたとき、経験者よりもその分野の新人を採用した。まっさらな想像力からスタートする方が、中途半端な経験者より何倍も早く成長できると考えていたからだ。経営には近道もなければトリックもない。公正な経営と新しい技術や経営理論を状況に合わせて応用するシステマチックな柔軟さがあれば十分だ。

システムが万能か？　韓国の経営者の中には、韓国独特の文化に馴染まないという理由で、これに異議を唱える人が多いが、彼らに強く警告したい。柔軟な経営システムがなければ、いつか必ず淘汰される日が来ると。韓国人は会社のためにもう一踏ん張りが必要だというところで、言い訳ばかりする。この国にはまだ両班気質や奴隷気質が根強く残っているようだ。「企業や国のために忠誠を誓っても、認めてくれる人なんているのか。失敗すれば自分だけが損をする」

このような考えを持っている限り、韓国企業に未来はない。

朝鮮人のDNAでは歴史から学ぶことができない

韓国人は問題が発生すると、「何が間違っているのか」ではなく「誰が間違っているのか」を正し「処罰対象」を探そうとする。そのため、疑いをかけられた人は罰せられまいとその問題の原因を隠し徹底的に弁明する。過ちを犯した張本人が隠しているのだから、真実が明らかになるわけがない。

IBMの初代会長はトーマス・ワトソンだった。一九四〇年初期、ある重役が会社に一千万ドルの損害を与えた。彼は責任を取ろうと辞表を提出したが、会長は次のように説いた。

「私のことを馬鹿にしているのか？　私は君に一千万ドルも投資したのだ。失敗したからと会社を辞めて代役が入社したって、同じ間違いを犯すかもしれない。今回の過ちから教訓を導けるのはまさに君自身ではないか？　アナリストをつけてやるから一緒に失敗の原因を見つけてみなさい」

このように問題が発生した時、先進国ではその問題がなぜ発生してしまったのかを分析する。失敗を教訓とし、二度と同じ過ちが繰り返されないよう対策を立てる。韓国はというと、問題を探るどころか、露呈した問題を隠すことに余念がない。問題が表ざたになると当該幹部に不利益が生じるからだ。政府も軍隊も同じである。

トヨタ自動車は科学化・先進化において世界的に認められている。数万人にのぼる社員からインタビューなどを行い、毎年数百件の問題点を探し出す。韓国の大企業では問題点が提起されることはほとんどないが、それは韓国企業が日本の企業より優れているからではない。問題点を見つけられないことが問題なのだ。企業にとっての安全な資産とは、広い敷地や大きな設備ではなく得意技術（強み）を持つチーム組織だ。出来の悪い我が子に莫大な財産を譲ればあっという間に使い果たしてしまうだろうが、能力のある子供は財産の有無に関係なく自らが行動する。これは企業や政府にも言えることだ。政府は借金を抱えている銀行や企業に資金を提供しているが、彼らが自社の売りとなる得意分野を伸ばそうとしない限り、そのお金は何の価値も持たなくなる。まずは問題点を探し出そうとすることが大事だ。そこからシステムが稼動し始める。

我が国は今まで実に多くの事故に見舞われてきた。事故が起きたら、様々な分野から専門家を呼び寄せて問題を解明するのが最優先であるにもかかわらず、我が国の大統領は関係者の首を切ることで事態を鎮めようとし、検察はだれを処罰するかという犯人捜しに躍起になっていた。このようなやり方のせいで、根本的な原因すら解明できないことが多かった。

韓国社会には権力を持つ者が多いが、五千万人の国民を一つにまとめられるような指揮官がいないのは何故なのか。リーダーたちはどうして無能な人ばかりなのか？　学ぶことを知らないからだ。その理由の一つは学校教育にある。先進国では学生時代に学校で学んだ問題解決の方法を各々が社会に出て応用したり、他人との討論や意見交換をしながら人間として成長していくが、韓国の子供は自分で考える力や他人の意見を尊重するマナーは教えられず、教師から画一的な内容だけを教え込まれてきた。

先進国では、現実社会から問題点を探し出し、その問題が二度と起こらないように工夫していく過程こそが最も立派な学びの教材であると考えられているが、我々の指導者はむしろ現実の問題を覆い隠そうと躍起になっている。

今の韓国には国民が学べるような社会的雰囲気を作ることが必要であり、そのためには国のトップが国民の精神性を呼び起こさねばならない。しかし、残念なことに、今の韓国ではそれが望めなくなっている。何故なのか？　その理由は学校と家庭で道徳教育をしなくなったことにある。一九〇〇年代初めから、日本は韓国に続々と幼稚園や小中高の学校を作り、「嘘をつかず、周囲に迷惑をかけず、親を大切にする」ということを最初に教えた。ところが、金大中《キムデジュン》政権になると、当時の教育部長官だった李海瓚《イヘチャン》が道徳教育を排除してしまった。道徳教育の代わりに日本とアメリカへの憎悪心を植え付けた。それと同時に、北朝鮮こそが民族の正統性を守っているかのようなでたらめが横行し始めた。このままでは妖魔悪鬼が沸き立つ地獄のような李氏朝鮮時代（Hell Chosun）に逆戻りしてしまう。

朝鮮の両班と奴隷

日本の競争力

戦後、日本企業の基盤はマッカーサーによって築かれた。太平洋戦争が起こる前、日本の財閥は強い影響力を保つため、有能な青年らを引き抜いて軍の将校とするなど、財閥と軍閥は深くつながっていた。しかしマッカーサーは、財閥を解体させることにより、日本軍国主義の芽を摘もうと試み、財閥の解体を進めると同時に労働法を作って労働組合を結成させ、雇用主が独断で従業員を解雇できないようにするなど、労働者を味方につけて財閥を牽制しようという戦略に出た。

マッカーサーは財閥が所有する財産に莫大な税金を課し、相続税率を八十五パーセントに引き上げた。財閥は以前のように何人もの使用人を置いて、相続した豪邸で贅沢三昧の暮らしを続けることはできなくなった。皆が平等に働かなければ食べていけない環境が作られた。国税庁は高額納税者を公示して、財閥の収入がどれほどかが明確に分かるようにした。周囲の目、つまり国民の力を利用して脱税を管理するという画期的な行政方法を編み出したのだ。

限りなく社会主義に近い平等主義（Egalitarianism）とも言えるこの一連の改革は、マッカーサーという有能な司令官がいたからこそ成し遂げられた。

ダグラス・マッカーサー

日本は鉄鉱石、原油、天然ガス、石炭、マンガン、クロムなどの資源に乏しいため、そのほとんどを海外から輸入している。一方アメリカは豊富な資源に恵まれ、科学技術や経営学の発祥の地として世界をリードしている。しかし一九八〇年代から約二十年間、日本の優れた経営能力によってアメリカ経済が打撃を受けることとなった。

日本の品質マネジメントの略史

品質管理理論の創始者はアメリカのウォルター・アンドルー・シューハート博士（一八九一〜一九六七）だ。統計学者でもあった彼は一九二六年、ベル研究所で「シューハート管理図」を考案した。各工程の作業結果を数値で測定し、この数値が一定範囲内に入ると合格、範囲外であれば不合格に分類するのに役立つチャートである。これは第二次世界大戦当時、軍需品を大量生産する際の戦時規格に応用された。のちにこれは「Z―1標準」と呼ばれ、当時の米軍はこのチャートを使い、大量の軍需品を速く安く生産できるようになった。一九四五年、マッカーサー司令官は日本にアメリカの品質管理技法の導入を勧告し、統計的品質管理技法を取り入れる会社には軍納の優先権を与えた。これをきっかけに日本社会は品質管理に高い関心が芽生え、統計学者の石川馨、田口玄一博士がこれに参戦すると、アメリカの真似を通り越して、一気に大きな成長を遂げた。

ウォルター・アンドルー・シューハート
（Walter Andrew Shewhart）

アメリカで浸透していた統計的品質管理＝SQC（Statistical Quality Control）に基づく品質検査（Quality Inspection）を、第二次世界大戦後の日本もGHQの勧告に基づいてすぐに導入した。しかし、これは日本人固有の考え方とはかけ離れたものだった。製品を完成させてから機械などを使って不良品を選び出すやり方は、不良品を完全には選び出せない上に膨大な時間がかかり、その上不良品になってしまった製品の製造にかかった費用が無駄になるからだ。

そこで日本人は製造工程の改善による事前品質管理に焦点を当てようと対策を練った。品質管理は日本の経営トップにとってまさに最大の関心事だった。一方、アメリカの経営トップは、品質管理は測定器とシューハート管理図さえあれば簡単に出来る単純なものだと考え、品質管理を中間管理職に一任していた。

日本では一九四五年十二月に日本規格協会、一九四九年七月には日本工業標準調査会（ＪＩＳＣ）が発足し、その後産業標準化法（一九四九年）、日本農林規格等に関する法律（一九五〇年）が制定された。当時日本ではＪＩＳマークが公信力の象徴であったが、日本における品質管理の普及に大きく貢献したのが、科学者と技術者が非営利組織として結成した日本科学技術連盟（Japanese Union of Scientist and Engineers）という団体であった。この団体は産業界、学校、政府省庁にＱＣ研究グループを作り、ＱＣ理論と技術を普及させた。品質管理の推進は企業だけにとどまらず、社会のあらゆる分野にまで広がっていった。

日本科学技術連盟の活動目標は産業の合理化、輸出の促進、そして生活水準の向上であった。一九四九年、彼らは月に数回技術者たちを対象にＱＣ教育を実施した。当初はイギリスとアメリカの標準を翻訳したマニュアルを使用していたが、のちに日本特有のものに替えた。一九五〇年六月、同連盟はＧＨＱの統計調査のコンサルタントとして来日したウィリアム・デミング博士（一九〇〇～一九九三）を招聘して、同博士のセミナー「品質の統計的管理八日間コース」を開催した。イエス・キリストが自国以外で熱狂的に崇拝されたように、デミング博士もまた、日本の地で「品質管理の父」

として崇められるようになった。品質管理分野で世界一となった日本で品質管理最高賞を受賞すれば、世界一という意味を持つようになり、デミング賞もまた産業界のノーベル賞と見なされている。

ウォルター・シューハート博士は日本にSQC（Statistic Quality Control）という統計的品質管理を、さらにジョセフ・ジュラン博士（一九〇四～二〇〇三）は、問題をプロジェクト化する方法（マネジメントのツールとしての品質管理の実施法）を指導した。デミング博士は「意思決定を世論や直観によって行わず、資料と事実に基づいて行うべきだ」だと提唱し、GEの品質管理部長をしていたA・ファイゲンバウム博士は、TQC（統合的品質管理）理論を提唱した。デミング博士は「私たちは神（God）を信じる。神以外はデータを示さなければならない（すべての意思決定は統計資料によってのみ行われなければならない）」と語った。

上記博士らはいずれも「統計数値が品質管理の基本だ」と考えていた。このような彼らの影響を受けて、日本人は世界的に類を見ないほど徹底して資料を記録する国民になった。品質理論に目覚めた日本はその後、彼らが得意とする応用力を活用して独自のクオリティと技法を創造し、アメリカの一歩先を行くようになった。

では、韓国は世界でどのくらいの位置にいるのだろうか？　韓国産業界でもTQCを知らない人間はいない。だが、真の意味を知っている人が少ないことから、「日本式TQCは、韓国社会には合わない」と誤解されがちだ。一九九〇年代初め、韓国工業振興庁がアメリカで考案されたTQM（Total Quality Management）について触れ、テレビ番組でもよく話題になっていた。しかし、中にはTQCは旧式、TQMは新式だと言う人もいたが、番組出演者の多くがTQMについてよく分かっていない、その程度の認知度だった。

日本式TQCは別名「全社的品質管理」(Company-Wide QC)とも呼ばれる。全社員がかかわる品質管理という意味だ。例えば会社のトイレが不潔で不快な思いをする、社員同士の会話でマナーのない言葉一つに傷つくなど団体生活の中には気分を害する要素があちこちに存在する。これらすべてが会社の品質に直接影響を及ぼすことになるから、一部の社員だけでなく、経営者から警備員や交換手に至るまで会社の雰囲気が明るくなるように参加・協力しなければならないということだ。

しかし、韓国ではTQMを管理者が主導権を握って管理する形で実施しているため、アメリカ式のQC概念から脱することができず、日本式TQC精神を超えることができなかった。工場の現場で統計資料を綿密に記録しなかったり、全社員が積極的に協力し合わないのは、TQCを実践していないのも同然だ。韓国では統計資料をきちんと作成している現場はほとんど見受けられない。

企業家精神がなければ単なる商売人

デンマークは人口わずか五七〇万人、国土は韓国の五分の一に過ぎない。しかし今や国民一人当たりのGDPが約六万ドルの先進国として目覚ましい発展を遂げているが、その陰には「グルントヴィ牧師」の存在があった。一八一三年から近隣諸国との戦争に翻弄され、ホルスタインをはじめとする広大で豊かな土地を全て奪われてしまったデンマークの国民は、グルントヴィ牧師が説いた「外で失ったものを内で探そう。努力を惜しまず能力を養い、私たち自らの手で富を産み出そう」という教えに励まされた。国民は徐々に精神的に立ち直り、努力を重ねて成長していった。当然、国自体も変化を遂げた。

一九二〇年代、日本に松下幸之助ともう一人の企業家がいた。幸之助はろうそくの代わりとなる電球を作り、多くの国民に電球という文明の利器を広めるために価格を半額にして製品の寿命は二倍に増やすという目標を立てた。しかし社員たちは品質が良くなるなら価格は上げるべきだと反対した。そこで彼は「人間の能力は無限だ。やればできる」と、自ら先頭に立って働いた。その結果、品質と価格は比例するという常識が破られた。

これを傍から見ていた某氏は幸之助をあざ笑った。彼は「ビジネスは慈善事業ではない。そんなことで儲けになるのか」と、金になりそうな製品を目ざとく見つけては、高価格で販売してはぼろ儲けをしていた。しかし某氏の商売は長く続かなかった。その後わずか七年ほどで宮本氏の名前は跡形もなく人々の記憶から消え去った。一方で幸之助は小学校中退という学歴だけで松下電器（パナソニック）を創立し、日本式経営哲学を自ら実践した企業家として世界から認められるようになった。

彼は裏紙の使用を推進した。ある重役が幸之助に新しい紙にしたためた決裁文書を提出すると、彼は大いに怒り、その重役を降格させた。裏紙問題一つで降格処分をした幸之助に対し、多くの幹部たちは納得できず、こう抗議した。

「会長、質問があります。先日、〇〇重役は業務上のミスを犯して会社に多大な損失を与えたにもかかわらず、今後はもっと頑張れと励ましておられましたが、今回△△重役は会長に敬意を表して新しい紙を使っただけです。それでこんな重い処分が下されるなんて……。あまりに不公平だと思います」

すると幸之助はこう答えた。

「〇〇重役は仕事を成功させようと最善を尽くした結果、失敗を犯すことになったが、△△重役はしなくても良いことでミスをした。企業は怠慢によって滅びる。だから私は怠慢に対する降格処分をしたのだ」

渋沢栄一が残した「道徳と利益は一致するものだ」という理念を、彼の五十四年後に生まれた松下幸之助が完成させた。彼は社員に能力だけでなく道徳心を養うことに重点を置きながら製品を作り出し、日本だけでなく西洋でも「現代経営学の父」として知られるようになった。彼は自分が企業家として成功した秘訣を三つ挙げた。

「一、家庭が貧しかったので靴磨きや新聞配達などをしながら多くの経験をしたこと。二、体が弱かったので体力をつけるため日々の運動を怠らなかったこと。三、小学校を卒業していないので、自分以外の人間は皆教師だと思って、真摯な態度で周囲から懸命に学んだこと」

彼が残した有名な言葉がある。

「松下電器は人を造る会社であり、同時に商品も作る会社だ」

ビル・ゲイツ（一九五五〜）はハーバード大学を中退している。彼は中退後、自分のビジネスに没頭していて気づかないうちに金持ちになっていた。彼は、「もしも最初から金持ちになろうという野望があったら、その夢は叶うどころか仕事に対する喜びすら味わえなかったはずだ」と回顧しているが、彼にとって出世と利益は努力の結果にすぎず、それ自体が目標ではなかったのだ。私が大尉だった頃、親しくしていたアメリカ人の友人の父親は、ニューヨーク証券市場の副会長を務めた著名な人物で、大富豪でもあった。友人は、父親から、子供が生まれた記念に高級な銀の皿を半分分けてやると言われたが、彼はそれを受け取らなかった。財産分与も拒否したそうだ。何故か？彼はこう答えた。「苦労もせずに得れば、その分私は怠慢を犯したことになる。父の功績に自分の成果を積み上げても、それは私がやり遂げたものにはならない。社会に顔向けする資格がなくなる」

彼は国務省に就職する際も、履歴書に父親の名前を書かなかった。父の名誉を借りて就職するのが嫌だったからだ。

どんな職場にも不平不満はつきものだ。一生懸命働いても給料が少ない人もいれば、適当に業務をこなしていても昇進する人もいるのが世の常だ。しかし、このような不公平な待遇に対してどのような反応をするかによって、成功の可否が決まる。「頑張っても同じだから適当に働こう」と考える人は、目の前の取るに足りない利害損得に不満を募らせるだけで成長することなく一生を終えることになる。懸命に生きない人間は死ぬまで成長できない。

一方、「職場は自分磨きのための有意義なグラウンド」とポジティブな捉え方をして全てに対して興味を持ち熱心に学ぼうとする人がいる。リーダーシップを培ったり、経営のスペシャリストとして成長するための訓練ができる場所が職場である。会社とはお金を払ってでも通わなければならない場所だと考えている人は職場のあらゆる分野に関心を持っているので、創意力やリーダーシップを身につけて、有意義な人生を送ることができる。このような環境を自己啓発に活用できる人は社会に出てからも適応能力が優れているが、これに気づかず日々を不満いっぱいで過ごす人は、だんだんと廃れていく。自らを社長の立場になって考えられる人は、いつかきっと皆から慕われる最高経営者になっているはずだ。

この社会には二種類の人間が存在する。自分と自分の家族だけを大事にする利己的な人間と、他人や社会のために取るに足らないことも率先して行う利他的な人間だ。盧武鉉《ノムヒョン》や曺國《チョグク》はまさに前者に当てはまる。つまり、この世の中はどれだけ出世したかによって人を評価するのではなく、どれだけ社会に貢献したかで評価するのだ。

韓国ベンチャーと日本ベンチャー

二〇〇〇年八月にソウルで開かれた日韓ベンチャーパートナーシップフォーラムは、三十代前後の若い起業家たちが積極的に参加して大盛況となった。その中で日本と韓国の経営者が交互に十分程度の自己紹介を行う場面があったが、ここで両国の違いが顕著に現れた。韓国の経営者が自社の規模と技術を誇らしげに語る反面、日本の経営者は謙遜しながら経験から生まれた精神的成長について述べた。後に分かったことだが、このフォーラムに出席した日本のベンチャー企業は、そのほとんどが韓国ベンチャーよりもはるかに知名度の高い企業だった。日本人が「精神的貴族」を追求していると語ったのに対し、韓国人は物質的な豊かさに対する意気込みを力説していた。韓国のベンチャー精神は言うまでもなく一攫千金を得るという野望に満ち溢れている。

日本のベンチャー精神は「一攫千金」ではなく「自己実現（Self Esteem）」だ。精神的貴族としてのプライドのため、自らの幸せを追求すべく価値のあることに没頭するのだ。彼らは金銭的な華やかさよりも、自己実現と社会貢献に価値を見出して真摯に努力していくうちに裕福になったというわけだ。ビル・ゲイツが話したのと同じだ。ベンチャーを開拓し収入が急増しているまさにその時、一銭の対価ももらわず後継者に手渡し、新たなベンチャーに挑戦するという経営者もいた。そこには、ベンチャーとはお金儲けではなく、新しいものを創り出すことだという揺ぎ無い考えがあった。誰でも得られるようなありふれた富は、ベンチャー精神に反しているといるのだ。この信念は今に始まったことではなく、パナソニックの松下幸之助やソニーの盛田昭夫といった企業家が既に説いている精神だ。

「利益ではなく改善を目指せ。利益は改善によって芽吹く」。

「顧客満足」という言葉をよく耳にするようになった。しかし、言葉だけが先走りしているように感じることが多い。顧客満足を全世界にアピールしている韓国のある超一流デパートを経営する社長にお目にかかって話を伺う機会があったが、彼は収益増大を最優先し、顧客満足は二の次にしているように見受けられた。韓国の多くのデパートでは、七階で購入した商品が不良品だった場合、客が自ら七階まで足を運ばないといけない。返品を楽に行うシステムを作って利益を減らすわけにはいかないというわけだ。顧客を真の意味で満足させるためにはまず、一階にサービスセンターを開設するなどの対策を立てるべきである。

　また、利益優先にすると、デパートのバイヤーは良い商品を選ぶよりも、リベートをたくさんもらえる業者からありきたりな商品を購入しがちになる。そんな商品をたくさん売らなければいけない店員は「お客さん、最近はこれが流行っているんですよ」と、まるで押し売りのように買わせようとする。一方、日本では、顧客が必要としているのはどのような物かを探り出そうとし、量をたくさん買わせることより、顧客との対話から未来のトレンドを開拓することに価値を見出している。韓国の企業も「カスタマーサービスに最善を尽くし、顧客とのコミュニケーションを大事にしているうちに自ずと収益が上がった」と言えるようになってほしいものだ。

韓国製品が国際競争力を持つためには、「最高品質」を目指そうという一途な思いが必要だ。長年染色工場を運営してきたある韓国企業は、日本のバイヤーからアドバイスを受けると、感謝するどころか「細かいことをいちいち気にする面倒な人だ」と嫌悪感を表した。結果、日本のバイヤーは彼の元を去っていった。合成シルクでかばんを作っている会社では、作業過程を視察した日本人バイヤーが、拡大鏡で製品に飛び散っている糸くずを見せながら、「作業台まわりを清潔に保ち、ミシンの胴体をしっかり固定させて縫ったらより良い製品が作れるでしょう」と指摘した。すると作業員は、「そんな小うるさいことを言って」と馬鹿にするだけだった。精度の高い品質を作り出す日本人を、適当にモノを作る韓国人が「チョッパリ」とあざ笑っている。

これらの事例から韓国人の抱える問題点が見える。韓国人が日本人の悪口を言って排斥しようとするのは、韓国人がいい加減で誠実でないからだ。日本人は「ご指導いただけませんか」、「ありがとうございます」、「申し訳ございません」という言葉を口癖のように言うが、韓国人は自尊心を前面に押し出して他人の考えや新しいものに背を向けるという習性がある。この閉鎖的な性質が影響して、国際的なビジネスの場で相手よりも自分を上に見せようと知ったかぶりをしがちだが、それが災いして国際社会で評判を下げている。体面ばかりを気にして謙虚な姿勢を持たない限り、韓国人は周囲の国々から永遠に学ぶことができない。

ソニー物語

社員を団結させ知識や技術を結集させるためには、団結の必要性を社員自らが実感できるようなシステムを構築することが重要だ。そのため、賢明な経営者はまず組織を一致団結させる目標を掲げる。社員がその目標に納得しさえすれば、容易に皆の心が一つになる。ソニーが世界でトップ企業となったのは、経営陣が常に明確な目標を持っていたからだ。彼らの最初の目標は、「誰も見たことのないような録音機を作ること」だった。

井深 大

盛田昭夫

ソニーの創業者である盛田昭夫は、太平洋戦争中に海軍技術中尉としてケ号爆弾開発研究会に所属し、そこで井深大と運命的な出会いをした。井深の実家は数百人に及ぶ従業員を抱える大富豪であり、彼は父親の家業を継ぐ長男でもあった。

井深は盛田よりも十三歳年上だったが、二人は大いに気が合った。戦争が終わると、一緒に何かをしてみようと思い立ち、井深の父親を訪ねてその旨を告げた。反対されるだろうと思っていたが、意外にも父親は息子の志を快諾した。二人は自分たちを「未知の開拓者（Seeker of the Unknown）」と命名し、爆撃で廃墟と化した建物を事務所代わりにして、たった一つの机の上でワイヤー式録音機の開発を始めた。彼らは細いワイヤーに音声を録音させることには成功したが、音声を編集する際ワイヤーを切断すると音が途切れてしまうという難問に直面した。そして、ある時、アメリカ製の録音機はワイヤーではなく丈夫な紙のようなテープに音声が録音されていることを知った。彼らはそのテープを作っていた会社を探し回ったが、日本にはまだなかった。そこで紙テープにOPマグネットを塗ってみたり、苦心惨憺して磁性粉を作って塗りつけたりするなどの数々の試行錯誤を繰り返してテープレコーダー（GT―3）を完成させた。しかし、価格が高いうえに重さが三十五キログラムもあったため、商品としては失敗に終わった。幸先の悪いスタートであったが、この時培った絶え間ない努力と挑戦が、技術面における実績を積み上げる礎となった。

彼らの二番目の目標はトランジスタラジオを作ることだった。一番先にラジオを作った会社は、アメリカのTI社（テキサス・インスツルメンツ社）だった。TI社が作り出したラジオは真空管式ラジオで、アメリカの応接間を華やかに彩る家具の一つだった。食事の後、家族で暖炉を囲み、ワインを飲んで談笑しながらずっしりとした重低音を楽しむというイメージが定着しているアメリカでは、トランジスタを早々に開発していながら、その技術を応用して小型ラジオを作ろうという発想は生まれなかった。

トランジスタは一九四八年にアメリカのベル研究所で発明されたものだが、これを利用して小型ラジオを作ったのは盛田だった。彼はトランジスタの使用権を得るためベル研究所の親会社であるウエスタン・エレクトリック社（特許権所有者）を訪れた。紆余曲折の末めでたく特許権使用許可を得た盛田は一九五五年、今度は自社製のトランジスタラジオを持ってアメリカに渡った。当時は新製品といえばそのほとんどがアメリカ製だったので、アメリカ製以外は軽視する傾向があった。当然ソニーのラジオには誰も見向きもしなかった。

しかし、「問題には必ず解決策がある」という揺るぎない信念の持ち主だった盛田は、数日後には斬新なアイデアを思いついた。流通網を通すことなくダイレクトに商品の存在を広める方法を見つけたのだ。それは新聞広告という媒体を利用することだった。ほどなくしてアメリカの大手時計メーカーのブローバ社が十万台のトランジスタラジオを注文してきたが、大量に注文する代わりに、ラジオにブローバ社のロゴを刻んでほしいという条件をつけてきた。設立したばかりのソニーにとって十万台の注文というのはとてつもないチャンスであり、本社は「相手の気が変わる前に今すぐ承諾せよ」と急かした。盛田は徹夜で悩んだ挙句、その注文を断った。返答を聞いたブローバ社の重役は目を丸くしてこう言った。

「わが社は五十年の歴史を誇る世界的にも有名な企業です。ソニー社の製品に当社の名前を入れるというのが御社にとってどれだけプラスになるかわからないのですか」

これに対し盛田は堂々とこう言い放った。

「ブローバ社も五十年前には我々ソニーと同じ状況からスタートしたはずです。御社が五十年後にこのような立派な会社になったのだから、我々も五十年後には必ず素晴らしい会社になっているでしょう。我々の製品はソニーの名前をつけて売っていくつもりです」

盛田は将来を見据えて一攫千金とも言えるこの利益を水に流した。それから四十年後、ブローバ社とソニーの立場は逆転することとなった。

ソニー社の次の目標は「ウォークマン」だった。「小型のテープレコーダーに、再生だけでいいからステレオ回路を入れてくれないかな」という井深大（当時名誉会長）の言葉がきっかけで出来上がったこの製品は、従来の録音機からスピーカーと録音機能を外し、代わりにステレオ再生専用ヘッドを組み込んだステレオ再生専用の機種で、本体にヘッドホンを繋げれば、ポケットに入れていつでも気軽に音楽が聴ける商品である。社内ではそんなものが売れるのだろうかと疑わしい雰囲気だったが、盛田は周囲のそんな心配をよそにウォークマンの開発を強行した。

ある日彼は試作品を持ち帰ると、様々なテープをかけては音楽鑑賞にふけった。試作品の出来は上々だった。周囲の心配をよそに、ウォークマンは発売後着実に販売数を伸ばしていった。そしてその後もウォークマン専用録音機器の開発などの様々な改良が加えられた。

経営者はこのように絶えず目標を示さなければならない。ソニーが磁気テープ方式を利用してVTRを作っている時、RCA社はCEDビデオディスクにこだわって大損をし、発明の王者と呼ばれたピーター・ゴールドマークはフィルム式の録画機を作ったが日の目を見ることができなかった。七〇年代から八〇年代にかけて、日本人はよりコンパクトな物をつくろうという目標を掲げて研究開発に力を注いだ。この確固たる目標により、日本は製品の小型化技術で世界をリードし続け、日本なしでは人工衛星も最先端の戦闘機も作ることができなくなった。盛田は、アジアで最も有名な十人に選定されるなど多くの功績を残して一九九九年十月にこの世を去った。

彼は常に公正さを追求し、ごまかしを嫌った。生涯のパートナーである井深会長を一途に尊敬し続け、会長の座を大賀典雄に譲ると一線を退いた。若い音楽家である大賀をソニーに連れてくるまでのエピソードは割愛するが、創設以来最も速いスピードで昇進し、会長まで上り詰めた大賀は、のちに、出井信之を後継者にした。つまり、ソニーという組織は、家族が後を継ぐことがなかったということだ。

韓国的な発想からすると、会長の座を他人に譲るということは「一生をかけて成し遂げたものを他人に盗まれる」という考えに直結する。ソニーやGE（ゼネラル・エレクトリック）などといった先進企業は、グループ内で優秀な人材が育成されているが、韓国企業内では優秀で良心的な人材はなかなか育たない。文化とシステムが立ち遅れているからだ。要するに韓国の資本家たちは利益を出すことを最優先課題と考え、経営コンサルタントも経営のやり方よりも経営者の意向をくんでいかに利益を上げるかという点に主眼を置いている。

かつて贈収賄事件で韓国を騒がせた鄭泰洙《チョンテス》、韓宝《ハンボ》グループ会長の下僕論（自社の経営陣と社員を下僕だと発言したこと）からもわかるように、韓国社会で、真の経営者を見つけることは難しい。経営の面において、韓国人が精神や魂をしっかり正さない限り、日本に追いつくのはまだまだ先になりそうだ。

製造品質と設計品質

アメリカ人が最初に始めた品質管理とは、生産・組立ライン上で商品を一つずつ検査し、不良品を工場内で発見できるオンラインＱＣだった。品質検査を強化すると、それだけ原価が上昇して、売り上げが落ちると考え、経営者たちは品質管理に対して積極的ではなかった。しかし、日本人は原価上昇と品質向上は必ずしも比例しないと考えた。この点に着目したことによって、日本はアメリカを抜いて品質一等国に上り詰めることができた。工場の各工程で品質管理がうまく行われれば、作り直しという二度手間が減り、機械の使用時間や材料の損失が減るから、生産の効率が良くなりコスト削減にもつながる。日本人は品質向上に向けた努力こそが原価削減の近道だと早くから熟知していた。

品質には二つの概念がある。一つは「設計品質（Quality of Design）」であり、例えば電池の寿命を延ばすために製品レベルが高くなるように設計したりすることだ。もう一つは「製造品質（Quality of Design）」で、製品が設計図通りに正確に製造されているかということだ。

設計品質を向上させれば原価が上昇するが、製造品質を高めれば原価が下がり生産性も上がる。作り直す作業量が減るからだ。つまり、設計品質の向上は平均値（Mean Value）を上げるが、製造品質の向上が平均値との偏差（Variance）を減らすということになる。アメリカ人は定められた基準の枠内に収まる製品を大量生産することを重要視したのに対し、日本人は消費者に満足してもらえる魅力的な製品を目指して、徹底化した品質管理及び性能の向上に主眼を置いた。

日本の分任討議

韓国のサラリーマンに、仕事上で改善すべき内容があるかと聞いてもほとんどの人が曖昧な回答しかしない。たとえ問題があったとしても、それは会社の問題であって自分ひとりの力では解決できない問題だと最初から諦めている。要するに他人事だと考えているのだ。日本が全社員の創意力を活かしているのに対し、韓国は創意力を空回りさせている。

数万人の勤労者を抱えるトヨタ自動車では毎年膨大な量の案件やアイデアが提案され、そのうち九割以上が反映されているという。一九五〇年、自動車一台を作るのにトヨタはアメリカのフォード社よりも多くの人手を使っていたが、一九七五年を皮切りに生産性が上昇した。同じ仕事をより少人数でやり遂げようと努力したからだ。かといって人員削減したわけではない。生産部門を減らす代わりにマーケティング部門の人数を増やした。国際競争を勝ち抜くためには何よりも創意力とマーケティング力が大きな鍵を握っている。

福島にある「スパリゾートハワイアンズ」は、一九八八年、サービス業で初めてデミング賞を受賞した。もともとは炭鉱会社だったが、エネルギーの主役が石油に世代交代すると、同社は没落の道をたどった。しかしオーナーは社員たちにこう訴えた。

「我々は家族同様に一丸となってがんばってきた。このまま離ればなれになるわけにはいかない。アイデアを出し合って新しいことに挑戦してみよう」

その結果、坑内から湧き出る地熱と湯を利用して、温泉レジャー施設を作ろうと思い立った。彼らは手分けして業務を分担し、今までとはまったく業種の異なるサービス業を習得するため必死に訓練を重ねた。トヨタは生産担当者をマーケティング部門に回すなどの配置転換を行ったが、それとは比較にならないほど大変だったに違いない。

化粧品のブランドであるコーセーは工場を一般人に開放した。生産技術担当者に案内役をさせたが、それがきっかけで彼らが会社に対する誇りを持つようになり、自然と視野も広がった。このような発想が生まれる源泉は二つある。一つは人材開発に力を入れてきた日本の企業文化に由来し、もう一つはQCサークル（Quality Control Circle）活動だ。アメリカのQCサークルは小品種大量生産体制から生まれたせいで、人材開発や職人精神の啓発を疎かにした。一方日本は多品種少量生産体制から出発したので、従業員の能力開発を重視した。このような人的資源を持つ日本は、他の国よりも日々めまぐるしく変動する世界市場にいち早く適応することができた。

アメリカをはじめとする世界の国々は、QCサークルがもたらす成果についてさほど関心がなく、「小グループが自らの作業場で発生する問題を解決するための集まり」程度にしか考えていなかった。しかし、日本のQCサークルはこれとは全く違っていた。

第一に、QCサークルは各グループから出された様々なアイデアを品質向上に役立てることで、会社の発展にも貢献している。第二に、QCサークル活動を通じて他人を尊重する心を身に着け、より働きやすい労働環境を作ることが出来る。この世には多くの公害があるが、その中で最も有害な公害は人間である。同じ作業チーム内に人間関係のトラブルが存在すると、生産性が上がらない。第三に、彼らはQCサークルを通じて自分の能力と貢献度がどれほどかを実感することができる。それが自信につながって、お金などでは満たされないほどの大きな喜びと意欲をもたらす。自分を認めてくれる人、そしてコミュニケーションのできる仲間たちと一緒に働くということは、唯一無二の幸福なのだ。

日本のQCサークルは一九六二年に「日本の品質管理の父」と称される工学博士の石川馨が創案し、以後日本の企業に広く定着していった。QCサークルは数人単位で活動し、それぞれに名前がつけられている。年に数回開かれるQC大会では、石川馨賞を獲得しようと各サークルが熾烈な競争を繰り広げている。QCサークルを通して企業の様々な問題を見つけては解決策を講じているが、かといって日本がヨーロッパや韓国に比べて問題が多いからではない。日本人には、些細なことにも問題点を見つけようとする目が養われているのだ。目の前にりんごが落ちるのを見逃す人はいないが、それに疑問を感じる人はまれだ。だが、懸命に研究を重ねていたニュートンには特別な意味を持つ現象だった。

生産性の障害、韓国的上下関係

「韓国的上下関係」、儒教思想の影響を受けた東洋の美徳とも言える上下関係が発展を妨げる最も大きな阻害要因になっているということに多くの人々が気づいているにもかかわらず、実際には不問に付して来た。フース・ヒディンクがサッカー大韓民国代表の監督に就任してすぐに着手したのが、韓国式先輩後輩関係の変革だった。上下関係を表す呼称の使用を排し、試合を撮影したビデオを一緒に見ながら後輩も先輩に遠慮なく率直な意見を言えるチーム作りに尽力した。その結果が二〇〇二FIFAワールドカップでのベスト4入りだ。

最も大きな無駄は、対話の遮断、即ち、韓国の流行語でもある「不通（意思の疎通ができないこと）」から生まれる。部長クラスになると現場に出ようとせず事務室で決裁したがる。決裁を受けるのに時間がかかり、その間現場の労働者は仕事を中断して決裁が下りるのをじっと待つしかない。職場における地位が高い者ほど現場感覚がない。そんな幹部に現場のことを事細かく説明しても状況把握に認識の違いがあり、互いに歯がゆい思いをするだけだ。部下は常に上司に情報を伝達するが、上司から的確な助言を受けることはほとんどない。幹部は、部下から、偉そうにするだけであてにならない上司と見放されている。部下は一見おとなしく従っているように見えるが、心の中では不満が募り、やる気をなくしてしまっている。

その一方で非常に興味深いのは、地位の低いものほど愛社精神が強いということだ。現場で働く労働者は自分が会社を背負っているという気概を持って働いているが、彼らのやる気に水を差すのが会社の上層部だ。幹部の地位にいる者がなぜそんなことをするのか筆者は考えてみた。そして辿り着いたのが「支配人の定理」だ。

通常飲食店には支配人がいる。支配人がどのようなスタンスで店の運営に当たっているかによって経営上の損益が左右される。支配人の方針が「顧客第一主義」であれば黒字になり、権威主義的であれば赤字になる。顧客の満足度を最優先する支配人がそのように指示すると、従業員は支配人の意向をくんで顧客に満足してもらおうと全力を尽くす。一方、支配人が自分の権威を最優先していると、従業員は顧客を差し置いて支配人に気に入ってもらおうと支配人の顔色を窺う。従業員のこうした態度を見た顧客は段々とその店から足が遠のくはずだ。愛社精神を持つ幹部なら、部下のやる気を鼓舞すべくこまめに現場に足を運ぶ。しかし、愛社精神のない幹部は、机に座って部下が持ってきた決裁書類を見てあれこれ文句をつける。

先進国のリーダーと韓国のリーダー

幹部の本来の役割は、部下を励まし、コーチし、問題点を見つけてそれを解決する司令塔（Facilitator）だ。だから、先進国では工場長を含むすべての幹部が事務室に引きこもったりせず現場に直行してそのまま直帰する。問題を現場で探り、関係者を集めて現場討議を行って解決策を講じる。ゼネラル・エレクトリック社（General Electric）のジャック・ウェルチ元会長兼最高経営責任者（一九三五〜）のワークアウト（Work out）も現場参加型の問題解決策だった。

彼は、一九八一〜二〇〇一年までGE社の最高経営責任者を務め、「伝説の経営者」と呼ばれた。

新築するより、古い建物を改修して使用しようとする企業が多い。古い建物を改修することをリノベーション（Renovation）あるいはリモデリング（Remodeling）と言う。筆者はリモデリングの工程を見る機会を得たが、その際、韓国人の幹部と外国人の幹部のワーキングスタイルがまったく異なることに気づいた。

筆者が観察したのはあるリモデリングプロジェクトだったが、イギリス人の副社長は作業服を着て、録音機を携帯し、ランタンを持って自ら先頭に立って天井裏をくまなく見て回り、補修が必要な箇所を発見するとその都度音声でメモを取って、その夜の内に整理していた。また、他の人間に割り当てる仕事と自分がやるべき仕事を振り分けて、常に現場の状況を把握しながら、車で移動中の時も常に指揮命令体制を整えていた。

他方、韓国人の幹部の中にそんなふうに仕事をする人は一人もいなかった。専務が部長に指示を出すと、それを課長に伝え、課長は課長代理に伝えていた。実際に天井裏に入るのは専門知識のない課長代理だ。門外漢の彼に設備の老朽化の度合いを判断したり、ひび割れた割れ目が何を意味するのか正しい診断ができないことは目に見えている。課長代理がまとめた報告書は、課長、部長、常務の手を経て、専務の決裁を受けることになるが、門外漢の課長代理の報告書に基づいて進められる韓国企業のプロジェクトがイギリス企業の有能な副社長の観察と判断で進められるプロジェクトに敵うはずがない。また、イギリスの会社は現場責任者の副社長のアイデアが社長に伝わるのに一日で十分だが、韓国の会社は課長代理から社長に伝わるまで一カ月もかかる。

韓国的官僚主義

ＩＢＭ、ＧＭ、日産などのトップ企業がかつて没落の危機に瀕したことがあるが、原因は官僚主義だった。糖尿病が合併症を伴う恐ろしい病気であるように、組織の官僚主義化はあらゆるものを破壊する。次のような様々な問題は正に韓国的官僚主義が招いた合併症である。

一、**幹部に対する不信感**

うかつに問題点や大変に感じることなどについて話すと損をする。ひょんなことから口にするが、直ぐに後悔する。相談に乗ってくれるのではなく非難されるか叱責されるのが関の山だからだ。問題があっても言わないほうがましだということになる。

二、**官僚主義**

決裁が労働意欲に水を差す。急いで取り掛からなければならない仕事が決裁のせいで遅延する。そして、何か問題が生じると現場の人間がまず責任を問われ、そのくせ解決策は自分で考えろと言う。

三、**幹部の無能**

指針も与えず仕事を押し付ける。自分で考えてやれということだ。

四、**差別待遇**

差別待遇のせいで日に何度も嫌な思いをする。幹部が出向社員を蔑ろにするので時には退社する者が出る。ぎりぎりの人員で運営する出向元企業としては職員に急にやめられて、労働時間が延びたり、人員の確保に苦労する。

五、**軋轢**

どの会社にも最高経営者のお気に入りの部下がいる。えてして社長のお気に入りの幹部と他の幹部との間に不和が生じる。最高経営者にはすべての社員からの声援が必要だが、社長が誰かを特別に可愛がり始めた瞬間、それ以外の社員の心が社長から離れて行く。その上、社長のお気に入りの幹部が権勢をふるったときは事態がもっと悪化する。このために発生する費用は帳簿に計上されるわけではないが、その損失は金では換算できないほど大きい。ちなみに、日常使用する事務用品の購入をケチったりするが、社員が気持ちよく働くことが会社の利益にもつながるから、それは無駄遣いにはならない。

六、仕事の押し付け合い

部品はそれぞれが立派でも互いの繋がりが悪い場合がある。これは機械だけでなく人間関係にも言える。ごく一部の人を除いて、互いに距離を置いてそれぞれで考えたり悩んだりしているが、うまくいかない場合が多い。万一エラーが発生しても表ざたになりにくい。露見する過ちは氷山の一角にすぎない。当然、満足のいく品質に仕上がるわけがない。そして、何か問題が生じると、みな責任逃れしようとする。型通りの作業は黙々と続けるが、慣れない仕事は互いに押しつけ合う。生き残るにはそれしかないのだ。

七、極度の個人主義

時々幹部が部下を団結させようとしても、なかなかそんな雰囲気にならない。月に一度行われるミーティングでも誰も腹を割って話そうとしない。社員はみんなベルトコンベア式の単純労働を繰り返す機械のように働き、他人の仕事には無関心だ。互いの立場を考える暇もない。どんなにうまく仕事をこなしていても一度ミスがばれたらこっ酷く叱責されるので、みんな責任を問われないようにカタツムリのように殻に閉じこもって割り当てられた自分の仕事にだけ没頭している。

八、問題隠し

個人のミスで発生した問題もあるが、大概は構造上の欠陥から不可抗力的に発生した瑕疵だ。構造を改善しない限り瑕疵がなくならないにもかかわらず、みな処罰されるのが怖くてミスをひた隠しにしている。

九、不安感

次長クラス以下の社員は不安を感じながら働いている。その上、部長クラスの会議があったりすると、不安になる社員もいる。会議から帰って来た部長が手帳を机に投げつけて、「なんで他の部長が知っていることを自分だけ知らなかったんだ」と腹立たし気に怒鳴る。幹部会議に出席すると必ず誰かしらやり玉にあがって叱られる。叱られて帰ってきた幹部は部下を叱責する。だから、会議と聞いただけで社員は不安気になる。

韓国のQCの現住所

「ネズミの尻尾ほどのちっぽけな権力や権限しかないのに偉そうに！」

これは職務権限をいいことに横柄な態度を取る人を非難して言う言葉だが、そんな人が多いと組織の雰囲気や生産性に悪影響を及ぼしかねない。例えば通勤バスの運転手の態度に不愉快な思いをした社員が他の社員に八つ当たりしてその人に不快な思いをさせるかもしれない。このような従業員間の連鎖反応を未然に防止して、業務の品質や製品の品質の向上を図るためには全社員が一丸となって取り組む必要がある。これをアメリカや日本ではＴＱＣ（統合的品質管理）またはＣＷＱＣ（全社的品質管理）と呼んでいた。しかし、韓国企業にこのような職場意識や職場文化を培った企業は少ない。このような概念自体が希薄だ。

「任務」が与えられると「権限」も与えられる。数多くの配下組織の長が各自の「権限」を行使するが、企業にとって一番やっかいな問題はその行使の仕方に潜んでいる。企業規模の問題が発生すると、各部署はそれぞれ責任を問われないように必死に知恵を絞る。「自分だけ良ければそれでいい」、「自分の責任ではない」。こうした発想自体が組織内の協調性や、ひいては企業のハーモニーを損ねている。そのことをよく体現しているのが現場で働くＱＣ（品質管理）要員だ。

プロジェクト管理者（Project Manager）は自分に任せられているプロジェクトが少しでも早く進捗することを強く望んでいる。だから、工場に作業速度を上げるように催促する。だが、工場の作業速度はＱＣ要員が握っている。作業員がある工程を完了して、次の工程に引き渡すにはＱＣ要員の合格判定が必要だ。ところが、いくら待ってもＱＣ要員が現れない。日本ではこのような時間のロスはないが、韓国では昔からの悪癖だ。納期内に作業を終えたいプロジェクト管理者は作業遅延に苛立つが、当のＱＣ要員は作業遅延など全く気にしない。「速度を上げるのも大事だが、ＱＣだけは手を抜くわけにはいかない。きちんとＱＣを行うために多少作業遅延が生じても仕方ないじゃないですか？」とＱＣ要員は主張する。韓国のＱＣ要員は一般的に傲慢で一種の特権意識を持っている。ＱＣ要員の「品質優先」論に反駁する人はほとんどいない。しかし、一見正論を述べているように思えるが、この主張は完全に誤りだ。日本はこんなやり方はしない。

韓国のQCは上位下達式

韓国のQC部署の検査員数は日本よりはるかに多いが、常に人手不足だ。なぜか？　仕事のやり方に問題があるからだ。日本のQC要員は現場の作業員と一緒にエラーを防ぐ方法を事前に研究したり話し合ったりする。大勢の作業員に対して予めエラー防止に向けた訓練を施すのだ。韓国のQC要員とは対照的に日本のQC要員には特権意識がない。ネズミの尻尾ほどのちっぽけな権限しかないのにエリート風を吹かすのが朝鮮のDNAだ。

戦闘を考えてみよう。戦闘は一瞬で起きる。戦闘中に指揮官が兵士に向かって場当たり的な命令を下すのは自滅行為だ。そんな戦い方をしたら百戦百敗だ。兵士が明日戦うために指揮官は今日万全の準備をしなければならない。多角的なシミュレーションを行うことで兵士が自らの命を守る方法を平時に習得させる必要がある。兵士と一緒に戦闘状況を想定して各事態に応じてどのように戦うべきかを学ばせ、それに必要な技術を訓練すれば明日の戦闘は兵士が自ら判断しながら行う。戦場で指揮官ができることはほとんどない。指揮官は戦闘行為が始まる前に戦うのであって、実際の戦闘は兵士が担う。明日の戦闘は今日指揮官が準備した成果を兵士が体現してくれる場でしかない。

製造過程も戦場における戦いと同じだ。明日数百人の作業員がどのように働くかは今日幹部が何をどのように準備させたかにかかっている。作業現場で明日どれくらいの時間のロスがあるか、どれくらいの製品がオシャカになるかは今日の管理者の働きに懸かっている。いわば日本のＱＣ要員は戦闘前に兵士を訓練する指揮官であり、韓国のＱＣ要員は戦闘の事前準備なしに戦闘が始まったら砲火の中で場当たり的に命じる指揮官だ。準備のない兵士は砲火の中で指揮官の命令を待ったせいでむざむざと命を落とす。作業員に指示したりクレームをつけたりして仕事の邪魔ばかりしている管理者ならいないほうがましだ。

作業場で検査を受けるまで次の工程に進めず仕事の中断を余儀なくされていることが多い。しかし、検査要員には、その待機時間が費用の無駄につながるという認識があまりない。だが、品質管理においてて本当の効果を発揮するのは、合格か不合格か一方的に判定を下すだけの品質管理要員（ＱＣ要員）でも、品質測定器でもない。瑕疵を予防するための現場作業員の学習と努力が重要である。

日本のＱＣはコーチ的

韓国にありがちなＱＣ要員に対し、日本のＱＣ要員は作業員と事前に打ち合わせを行う。翌日どんな作業を行い、作業工程で瑕疵が生じやすい要素が何か、どのような点に注意を払えばそれを防げられるかなどについて作業員と品質管理者が一緒に話し合う。作業の質を高め、瑕疵を予防する方法を作業員が習得するから瑕疵を未然に防ぐことができるのだ。ＱＣ要員は検査のために作業員を待機させることなく、作業工程を見守りながら、作業員がミスを犯しそうになったらその都度指摘して軌道修正してやる。

品質管理の要はエラーの予防だ。日本の品質管理はエラーが発生しないように事前に予防するのが鉄則であり、そのために予め作業員を教育しておく。これに対し、韓国的ＱＣは、作業結果に対する事後検査が主流だ。いったんエラーが発生すると、費用や時間が嵩む。せっかく出来上がったものを廃棄して初めからやり直さなければならないのであるから人件費も倍以上発生するし、材料も買い足さないといけない。このように事後摘発方式を採っている韓国式ＱＣは日本に比べて非常に非効率な方式であり、早急に改めなければならない。

本章の結論

日本式経営は人本主義に基づいて行われている。日本式経営の長所は、討議を通じて事前に問題点を見つけ出し、それを改善する能力を日々培っていることだ。これは他の国々の人間にはなかなかマネのできない日本人の素晴らしい特質に基づくものかもしれない。一九五〇年代のアメリカの経営理論はX―理論（Theory-X）が主流だった。これは、人間は生まれつき怠け者で、強制されたり命令されたりしなければ働かないという性悪説に基づく理論だ。しかし、日本式経営は渋沢栄一のような先覚者の教えに基づいて一八八〇年代から性善説に基づいた経営を行っている（Theory-Y）。日本の経営者は、社員が自発的に学び成長できる土壌を作り、職場を自己実現の場として活用させて来た。

一九六三年、韓国の失業率は三割に及んだ。食べて行くこともままならない暗い世相に絶望していた韓国の多くの青年たちがドイツで炭鉱労働者になることを望んだが、それには競争率八倍の難関を突破しなければならなかった。炭鉱は死と隣り合わせの危険なところであり、酸素不足に苦しみながら全身真っ黒に汚れて働かなければならないにもかかわらず、炭鉱労働者になろうと競争を潜り抜けて、ドイツに派遣された炭鉱労働者は一九六三年から七七年まで合計七九三六人だった。

これに対し、その四半世紀前に仕事を求めて日本に渡った青年たちの数はその約百倍の七十三万人に達していた。派独炭鉱労働者の頃と比較にならないほど朝鮮の失業率が好転したことだろう。六三年から西ドイツの会社に就職した七九三六人がもたらした外貨に対して韓国がどれほど感謝していたことか。にもかかわらず、なぜ一九三九年に日本の三〇〇社を超える企業に就職した七十三万人の青年がもたらした円貨には感謝するどころか罵声を浴びせているのか。当時、朝鮮の青年を雇用した日本企業が本当に彼らを奴隷のように扱って、非人間的に働かせたり、虐待したり、労賃を払わなかったりしたのか？　これまで見てきたように、当時の常識ある日本企業がそのような質の悪い蛮行を行ったとは信じ難い。

日本企業の経営はアメリカに比べてはるかに優れていた。一九〇〇年代をひっくるめて企業という空間で人間を最も幸福にする国はアメリカではなく日本だった。企業風土から見ると、当時の日本は天国で、現在の韓国は地獄のようだ。もしも朝鮮と日本が逆の立場だったら、朝鮮人は日本人を地上から跡形もなく消し去っていただろう。最近韓国企業が外国人労働者をいかに虐待しているか思い出してほしい。ベトナム人の妻を持つ男性が彼女たちにどれほどひどい仕打ちをしているか？　民労総（全国民主労働組合総連盟）の輩が、警察官を囲んで竹串や鉄パイプで突き刺して野蛮な暴行を加えている醜態を思い出してほしい。このような非人間的な行いは朝鮮種族の属性であり、日本人の属性ではない。

自分たちの気に入らない本を書いたとして真面目に研究した人間をやみくもに告訴して、裁判の初日に法廷に五十名も押しかけて集団暴力を働きながら、あろうことか殴られた人に逆に暴行されたと再告訴するような行為は朝鮮では通用するかもしれないが、日本では通用しない。韓国が日本の経営から学ぼうとするなら、まずこのような低俗な社会体質を清算しなければならない。周りの人との協調性を持ち、互いに成長しようと努力する日本人のＤＮＡを韓国人の体質に吸収しなければならない。

世界で最も学ぶことの多い国が隣にあるのは大きな祝福だ。素材や部品、そして技術と品質で世界最高の地位を占める日本が韓国の隣国であることも韓国の祝福だ。このように有益な日本といきなり壁を築き、相互扶助の友好国関係を敵対関係に急変させた人々こそが「売国奴」と呼ばれるにふさわしい。

第七章　韓国を牛耳る左翼勢力の専横的な歴史歪曲

韓国の共産主義者たちの信条「歴史を支配するものが国家を支配する」

朝鮮の歴史は党派争いの繰り返しであり、権力争奪をめぐる謀反と謀略に満ちた恥ずべき歴史だ。老論（李朝時代に党争を繰り広げた四つの党派の一つ。他に、少論、南人、北人がある。）が支配した時は老論が歴史を書き、少論が支配した時は少論が歴史を書いた。世界で嘘をつくことに長けた民族が書いたこのようなご都合主義的な歴史を額面通りに受け取ることはできない。今の韓国の歴史は共産主義者たちが書いた。しかも、朝鮮人の中でも粗雑な共産主義者たちが意図的に歪めて書いた歴史だ。彼らは金日成教のいわば信者であり、我々と共存することができない種族だ。そのような種族が書いた韓国の歴史に、善良な国民は騙されている。

独立後に南北が分断されてからの韓国の歴史は、「進歩」と「保守」との闘争の歴史だ。「進歩」は韓国内の共産主義者たちを意味し、「保守」は李承晩と朴正煕に代表される自由民主主義を堅持する国家守護勢力を意味する。「進歩」と「保守」という言い方は、金日成が使い始めた。彼は「保守」をそのまま「保守」ではなく、「保守反動」と名付けた。彼は韓国をアメリカ帝国主義の植民地だと決めつけて、「南朝鮮政府と財閥は米帝の手先となって、労働者を搾取し、韓国の民衆は民族の太陽である金日成の主体《チュチェ》思想を学ぶことなく奴隷のように暮らしている」と糾弾したが、その一方で「そのような連中とは異なる進歩主義者たちが主体思想に目覚め、そうした先覚的な活動家たちが韓国で主体思想を広める闘争を繰り広げている」と韓国内の左翼勢力を持ち上げた。この闘争こそが韓国の民衆を解放する「民主化運動」であるというわけだ。

したがって、従北（親北朝鮮）主義者が言う「進歩」とは、「先んじて前に行く」という意味ではなく、「金日成が民族の太陽である」という教えに帰依していることを意味する。一般の国民は民主化を「民主主義を促進させる運動」だと解釈しているが、金日成追従者たちにとって「民主化」は「主体思想の普及を邪魔する勢力を叩き潰す運動」であり、彼らは韓国人民が幸福になるためには、「その障害となる米帝とファッショ政府と資本家を処断する闘争を行わなければならない」と考えている。言葉を巧みに操るのは共産主義者たちの得意とするところだ。反国家勢力である共産主義者たちは、自分たちを「進歩的勢力」だと宣伝し、国家を転覆させるための暴力闘争を「民主化運動」だと宣伝してきたのだ。そこにメディアが加わった。読書も思索もしない一般国民が、メディアに扇動され、騙されてきたのだ。

植民地から独立国となった韓国の歴史は、旧ソ連と北朝鮮が主導する対南工作との闘いの歴史であり、数え切れないほどの暴力行為が繰り広げられて来た。これを最も象徴的に表しているのが元・朝鮮人民軍大佐の大物スパイであるキム・ヨンギュ（一九三六〜）だ。一九五一年三月、ソウル中学校二年生だった彼は敗走する北朝鮮軍に捕まって北へ連れて行かれた。朝鮮労働党の対南工作部副部長（次官級）を経て、金日成から英雄称号と一級金星メダル、そして三度の国旗勲章を与えられた。

一九七六年九月、仲間と三人でスパイとして韓国に潜入した際、同行のスパイ二人を射殺して韓国に帰順した。韓国で広く知られている「金日成の秘密指示」は彼が情報提供したものだが、「宗教界を掌握せよ」、「頭の良い学生たちはデモに出さずに判事や検事にさせろ」といった指令は、今や彼らの目論見通りに現実化している。キム・ヨンギュは帰順するまでの十年間、幾度も韓国に侵入しスパイとして暗躍したが、その内容は一九九九年に刊行された彼の著書『対南工作秘話：声なき戦争』（ウォンミン出版社）に記されている。以下にその一部を紹介する。

韓国を赤化させた対南工作の実話

振り返ってみれば、一九七〇年代および八〇年代の全期間にわたって、韓国の安全保障を危険に晒した各種の激烈な騒擾事件が、ほかでもない北朝鮮の工作によって惹き起こされたものだということに、疑問の余地も、再論の余地もない（四一三ページ）。

四・一九（一九六〇年のいわゆる四月革命）の時も、デモの学生たちが、〝行こう、北へ！〟〝板門店《パンムンジョム》で会おう！〟というスローガンを叫んで大騒ぎしていたでしょう？　その時も私はソウルで学生デモを裏で指揮していました（八十一ページ）。

〝民主化〟とは一九六〇年代から北が韓国の不満勢力を扇動するために使った偽装用語だ。韓国の民主化運動は北の指令によるものであり、韓国に民主政府を樹立することが金日成の目標だった。四・一九を北朝鮮では「四・一九民衆抗争」と呼んで、統一のチャンスを逃した抗争だとされており、五・一八光州事件も同様に「五・一八民衆抗争」と呼んでいる。四・一九も五・一八も北の工作によって惹き起こされた事件だ。金大中は北が育てた人物だし、彼の地元である湖南《ホナム》（全羅道）は赤化統一の戦略的拠点だった。六七年の選挙は、共和党と新民党との激戦となったが、統一革命党（北の在南地下組織）のメンバーたちは明け方から夜遅くまで木浦《モッポ》の駅前やターミナル、市場など、選挙区をくまなく訪ねて、〝今回の国会議員選挙は木浦にとって生き残りをかけた選挙だ。木浦市を生かして我々が生き残るためには共和党を落選させなければならない〟と声高に呼びかけていた（七十二ページ）。

前述の引用の中に重要なポイントがある。統一革命党の北のスパイが一九六七年に木浦に大挙して赴き、第七代国会議員選挙運動に潜り込んだのは、ほかでもなく金大中を当選させるためだった。六七年六月四日午後二時、木浦駅前で金大中は次のような遊説演説をした。

「皆さん、私の目を真っ直ぐに見てください。私の顔をはっきりと見てください。私には大志があります。私は不正なお金をもらって将来を台無しにするような人間ではありません。私は自分の大きな夢の実現に向けて邁進するのみであり、汚いお金など、いくら状況が苦しくても眼中にないと明言しておきます、みなさん」

元・大物スパイ、キム・ヨンギュ氏の証言通り、金大中は金日成が育てた人物だということが実感できる一節だ。再び、キム・ヨンギュ氏の証言のいくつかを紹介する。

一九六四年三月十五日夜十二時、ソウルと湖南に結党準備委員会が結成され平壌《ピョンヤン》から党中央委員会名義の祝電や、朝鮮総連を始めとする数多くの海外団体組織から連帯性をアピールする激励のメッセージが届いた。私たちが手を出さなくても、日韓会談に反対するデモはすでに全国に拡大することになっている。地下組織間で主導権争いをするな。いま下手に動くと捕まるぞ。分かったか？（六四ページ）。

全南道党の指導部はチェ・ヨンド（統一革命党のスパイ）とチョン・テムクをそれぞれ現組織と候補組織の責任者にして、光州、木浦、麗水《ヨス》などの戦略的要衝地帯を中心に細胞組織を広げていった。……一方では韓国のすべての革命組織を北とは無関係に、自主的に作られた組織のようにうまく偽装しなければならないという戦術方針に基づいて、キム・ジルラク、イ・ムンギュがそれぞれ民族解放戦線と祖国解放戦線の指導部を構成し、そしてその下部に〝新文化研究会〟、〝青年文学家協会〟、〝六〇年代学士会〟など二十余の部門別、階層別の民衆団体を組織し、合法的な活動の場を広げていった。その中でも特に、六五年四月にイ・ムンギュの発案で結成された〝学士酒店〟と〝六〇年代学士会〟は、全国各都市の各大学に根を下ろした最大規模の半合法組織として事実上統一革命党の地下組織としての役割を担った（六七ページ）。

革命のためには、数百万の大衆を政治的に覚醒させ、組織化する優れた能力が求められる。労働者や農民だけではなく、学生、政治家、知識人、宗教家、教授、専門家など、広範囲にわたる階級・階層の人々を組織化する役割を担う卓越した指導者が必要だ（九八ページ）。

私も四・一九革命の時に学生運動をしてみたが、どのくらい激しかったか分かるか？　五・一六軍事クーデター（一九六一年）さえなければ、その時すでに韓国は〝民主化〟が実を結んで、統一の扉が開かれていたはずだ。しかしそのクーデターを防ぐことができなかったせいで、四・一九の大義が軍靴に踏みにじられることになった！（二〇七ページ）。

牧師様もご存知でしょうが、六八年にあった荏子島《イムジャド》事件、統一革命党事件などは当時、韓国でどのように報道されていましたか？　チェ・ヨンドやキム・ジョンテたちは、みな北から数千万ウォンずつ支援されたと言われていたようですが…牧師様のように著名な方が（選挙に）出られるなら、私（キム・ヨンギュ）は牧師様のもとで積極的に補佐役を務めさせていただきます。私も一時は金大中先生に仕えたこともありますから（二二四ページ）。

今回の改憲請願署名運動も、ペク・キワン氏、チャン・チュンハ氏、そしてチ・ハクスン主教を始めとする高名な在野の方々が主導しているが…今、金大中先生救出闘争委員会が結成されて、活動を開始したが、最初から資金難でして…それで執行部は国内で大々的に募金活動を行い、同時に朝鮮総連を始めとする海外同胞団体にも支援要請して…（二四七ページ）。

接触場所で急に国軍の訓練が行われることになった。接触すれば皆が危険に晒される。接触相手はその事実を知らずに、接触場所に向かっていたが、連絡もままならなかった。やむなしと判断して、私は接触を諦めさせるために山火事を起こした（三六八〜三六九ページ）。

民青学連事件の全貌が明らかになり、捜査対象に浮上した人数がなんと千余名に上り、軍法会議に送検された人だけでも二五〇人余りに達した。この事件は学生だけでなく、作家、言論人、宗教家、弁護士など各界の要人が関連した史上最大の大事件に発展した（二八九ページ）。

（私の話を聞いて驚きを隠せないその人は）そんな著名人まで北と繋がっていたんですか？まさに寝耳に水です。その上、重要な権力の中枢部にまで入り込んでいたなんて、びっくりして腰が抜けそうです！（中略）あんな大物たちまで…。そんなことになっているとは本当に知りませんでした（二九九ページ）。

監視が必要な組織は九十四あります。その中には、発電所、変電所、鉄道、逓信、防衛関連産業、軍の部隊、大学、宗教、言論、文化、芸術団体などが含まれています（三〇二ページ）。

徹底的にこれらの団体・組織が北と関係なく現地で自主的に作られたみたいに偽装して、合法的な活動の場を広げていかなければならない（中略）その中で最良の実績をあげたのは大学の教授たちだった（三〇八ページ）。

党の地下組織建設の戦略・戦術的方針には非合法戦術と合法戦術とを有機的に組み合わさなければならない。非合法な戦術は泥棒猫のように正体を現さずに秘密裏に行うという点で安全性は高いが、能率が良くない。韓国社会に形成される情勢をタイミングよく利用して、韓国における革命をより一層促進させるためには、合法的な活動の拡大を通じて民衆に影響力を広めていかなければならない。その一環として民衆大会を組織し、民衆団体を組織して行く必要がある。我々に懐柔された大学教授が教授団体を組織し、その組織を教授の影響下に置くには、教授が他の教授と親密な関係を築けるように、巨大なプロジェクトを任せるといい。工作資金はいくらでもある。そうすれば、その教授の発言権を強化することができる。それは多くの学生たちを、意識化、組織化する上で決定的な役割を果たすことになる（三一二～三一三ページ）。

一九七四年八月十五日夕方、慶会楼《キョンフェル》での祝賀パーティーで、無線による遠隔操作で朴正熙大統領を爆殺しようとしたが、その日の午前中に奨忠洞《チャンチュンドン》の韓国国立劇場で開かれた光復記念式典で、大統領暗殺を企てた在日韓国人の文世光《ムンセグァン》が、陸英修《ユクヨンス》大統領夫人を誤射するという事件があったために、慶会楼暗殺計画は不発に終わった（三二五～三二六ページ）。

このことは金日成の秘密指示にも明示されている。

各組織に対する監視を行ったところ、三十の組織に主体思想を冒涜する不純分子が百人もいた。彼らは異口同音にこう言った。〝人間は自主性を命とする存在のはずだ、なぜ唯一思想、主体思想を強要するのか?〟、〝主体思想を強要すること自体が、人間の尊厳性を無視することではないか?〟、〝韓国が連合国によって解放されたということは、世界中の人々が皆知っている事実なのに、なぜ金日成の抗日武装闘争が祖国解放を成し遂げた決定的な要因だなどと言うのか?〟、〝青春も家庭も皆捨てて、革命に一生を捧げた南労党の党員を無慈悲に粛清した金日成がなぜ民族の太陽だと言えるのか?〟、〝首領絶対性や無条件の服従を強要しているが、それは党内民主主義と矛盾しないのか?〟。彼らはこのように反論して、党の唯一思想に反旗を翻した（三三〇〜三三一ページ）。

原州《ウォンジュ》（江原道）の雉岳山《チアクサン》の麓に五万坪ほどの林野を買い、隔離養成所を作った。周辺を果樹園に偽装して、外部との接触を一切遮断していた。その施設の秘密厳守の徹底ぶりは、そこで訓練を受けた者ですら訓練終了後は再びそこを訪れることができないほどだった。一期に五人の割合で入所した。

第一期生はソウル大、漢陽大、東亜大、朝鮮大、神学大から、それぞれ一人が選抜されたが、みな〝学生会長候補〞レベルの人材で、非の打ち所のない闘士だった（三五八～三五九ページ）。

網にかかった大佐の抱き込み作戦大成功。私は釣りが好きな先輩の大佐の信頼を得るために、軍の上層部だけが出入りできる統制区域の九万里《クマルリ》発電所の貯水池にテントを張って、ＶＩＰ扱いを受けている私の姿を見せつけた。退役大佐である先輩に職場も用意してやった。先輩は陸軍士官学校出身だった。先輩（チョン大佐）は、気前よく金を使い、軍の人々に影響力を発揮していった。先輩が平壌行きのために出国準備をしている間に、党指導部の関心を引くような出来事、民主回復国民会議創立、白楽晴《ペクナクチョン》教授罷免、ジョージ・オーグル（George E. Ogle）牧師追放、『東亜日報』広告弾圧事件（一九七四年）などが次々と起きた（三六六～三九八ページ）。

とりわけ『東亜日報』広告解約事態（事件）は、韓国における革命の追い風となる絶好のチャンスとして、地下組織の関心を集めた。今回の事件をうまく利用すれば、中央情報部（現国家情報院）に致命的打撃を与えことができるからだ。西氷庫《ソビンゴ》のアジトを利用して、南山《ナムサン》にある中央情報部を詐称することにした。『東亜日報』に広告を出している広告主と広告代行業者数十人を連行して、拷問や脅迫を行い、『東亜日報』と契約した広告をすべて取り消させた。〝あなたは『東亜日報』に出した広告を解約しろとの政府の指示を受けていないのか、こんなふうに中央情報部を詐称して、謀略工作を仕掛けているうちに一九七五年の新年が明けた。数十人の広告主が拷問や脅迫に屈して、誓約書に判子を押した。『東亜日報』広告解約事態は、結局、韓国中央情報部の圧力によるものだという噂がまたたく間に広がった。党の地下組織の陰湿な謀略作戦は大成功を収めた。その後、広告解約事態は東亜放送にも拡大した（三九八～四〇六ページ）。

転向した主体思想派の告白

二〇〇六年九月二十一日、インターネット新聞『フリーゾーン・ニュース』の副社長の姜吉模《カンギルモ》は自分が主体《チュチェ》思想派だった前歴を暴露した。

――我々は「偉大なる首領・金日成」を崇めた。

――私は、ウリ党のウ・サンホ、オ・ヨンシク、キム・マンス、イ・ウンヒ、ヨ・テクスらに主体思想派の教育をした。

――主体思想派の戦士たちよ！　放送局・法曹界・政界に行け！　行って革命戦士として活動せよ！

二〇一一年十月十五日付のインターネット新聞『ニュース・デイリー』が、暴露された内容を「参与連帯、主体思想派が作った組織」というタイトルで次のように報じた。

九月二十日、ソウルプレスセンターで開かれた、親北反国家行為真相究明セミナーで、八〇年代末当時〝金日成主義（主体思想派）〟の地下組織だった反米青年会のリーダー、姜吉模・現『ニュース・フリーゾーン』副社長がパネリストとして登壇した。延世《ヨンセ》大学の八二年度入学生だった彼は、自分が過去に金日成主義運動を行って大韓民国の転覆を目指し、当時の三八六世代の政治家のうち、ウリ党議員のウ・サンホ、オ・ヨンシク、キム・マンス前大統領府報道官、イ・ウニ前大統領府第二付属室長、ヨ・テスク前大統領第一付属室行政官らを教育の対象にしていたと証言した。反米青年会は、八七年全国大学生協議会（全大協）結成を主導した組織であり、八八年二月にソウルのアメリカ文化院占拠闘争を行い、三月にメンバー十二人が検挙され、九二年二月に解散した。

「私は本日この席に、贖罪のために出てきた。反米青年会は高麗《コリョ》大学のチョ・ヒョクが総責任者であり、本人もリーダーとして参加した。我々は八八年に化学薬品で手製の爆弾を作り、救国決死隊を結成してソウル駐在アメリカ文化院に乱入した。現盧武鉉政権で要職に就いている多くの後輩たちが教育の対象だった。我々は〝偉大なる首領・金日成同志〟を崇めた。八八年一月には、全国大学運動の指導責任者を呼び集めて、八八年を「祖国統一元年」と定め、大韓航空機事件を始めとする〝祖国統一の障害となるものすべてを一掃するために、学生・大衆を総動員せよ〟と命令した。しかし、我々が下した命令は北朝鮮の対南宣伝機関である〝韓民戦〟が下した指令だった。口では祖国と民族のための闘争だと言っていたが、私はいわゆる主体思想派運動を実質的に遂行した最高指導部にいた」

「例えば、学生運動を主導した主体思想派の革新運動家が最も手塩をかけて育てたのがキム・ギシク（参与連帯の事務局長）だ。参与連帯は主体思想派組織が大韓民国を転覆させるために作られた組織だ。参与連帯はそのために作られた」

盧武鉉軍団の露骨な反逆

二〇〇三年、生粋の共産主義者である盧武鉉が大統領になり、共産主義者たちが大挙して大統領府である青瓦台《チョンワデ》に集結し、『あなたのための行進曲』を歌いながら「共産主義者の世の中」を作ろうと決議した。

我々はついに政権を取った。これから階級闘争を始めなければならない。社会の主導勢力を交替させなければならない。右翼――保守で埋め尽くされた既得権を追いやって、その代わりにパルチザン勢力を布陣させなければならない。独立直後から朝鮮戦争前後にかけて、百万人と推定される人々が共産主義者だと濡れ衣を着せられる被害に遭った。絶対に見過ごすことはできない。必ず糾明しなければならない。

この内容は、二〇一二年五月十五日付のインターネット新聞『ブルー・トゥデイ』の記事、「金正日《キムジョンイル》の指令：保守反動は子供まですべて処刑せよ」の一部だ。一言で言えば「仇を討つ」ということだ。それ以来、共産主義者たちは軍疑問死真相糾明委員会（疑問死委）を作り、当時の保守政権の下でスパイを調査した調査官らを呼び出して、「公訴時効を撤廃する」と威嚇した。もちろん不法行為である。

かつてスパイを逮捕した調査官らはこの時すでに八十代だった。彼らは若い共産主義者たちからあらゆる侮辱を受けた後に、涙を流しながらふらふらの状態で取調室から出てきた。スパイ疑惑で獄中生活を送った人も「疑問死委」に入って、前・国防長官や現役の軍司令官らを呼びつけて恨みを晴らそうとした。

権力を握った共産主義者たちは二〇〇〇年八月一日に「民主化運動関連者名誉回復及び補償審議委員会」を、二〇〇〇年十月十七日には「軍疑問死真相糾明委員会」（疑問死委）を、さらに二〇〇五年十二月一日には「過去事委員会」を設置して、ここにパルチザンやスパイ出身者たちを大量に迎え入れて、彼らに「赤狩りをした過去の愛国調査官」を次々と呼びつけ、逆取り調べをさせた。このような歴史クーデターが行われていたまさにその時、北朝鮮は露骨に対南指令文を送った。

「スパイを調査した者たちは三族皆殺しにせよ」

二〇〇〇年八月二十二日、金大中（当時大統領）、林東源《イムドンウォン》（当時統一相）は、スパイ・パルチザン出身者六十三人を条件無しで北朝鮮に送った。この時、共産主義者である金東信《キムドンシン》（当時国防長官）が臨津閣《イムジンガク》まで行って、彼らに花束を渡した。二〇〇六年一月九日、金正日が「非転向長期囚六十三人に四十年近くも苦痛を与えた韓国の反動分子らとその子供らまでを処断し、合わせて十億ドルを賠償しろ」という趣旨の告訴状を盧武鉉政府の統一部に送りつけて、その告訴状の内容を疑問死委と過去事委員会に伝達するよう要求した。盗っ人猛々しいとはこのことで、まさに典型的な朝鮮のＤＮＡだ。

これら三つの委員会は嬉々としてそれぞれの専門に分かれ、過去の歴史をすべて覆した。昨日までの忠臣が逆賊に転落し、昨日までのスパイとパルチザンが忠臣として格上げされ、一人当たり、数億から数十億ウォン台の賠償を受け取った。共産主義者たちがいきなり金持ちになって既得権勢力として名誉回復を果たしたのだ。このように国民の意識が届かない間に、彼らは歴史を覆し、この国賊たちに巨額の賠償をしてやった。二〇〇八年九月、当時の最高裁の裁判長イ・ヨンフンは、この三つの歴史逆転委員会の意見を百パーセント受け入れて、二二四件の時局関連事件が不法拘禁と拷問によるものだと断定して再審を命じた。再審事件を担当した裁判所は次々と原審判決を取り消して無罪を言い渡した。裁判長らは国家に代わって彼らに頭を下げて謝罪し、賠償命令を下した。韓国の赤化工作の最高峰は共産主義に染まった判事集団だったのだ。

二〇一二年現在の賠償金総額は推定で三千五百億ウォンほどだ。「人民革命党再建委員会死刑囚」事件の一人当たりの賠償額は、被害者本人が十億ウォン、配偶者が六億ウォン、子供が四億ウォンだ。「珍島《チンド》スパイ集団事件死刑執行者」事件は、被害者本人に二十五億ウォン、配偶者に七億五千万ウォン、子供に三億ウォン支払われた。特に「人民革命党再建委員会事件」の場合、拘禁日数に応じて一人当たり二十一万ウォン以上の賠償金が支給されたのに対し、傷痍軍人の一人当たりの報勲給与金は一万～七万ウォンに過ぎなかった。少なく見積もっても三倍、最大で二十倍以上の差が生じることになる。この後、誰も彼もが過去に独裁政権から不本意な裁判を受けたとして、再審を請求するようになり、千件余りの再審請求事件が裁判所に係属しており、その請求額を合わせると、なんと一兆五千億ウォンを超えると言われている。

歴史を覆す典型的なモデルになったのは「東義《トンウィ》大事件」だ。これは釜山の東義大学の過激分子が勤務中の警察官たちを集団虐殺したテロ事件だ。一九八九年五月三日、不正入試の真相究明を要求して過激デモを行っていた学生が、監禁された戦闘警察隊の隊員を救おうとしていた警察に向けて火炎瓶を投げたため、七人の警察官が即死した。リーダー格の三十一人は、特殊公務執行妨害致死罪で懲役二年から無期懲役を宣告された。しかし、二〇〇二年四月に民主化運動関連者名誉回復及び報償審議委員会は、この事件の関係者四十六人を民主化活動家だと祭り上げた。最も悪辣だったリーダーに現金六億ウォンが支給された。要するに当時の盧泰愚政権は「民衆の敵」であり、警察はその手先だから、彼らを射殺したことは民主化の方向性と一致するということだ。このような呆れ果てた行為が堂々と韓国で強行されている。それでも国民の大部分はこの事実を知らずに暮らしている。

従北主義者たちが覆した独立後の歴史

歴史の歪曲によって権力の正当性を捏造しようとするのが、共産主義者の常套手段だ。韓国の歴史を捏造しはじめたのはソ連だ。朝鮮戦争勃発直後、ソ連が自らの戦争介入を隠蔽するために、朝鮮戦争を国内外に「内戦」だと言い始めた。当時、アンドレイ・クロミコソ連副外相は、アラン・カークソ連駐在米国大使に、韓国が三十八度線で先に国境紛争を誘発し、これに対して北朝鮮が反撃を加えることによって全面戦争に突入したと主張した。まさにこのようなソ連の主張を韓国の左翼が拡大再生産して、「独立前後の歴史の認識」の核心とした。こうした主張を始めたのは姜禎求《カンジョング》（東国大教授）であり、金大中と盧武鉉がその後を追った。金大中は二〇〇一年十月一日の国軍の日の記念行事において、朝鮮戦争について「失敗した統一の努力」と発言し、盧武鉉は二〇〇六年十一月二十日にカンボジアで、「我々は、昔は植民地支配を受け、内戦も経て、激動の時代を生きてきた」と語った。
朝鮮戦争とはソ連と中国という二つの共産主義国家が金日成をけしかけて、北朝鮮が起こした侵略戦争であり、共産主義陣営と民主主義陣営の戦いに発展した国際戦争であって、内戦ではない。大韓民国は、国連監視下の自由選挙後に国連総会の承認を経て誕生したが、北朝鮮は反国家団体に過ぎない。国連が誕生させた国家を、反国家団体が攻撃して起こした戦争を、同等の集団の間で発生した内戦だと規定したのだ。

姜禎求を始めとする韓国の左翼は、朝鮮戦争を、同じ民族同士が起こした内戦、いわば夫婦喧嘩のような戦争だったが、そこにアメリカと国連が介入したせいで多大な被害が発生した、だからアメリカと国連は韓国の仇敵であり、その元帥であるマッカーサーの銅造など破壊すべきだと主張した。彼は「六・二五韓国動乱朝鮮戦争は統一戦争」、「韓国はアメリカの新植民地」、「マッカーサーは戦争狂」などと、北朝鮮の宣伝・扇動に同調し、「北方境界線（NLL）は北朝鮮の領海に不法に設定されたものであり、西海交戦（一九九九年、二〇〇二年）は韓国側が矢継ぎ早に先制攻撃を加えたために起きた」と主張した。二〇〇五年十月、検察は姜禎求を拘束しようとしたが、盧武鉉が突如彼を擁護する発言を行い、次いで大統領府が検察に不拘束捜査を指示し、法務長官の千正培《チョンジョンベ》が「不拘束捜査」の指揮権を史上初めて発動したが、それを不服として任鍾彬《イムジョンビン》検察総長が「抗命」による辞意を表明する事態となった。左翼の天下だからなせる業だ。

独立から間もない一九四六年九月に一カ月間続いた血なまぐさいストライキや十月一日に大邱《テグ》から始まった全国的殺人行為（大邱十月事件）は、テレンチー・シュトィコフ（当時北朝鮮駐在ソ連大使）、金日成、朴憲永《パクホニョン》（南朝鮮労働党指導者）が主導した反逆的暴動だった。それでも、従北共産主義者たちはこの二つの暴動が、北朝鮮とはなんの関係もない、米軍政の弾圧に抵抗するために起こした純粋な「民衆抗争」だと宣伝してきた。このように「対南工作によって共産主義者たちが起こした反乱」は「民衆抗争」、「民主化運動」だと宣伝・扇動されてきた。一九九四年末から一九九五年初にかけて、『中央日報』現代史研究所は、一九四六年に北朝鮮に進駐したソ連軍の最高司令官だったシュトイコフ隊長の備忘録を入手して報道した。九月ゼネストと十月暴動はシュトイコフ・金日成・朴憲永という指揮系統を維持しながら、ソ連がそれぞれに資金援助をして起こした対南工作であったという事実がこの時初めて明らかになった。

これらの事件を除いたすべての左翼事件は正当な評価が百八十度覆されてしまった。すなわち金日成・金大中が野合して起こした「光州五・一八反乱事件」は、一九九五年十二月二十一日に制定された「五・一八特別法」によって覆され、独立後の空白期間に起きた歴史上最も悪辣で執拗だった「済《チェ》州《ジュ》四・三反乱事件」は、一九九九年十二月二十六日に制定された「四・三特別法」によって覆された。四・三事件を覆すために想像を絶するほどの捏造がなされた。「四・三特別法」を作った金大中が、一九九八年十一月二十三日にCNNのインタビューを通じて「済州四・三事件は共産主義者たちの暴動によるものだが、無念にも命を落とした人々が大勢いるので、真実を究明して汚名を晴らしてあげなければならない」という歴史観を表明したが、その後、盧武鉉は「共産主義者たちが起こした暴動」という部分を消して「四・三反乱は民主化統一運動であったにもかかわらず、米軍政と李承晩が弾圧した」として、二〇〇三年八月三十一日に済州島《チェジュド》に行って、国家として済州島の人々に土下座して謝罪した。

そして、二〇〇三年十二月十五日、真実とは程遠い、「済州四・三事件真相調査報告書」を発表した。

金日成が捏造した「米軍の蛮行」と「五・一八光州事件」

敵愾心を共有すれば、たちまち堅固な集団に変わる。その心理を利用して、金日成は、アメリカに対する敵愾心を注入する陰謀を画策した。それが一九六〇年六月二十五日に黄海南道《ファンヘナムド》に開館した信川《シンチョン》博物館だ。実際の写真はなく、すべてが謀略のために描かれた架空の絵だ。

一九八〇年五月十八日から十日間、光州と全羅南道一帯で展開された暴動は二十万人規模だと言われている。実際に光州事件で死亡した民間人は一六六人にすぎず、このうち十二人の身元は韓国人ではなかった。それではどこの国の人間だったのか? 軍人の戦死者が二十三人、そして暴徒がジグザグ運転する車両に轢かれて即死した警察官が四人いた。しかし、従北主義者たちは戒厳軍が二千人以上も殺害して、あちこちにまとめて死体を埋めたと主張する。二〇一七年十月から二〇一八年二月まで、国民の税金を使って数多くの地域で死体の発掘作業を行った。しかし、それはノイズマーケティングのための政治的な小芝居だった。二千人の死体が秘密裏に埋められたとすれば、二千の家庭で「うちの子供が失踪した」と申告しているはずだが、失踪者として申告された人は八十六人に過ぎなかった。

黄海南道　信川博物館

米兵が女性を縛って歯を抜いている絵

米兵がシェパードを住民にけしかけている絵

米兵が女性を牛に縛り付けて運んでいる絵

米兵が生き埋めにしようとしている絵

米兵が女性を縛って刃物で傷つけている絵

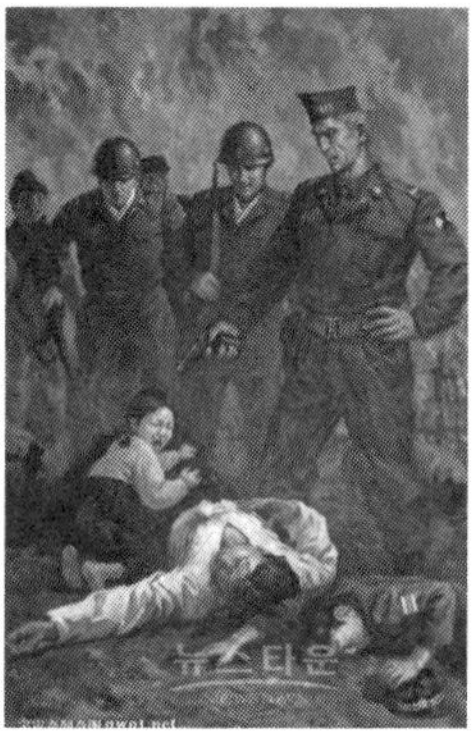

米兵が家族を皆殺しにしようとしている絵

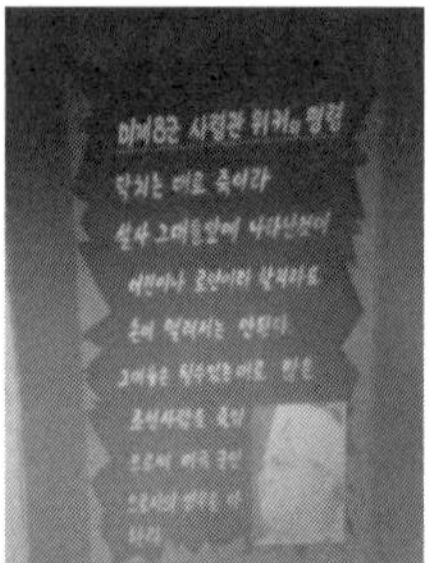

【米帝八軍司令官ウィルトン・ウォーカーの命令】
片っ端から殺せ。たとえ君の前に現れたのが子供や老人でも動じることなく殺せ。君が殺せる限りの朝鮮人を殺すという、米国軍人としての任務を果たせ。

「五・一八光州事件」について、韓国では二つの主張が拮抗している。従北主義者はこの暴動が、「北朝鮮軍とは関係ない純粋な民主化運動であり、これは一二一五年のイギリスの大憲章、あるいは一七七六年のアメリカの独立宣言文のような、人類の歴史における崇高な道しるべだ」と主張する。反対に、愛国陣営は「五・一八光州事件」を「北朝鮮のゲリラ部隊が潜入して起こした暴動だ」と主張する。

「五・一八光州事件」は一九八〇年から一九九七年四月までの十八年間、「金大中一派と北朝鮮による工作によって起こされた内乱陰謀事件だ」と公に認められていた。しかし、一九八〇年代に韓国社会に津波のように襲いかかった主体思想派たちが徐々に勢力を広げて、いつの間にか「崇高な民主化運動」として祭り上げた。「五・一八光州事件」についての最高裁の判決はこれまで二つ存在し、この二つは今でも共存している。このように、韓国の歴史は、実行と記録という側面ですべてを左翼が掌握しているのだ。結論から言えば、「五・一八光州事件」が民主化運動だという主張には証拠も科学的根拠もないが、北朝鮮による侵略だという主張には証拠も科学的根拠もある。

韓国現代史において、最も重要な歴史が「五・一八光州事件」だ。金日成の崇拝者たちにとって、五・一八歴史歪曲が重要なのは、それが彼らの存在理由であり、長期政権のための大義名分であるからだ。「五・一八光州事件」は赤化統一のために北朝鮮と繋がるへその緒のようなものだ。北朝鮮、そして韓国国内のその崇拝者たちによる扇動は止むことがない。

一、「五・一八光州事件を主導した勢力だけが良心的であり、李承晩、朴正煕、全斗煥ら反共主義者は腐敗した親日派だ」

二、「金大中、盧武鉉、文在寅ら、一心に五・一八民主化運動を導いた勢力だけが純粋な良心的勢力だ。だから、これからは五・一八民主化勢力が韓国を永久に統治しなければならない」

政権を永久に維持するために、現在彼らが推進しているのは次の三つだ。

一、「五・一八光州事件」の聖域は暴力を行使してでも守る。

二、五・一八精神を憲法に盛り込み、「五・一八共和国」を建設する。

三、韓国全地域の隅々まで細胞組織化する。

これらは「五・一八光州事件」が、純粋な民主化運動であり、民衆抗争であったとの主張を基調とするものだが、はたしてそうだろうか？

いくつかの事実から、この主張がでたらめであることが見て取れる。二十万人が動員され、数多くの地域で、一糸乱れずデモが展開されたという事実は、左右ともに誰も否定しない。しかし、そのデモ隊を組織した人間も、指揮した人間も韓国にはいない。五・一八を題材にした映画が南北合わせて約二十本も製作されたが、どの映画の主人公もデモのリーダーではなかった。最も人気を呼んだ映画は、二〇一七年に封切られた『タクシー運転手』で、タクシーの運転手が、「五・一八光州事件」の英雄として描かれている。しかし、結論的には、幽霊がデモ隊を構成し、組織し、幽霊がデモを指揮したのだ。

信川《シンチョン》博物館と、「五・一八光州事件」を並べてみると、この二つは一卵性双生児のようだ。信川博物館の展示内容そのままのデマが、光州一帯に広がったからだ。金日成がアメリカに対する敵愾心を喚起し、北朝鮮の住民たちを扇動したように、全羅道地域一円に広まったデマは、国軍空輸部隊に対する敵愾心を喚起した。そのデマの概略は次の通りだ。


――全斗煥が空輸部隊に酒と幻覚剤を飲ませて野獣のように行動させた。

――全斗煥が全羅道の人間の七十パーセントを殺してもよいと命令した。

――妊婦の腹を銃剣で刺して、胎児を取り出して妊婦の顔に投げた。

――女子学生の乳房を銃剣でえぐり取り、頭皮を剥いで、電信柱にぶら下げた。

――婦女子の局部を銃剣でめった刺しにした。

――負傷者を助けようとする老人の頭を棍棒で殴ると、血が空に向かって噴き上がった。

――死体を三立《サムリプ》製菓のトラックに載せて運んで行った。

――道庁の前に行くと、女子高生を捕らえて服を脱がせて銃剣で乳房をえぐり取り、縄で縛って木にぶら下げた。

――片手には銃剣を、もう片手には棍棒を持って、目を充血させながら片っ端から刺したり殴ったりした。

――デモの学生を捕まえると、まず棍棒で頭を殴り、倒れたところに三、四人が駆け寄って軍靴で頭や背骨を踏み潰したり、棍棒でめった打ちにしたりした。

北朝鮮は、一九八一年から今まで、毎年「光州の精神を忘れるな」として、北朝鮮全域の道、市、郡単位で、「五・一八光州事件」の記念行事を盛大に行っている。そして対南宣伝機関である「韓民戦」を通じて、「五・一八精神で団結して闘え」という扇動を続けてきた。

一九八二年に、北朝鮮はビラをばら撒いた。ここには損壊された五枚の顔写真が載っている。この損壊された顔は戒厳軍の仕業だというのだ。このビラの左下の写真は、頭を鋸で切り落とされかけた死体の顔だ。これは信川博物館に展示されている絵とその発想がぴったりと一致する。

1982年に北朝鮮がばら撒いたビラ

一九八七年には光州の神父らが「光州大教区正義平和委員会」の名義で、『五月、その日がまた来れば』というタイトルの写真集を出版した。この写真集には、空挺部隊によるものだとして「損壊された十五枚の顔写真」が掲載されている。続いて一九九〇年、北朝鮮の対南指令機関である「韓民戦」平壌代表部が『ああ！ 光州よ！』という写真集を作り、韓国に流布した。北朝鮮でばらまかれた先のビラと、『ああ！ 光州よ！』の写真の印刷技術を見比べると歴然とした違いがある。ビラは北朝鮮の粗雑な印刷技術によるものだが、『ああ！ 光州よ！』は韓国の精巧な印刷技術によるもので、『五月、その日がまた来れば』の印刷技術と同レベルだ。つまり、北朝鮮の「韓民戦」の名義で刊行された『ああ！ 光州

『ああ！ 光州よ！』

『五月、その日がまた来れば』

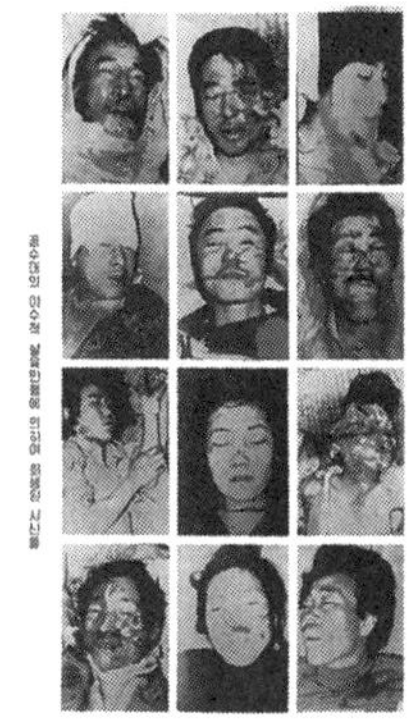

15枚のうち12枚の写真
(3枚は損壊がひどすぎるので除外した)

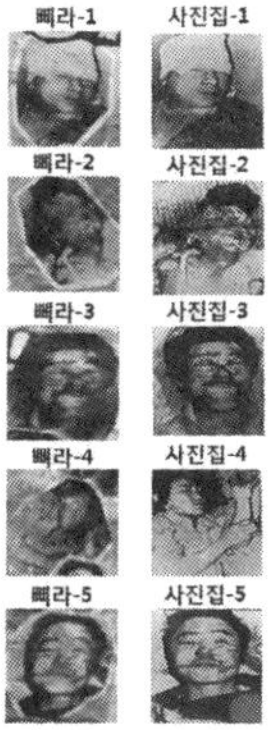

左が1982年ビラ
右が1987年写真集に
それぞれ掲載された写真

よ!』は、韓国で印刷されたものだと思われる。この二つの写真集は、同じ十五枚の死体の顔写真を使っており、両方とも、顔の損壊は空輪部隊によるものだと説明している。

そして、この十二枚の顔写真のうち、五枚が一九八二年に北朝鮮がばら撒いたビラの顔と一致する(左上　左側の写真)。同右側五枚の顔写真はそれより五年後の一九八七年に光州の神父らの写真集に掲載されたものだ。

ここまで読んだ読者は、北朝鮮が一九八二年にビラで使った死体の顔写真を、光州の神父たちが一九八七年に出版した写真集に載せて、韓国を騙そうとしたということに異論はないだろう。しかも、この神父らは法廷の証言台で、これらの写真の出所を答えられずにいる。上に挙げた、左右に配列した写真をそのまま法廷のスクリーンに映して、五人の神父に質問をした。左の列の写真五枚と、右の列の写真五枚が同じ顔に見えるかと尋問したが、彼らは皆、口裏を合わせたかのように「分からない」と答えた。

証人として出廷した光州の神父たちは、この写真の出処を問う質問に、光州市民がキャビネットに隠しておいたものを提供してくれたと言ったり、日本や西ドイツから持ってきたものだと言ったりして、証言が二転三転した後で、金某氏が撮影してそのフィルムを持っていたが、すでに故人なので所在が分からないと言い逃れをした。これらの写真には、背景も、体全体も写っておらず、ござのようなものの上に置かれた死体の頭だけが写されている。

五・一八記念財団のウェブサイトには、光州事件で死んだ一五四人の遺影が掲載されているが、神父らは自分たちが出版した写真集の十五枚の顔写真が一五四人のうちの誰に該当するのか、その氏名について一切調べていないと法廷で述べた。筆者はこの十五人の顔を一五四人の遺影と照合してみたが、一致する者はなかった。ということは、神父たちは、これらの写真資料を北朝鮮で手に入れたことになる。筆者はこれについて、カトリック光州大司教区正義平和委員会と北朝鮮が内通して韓国戒厳軍を謀略しようとしているとインターネット上で発言した。これに対し、光州の神父五人が突如現れて、「神父が写真集を出した。我々は北朝鮮とは内通していない。池萬元は虚偽の事実を指摘して、高貴な身分である五人の名誉を傷つけた」と言い、民事訴訟と刑事訴訟を起こした。

刑事事件はソウル裁判所において第一審が四年間続いているが、民事事件については光州裁判所に持っていかれ、あっという間のスピード判決で無条件に原告の主張がすべて認められた。ところが、五人の中の一人、イ・ヨンソン神父は、証人台で「自分は写真集が出版された一九八七年には神父ではなくて学生だった」と答えた。光州の弁護士たちは詐欺の訴訟をしたのだ一六六〇年にオランダ人のハメルが見た朝鮮の人々も、今、光州地方裁判所は最高裁で法服を着て座っている人々も、何ら変わりがないということだ。

「五・一八光州事件」はどのように歪曲されたのか？

金日成・金正日父子は、一九七九年十月二十六日の朴正熙前大統領殺害直後から十〜三十人単位の朝鮮人民軍特殊部隊を、潜水艦や太白《テベク》山脈などのルートからひそかに光州に潜入させた。彼らはあちこちのアジトに続々と集結して、全羅南道の海岸から北の特殊軍が接近できるように、この辺りの海上ルートを確保した。更に民間航空路を利用して、千人程度の心理戦要員を別途送り込んだ。子供と女性はゲリラ部隊編成における最も重要な必須要素だ。朝鮮戦争やベトナム戦争でも、子供と女性が決定的な役割を果たした。これについての証明は筆者の九冊の著書に収録されている。

韓国はスパイがのさばる国だ。朝鮮戦争が勃発する前、軍司令部や放送局にスパイがたくさんいたが、筆者の長年の研究結果によれば、「五・一八光州事件」当時の軍首脳部にもスパイが紛れ込んでいた。当時、合同参謀議長だった柳炳賢《ユビョンヒョン》の回顧録によると、全羅南道の海岸一帯に配置されていた海軍、および陸軍警備隊を、そこからかなり離れた全羅北道《チョルラブクト》北部に位置する辺山《ピョンサン》半島に移動させたという。韓国軍自らが全羅南道の海岸をガラ空きにしてしまったのだ。また、検察側の記録によると、「五・一八光州事件」で、先頭に立った人々の八十パーセント以上が最下層の職業に属していたという。五・一八暴動の主導者で、裁判を受けたのはわずか二八三人だったと記録されている。事件で死亡したのが一五四人なので、これらを合わせてみても四三七人であり、その中の三〇〇余人が十代の若者だ。しかし、検察側の記録と軍の日誌には、熟練したゲリラ集団六〇〇人が組織的に行った正規軍顔負けの赫々とした行動が記録されている。筆者は光州の現場写真を数千枚保管している。そのうち十二枚を紹介しよう。この写真の主役が十代後半の若者に見えると思う人はいないだろう。筆者は法廷で「五・一八光州事件」の擁護勢力の本部「五・一八記念財団」の代表者キム・ヤンネに対し「この十二人は本当に光州市民なのですか?」と尋ねたところ、彼は否定した。それでは誰なのかと尋ねると、全斗煥が投入した「便衣兵（ゲリラ部隊）」だと答えた。

全斗煥は当時、戒厳司令部の情報および捜査を統括していた陸軍中将に過ぎず、各部隊の戒厳司令官は彼より階級が上だった。キム・ヤンネの証言によれば、全斗煥はそれらの司令官を差し置いて、陸軍の一部隊から兵力を動員して一般人の服に着替えさせ、デモを鎮圧する戒厳軍に向かって攻撃させたということになる。現場写真に写っている暴動の主役たちが光州市民ではなかったということが、はっきりと確認できた瞬間だった。

筆者に暴行するキム・ヤンネ

一九八〇年五月二十一日八時、二十師団車両部隊が光州料金所を朝八時に通過するという極秘情報を入手した暴動勢力三〇〇人が待ち伏せして師団長用車輌を含む計四十台のジープを奪って、軍納入業者であるアジア自動車工場に誘導する場面。九時、さらに三〇〇人あまりのごろつきが合流して、アジア自動車工場に集結した暴徒が合計約六〇〇人になった。彼らは新型装甲車四台と軍用トラック三七四台を奪い取り、全羅南道地域十七の市・郡に隠されていた武器庫四十四か所に侵入して、わずか四時間で、五四〇三丁の銃器とトリニトロトルエン（TNT）を手に入れた。

左：銃器の薬室や撃発装置のチェックをしている。
右：奪取した武器を全羅南道庁の中庭に積み上げ光州刑務所の攻撃に出発するメンバーに銃器を渡している場面。

左：全羅南道庁の正門内部。雨も降っていないのに雨具で全身を覆って、北朝鮮の軍隊のように銃を逆さまに持ち、機敏な動作で指揮をしている。
右：中央人物の左手をよく見ると小型無線機が握られているのがわかる。このような指揮体制や装備を持っている者らが光州の十代の青年たちだとは誰も思わないはずだ。

左：銃を持ち、全羅南道庁の正門を堂々と守っている人々の姿はどうみても光州の十代の青年のようには見えない。
右：トラックのボンネットに廃タイヤを積んで要塞を築き、重機関銃キャリバー 50 を構える３人の暴徒。

筆者は二〇〇二年八月に、『東亜日報』に「金大中は金正日の総督だ」という趣旨の意見広告を出した。三五〇〇字の広告の中に「五・一八は北の特殊軍が介入した暴動」という内容がある。光州の五・一八関連団体のメンバーがこれに因縁をつけて、筆者を告発した。同時に、黒い制服と軍靴で武装した十二人の輩が、五・一八負傷者会会長キム・フシクの引率のもと光州からやって来て、警察の目の前で、筆者の事務所、マンション、車両などを手当たりしだいに破壊した。警察はただの野次馬に過ぎなかった。『五・一八光州事件』は偉大な民主化運動であるというのに、なぜ北朝鮮軍の介入だなどと言い掛かりをつけて、五・一八の名誉を毀損するのか」ということだった。刑事訴訟法第四条にのっとり、筆者はソウルで裁判を受けるべきなので、この事件をソウルに移してほしいと申請書を出した。しかし、今も当時も昔も光州は大韓民国の上に君臨してきた。つまり、光州地方裁判所も最高裁の上に君臨しているということだ。

筆者が家族らと共に自宅のリビングにいる時、光州地検の調査官一人（イ・イルナム）と警察官三人（キム・ヨンチョル、パク・チャンス、イ・ギュヘン）が土足のまま家に上がりこみ、家族と幼い子供たちが泣き叫ぶ中、筆者を捕縛して押さえ込み後ろ手に手錠をかけて、犬でも引っ張るかのように連行した。通常の人間は、手錠を後ろ手にかけられたら十分ももたない、ところが筆者は八時間もそのままの状態にされた。光州に護送される間、車内では、運転手を除く三人が絶え間なく筆者の顔を小突きながら、口に出すのも憚られるような下品な言葉で罵り続けた。護送中の六時間はトイレに行くことも許されなかった。筆者は六十歳だったが、彼らは三十歳前後に見えた。自分の息子ほどの年齢の警察官たちが吐いた言葉は次の通りだ。

「おい。お前は五・一八に言い掛かりを付けるだなんて、身の程知らずもいいところだな。元大佐か陸軍士官学校出身だか何だか知らないが、李会昌《イフェチャン》（元大統領選挙候補）からどれくらいもらっているんだ？ こんなネズミ野郎の右翼野郎は問答無用で殺されても当然だ。大佐ヅラして金をもらいながら、部下も相当いじめてきたんだろう。お前みたいなやつはいつでも殺すことができるんだぞ。殴り殺して埋めても証拠は残りやしないんだから」

光州地方検察庁に到着すると、担当検事であるチェ・ソンピルが筆者を睨みつけ、殴りかかろうとした。そしてその後も二時間、手錠を後ろ手にかけたまま、罵倒しながら筆者の取り調べをした。隣には女性検事が場違いのミニスカートを履いて座っていた。

「こいつが池萬元っていうの？ あなたの目には光州市民もここにいる私たちも皆共産主義者に見えるの？ こんな奴でも人間なんだ。光州じゃなかったら、韓国のどこに民主主義があると言うの？ あなたはシステム工学の博士ですって？ その学位はどこでもらったの？ そんな名前は初めて聞くけど、偽物じゃないの？ ちょっと調べてみなきゃね」

「生き地獄」という言葉は、まさにこのことだと実感した瞬間だった。人身売買グループに無人島まで連れて来られたような気がした。暴行されて腫れ上がった皮膚が回復するまで三カ月もかかった。まさにこれが、「五・一八光州事件」の野蛮さであり、この地域の野蛮さなのだ。それ以降、筆者は「五・一八光州事件」についてより一層疑念を持つようになり、「何十年かかったとしても必ず『五・一八光州事件』の真実を明らかにしなければならない」という決意を固めた。二〇〇三年一月に刑務所を出所してから、全斗煥側の弁護士に十八万ページにわたる捜査記録を借りて、六年の歳月をかけて一七二〇ページにまとめ、四巻の本として出版した（『捜査記録からみる一二・一二と五・一八』）。

その後、北朝鮮で出版された対南工作関連書籍、韓国統一部が発行した北朝鮮情勢の報告書、「五・一八光州事件」有功者らの分厚い証言録を熟読した。その結果筆者は、数学者が公式を完全に解いたと証明する際に「ＱＥＤ」を記すが、まさにそれと同じ境地で二〇一四年十月に『五・一八分析最終報告書』を出版した。主な内容は次の通りだ。


一九八〇年五月二十一日朝八時。見慣れない三〇〇人の私服軍兵は極秘だったはずの現役第二十師団の移動計画を入手して待ち伏せし、八時ちょうどに襲撃に取り掛かった。使用された武器は主に棍棒と火炎瓶で、師団長用を含む十四台のジープを奪った。この三〇〇人は徒歩距離にある、近くのアジア自動車工場に向かった。この工場は軍用トラックと新型装甲車を製造する軍納入業者だった。九時にはまた別の暴徒三〇〇人が大型バス四台に乗って合流した。計六〇〇人の輩はマニュアルなしでは運転できないはずの最新型装甲車四台と軍用トラック三七四台を奪い取り、全羅南道の十七か所の市郡に散った。その後、わずか四時間で十七か所に隠されていた武器庫から五四〇三丁の銃器を奪った。

道庁の地下室で、二一〇〇発以上のＴＮＴ（トリニトロトルエン）爆弾をあっという間に組み立てた。そして、光州刑務所を六回にわたって攻撃した。北朝鮮から、一七〇人のスパイを含む二七〇〇余人の収容者を解放し、暴徒として使えという無線指令が通達されたによるものだった。この無線を傍受した戒厳軍当局は、最も訓練された第三空輸特戦旅団をただちに刑務所まで移動させ、塹壕を掘って防御に当たらせた。

五月二十二日の明け方までに五回の攻撃があった。筆者の研究では、ここで四七五人の朝鮮人民軍特殊部隊の特殊軍が死んだ。このうち四三〇人の遺体は光州から二〇〇キロメートル離れた清州《チョンジュ》地域の密林に仮埋葬された。これらの遺体は二〇一四年五月十三日にブルドーザーによる発掘作業中に発見されたが、それより一カ月前に起きた世越号《セウォル》沈没事故のニュースにかき消されて、韓国で話題になることはなかった。北朝鮮当局が登校時間に流していた歌『無等山《ムドゥンサン》のチンダルレ(つつじ)』には「真っ二つになった祖国を繋ぐために、命を落としたあなた」たちの魂を永遠に称えるという内容の歌詞がある。北朝鮮の「朝鮮映画社」が制作した五・一八事件のドキュメンタリーにおいても死者数が四七五人であることが強調されており、五・一八事件が鎮圧された一週間後の六月五日、日本で「カトリック正義と平和協議会」が記者会見を通じて発表した「引き裂かれた旗―ある目撃者の証言」においても四七五人が一瞬のうちに皆殺しにされたとされている。

銃撃による死亡者の七十五パーセントを光州市民が撃ったということや、死亡者の八十パーセントが戒厳軍のいない場所で発生したということも確認された。治安本部の日誌には、光州の暴徒たちが犯した強姦、殺人、強盗などの行為が記録されている。

北朝鮮では、毎年国内全域で五・一八事件の記念行事を行っているが、韓国では光州でたった一時間の記念行事が行われているだけである。北朝鮮では名誉あるものに対して「五・一八」を付けることが多い。「五・一八青年号」、「五・一八鍛造工場」、「五・一八映画研究所」など、思いつくものだけを挙げても十件は超える。

北朝鮮が出版した対南工作関連書には、光州デモの現場が詳細に描写されており、デモの途中街路樹に衝突して止まったバスのナンバーが「光全《クァンジョン》交通　全南五ア三七〇四」だったということまで記されている。このことは一九八二年に北朝鮮で出版された本にしか載っていないはずだが、不思議なことに一九八五年に発刊された韓国国家安全企画部の報告書の内容と正確に一致したのだ。韓国の資料には、五・一八事件に関する戦略や戦術、そして教訓がどこにも記されていない。ところが、北朝鮮の本にはそれらが正確に記されている。

五・一八事件における有功者の証言録を筆者なりに整理してみると、彼らは五月二十一日北朝鮮軍が全羅南道庁から戒厳軍を追い出すまで自力で生き延びようと身を隠していた。北朝鮮軍が全羅南道庁を占拠していた五月二十四日正午まで道庁に入った人は光州にいなかった。入ろうとしても見慣れない格好の怖そうな人たちに阻まれたと証言している。五・一八事件有功者たちは皆一様に武器庫から誰が銃器を盗み・奪ったのか、光州刑務所を誰が攻撃したのか分からないと言った。五・一八事件において立派な英雄であるはずの彼らは皆、五月二十一日に現場からどこかに逃げていたのだ。

ここまで読んだだけで読者諸氏は、「五・一八光州事件」が光州市民によって主導されたものではないということにお気づきだろう。北朝鮮軍が潜入して起こしたゲリラ戦であるにもかかわらず、韓国の共産主義者たちは「『五・一八光州事件』は光州市民が自ら主導した崇高な民主化運動であり、一二一五年のイギリスの大憲章に匹敵する人類史上に残る記念碑」だと美化し、このことを否定する国民を、物理的暴力と法の鉄槌で弾圧してきた。「五・一八光州事件」の歴史をこのように強引に歪曲させた共産主義者たちが、まさにこれと同じ手法で日本による植民地支配の歴史や日本の真の姿を一八〇度覆して、歪曲する謀略を繰り広げてきたのだ。

共産主義者の歴史歪曲の実力とは果てしない暴力

二〇〇八年に筆者は『捜査記録で見る一二・一二（粛軍クーデター）と五・一八（光州事件）』という歴史ドキュメンタリー全四巻（計一七二〇ページ）を一セットにて出版した。これには北朝鮮軍の介入に関する主張が二〇〇二年に執筆したものよりさらに具体的に記されている。

「全思慕《チョンサモ》（全斗煥を慕う人々の集い）」の十人余りが筆者の主張を支持して拡散してくれたが、光州の五・一八関連団体は、筆者を含む全員を告発した。しかしながら複数の人間を告発したということが筆者には救いとなった。告発された十人余りは皆、大邱《テグ》に住んでいたのだが、光州検察は皆を光州まで呼び出して調査しようとした。しかし彼らが抵抗したため、やむなく彼らは大邱に、筆者は居住地を管轄する水原地方検察庁安養支庁に移送された。今回も筆者一人だけの裁判だったら、有無を言わさず光州に連行され有罪判決を受けていただろう。筆者は安養とソウルで一審から三審までの裁判を受けたが、いずれも無罪判決を受けた。

五・一八に対する筆者の主張中、彼らにとって侮辱の程度が弱いものでさえ光州で裁かれると十カ月の懲役が言い渡される。しかし、それより程度の強いものでも光州以外の地域で裁かれると無罪になる。だから、光州地裁はソウル地裁が管轄を有する民事事件までいつも自庁に持っていこうとするのだ。

二〇一三年一月、筆者はテレビ朝鮮とチャンネルAに招かれた際、無罪になった経緯ついて説明した。五月二十一日に光州で発生した一部の状況に係る捜査記録を見せると、二名の司会者はすぐに納得した様子だった。

「そのような軍事的行動は光州の市民だけでできるわけがありません」

驚愕すべき内容が放送されると、すぐに視聴者から大きな反響があった。この二局は、ただちに脱北者を招いて、北朝鮮では「五・一八光州事件」についてどのように認識されているのかを尋ねた。かつて耳にしたことのない話に国民は驚きを隠せなかった。「『五・一八光州事件』は北朝鮮の仕業だ」という世論が、二〇一三年五月中旬まで広がり続けた。

二〇一三年五月十五日には、北朝鮮特殊部隊として実際に光州で戦闘に参加したというキム・ミョングク（仮名）が登場して、視聴者を驚かせた。光州が非常事態となった十日後の五月二十五日、光州市長の朴光泰《パクグァンテ》が三三八余の団体を集めて「五・一八歴史歪曲対策委員会」（別名「池萬元対策班」）を結成して、全羅道出身の政治家や要職にある人々を相手にロビー活動をした。十八人の弁護士を動員して「法律対応チーム」も立ち上げた。この十八人の弁護団は、ひたすら筆者・池萬元を法的に攻撃する任務を帯びた人々だ。

対策委員会は鄭烘原《チョンホンウォン》国務総理を「五・一八光州事件」を代弁する操り人形に仕立て上げると、次には放送通信審議委員会に圧力をかけて、「『五・一八光州事件』の真相」を放送した報道機関の幹部らを処罰させた。「五・一八光州事件」の真実を伝える活動はこのようにして遮断された。筆者はこう考える。万一、朴槿恵《パククネ》政府がここで「五・一八光州事件」に関する報道を止めさせさえしなかったら、彼女は今頃「歴史上初めて共産主義者たちを掃討した最も偉大な英雄」の座に座っていたかもしれない。

「五・一八光州事件」を聖域化するには、ファクトと論理が必要だ。筆者はファクトと論理を数多く探し出したが、彼らはファクトがないにもかかわらず、強引に自分たちの主張を押し通そうとした。それが意のままにできなくなると、今度は集団暴行を加えたり、裁判所に訴えたりし始めた。韓国の至る所に赤化した判事や検事が居座っているから、こんなやり方が通用するのだ。

二〇一三年六月十日、光州市長を先頭とする五・一八擁護者がソウルにやって来た。首都圏地域にある従北団体らと連帯して、二つの放送局で暴動を起こし、全斗煥の私邸に押しかけて暴れまくった。

2013年1月11日 チャンネルAの番組に出演

黄長燁、金徳洪「五・一八光州事件は北朝鮮の仕業だった」

筆者は二〇一四年十月、第八冊目となる『五・一八事件分析最終報告書』を著した。十分な証拠能力を持つ政府記録に基づいて書いた、これまでの研究の集大成ともいえる本だ。結論から言えば「『五・一八光州事件』は北朝鮮特殊部隊六〇〇人が主導した暴動であり、暴動を組織した人も指揮した人も韓国にはいない」ということだ。その後、二〇一五年五月五日に八人の映像分析専門チームを作り、光州での現場写真のうち六六一人の顔が北朝鮮人であることを突き止めて、それを基に『五・一八事件映像告発』という大型写真集を出版した。

光州の現場に来た北朝鮮人のことを「光殊《クァンス》」（「光州特殊軍」の略）と名付けた。別の言い方をすれば、八人の映像分析チームが六六一人の「光殊」を探し出したのだ。まさに人間の能力の限界を超えた努力の賜物だった。光殊が一人ずつ発表されると、筆者のウェブサイトにコメントが殺到した。誰も光殊の顔に異議を唱えなかった。

これに対し、光州の五・一八関連団体と前光州市長の尹壮鉉《ユンチャンヒョン》、五・一八記念財団のキム・ヤンネは、二〇一五年十月から二〇一六年三月の六カ月に渡り、光州の人通りの多い場所で、大きく拡大した光殊の顔を展示した。それらの人物が北朝鮮人ではなく光州市民だということを訴えるためだ。しかし、名乗り出た人は一人もいなかった。

2013年6月10日

偽計による詐欺訴訟犯：光州市長、光州弁護士グループ、光州判事グループ

追い詰められた光州市長の尹壮鉉と五・一八記念財団のキム・ヤンネは、方法を変えて全羅道の各地域に暮らしている人々に光殊の写真を見せながら、「この写真に写っているのは私だ」と名乗り出るよう工作して歩いたが、その結果、十四人を刑事事件の原告に仕立てることに成功した。六六一人中たった十四人である。それはとりもなおさず、彼らが残りの六四七人もの光殊が、光州はおろか全羅南道全域にいないということを認めたことを意味する。仮に、筆者が全羅南道出身だという十四人の名誉を毀損したいなら、単に十四人の顔だけを分析すれば済むことなのに、一体何のためにわが身を酷使しながら四年以上の歳月をかけて六六一人の顔を分析する必要があったのか？ ソウル中央地方裁判所で審理されている刑事事件はすでに最終段階に入っている。光州の判事たちとは異なり、ソウルの判事は訴訟を起こした人々をすべて呼び、時間的、状況的証拠について集中審理をした。まだ判決文は出ていないが、彼ら十四人みんなはどちらについても証明できていない。訴訟詐欺を起こしに出てきた人々に証明などできるはずがない。

五・一八関連団体は告訴を提起する時点ですでに、自分たちの訴訟は策謀によるものだということを十分に分かっていたはずだ。もしこの訴訟に自信があったのなら、民主主義国家の国民らしく裁判結果を静かに待つべきだった。しかし彼らは裁判初日から暴力で押し通そうとした。彼らは判事をも見下していた。二〇一六年五月十九日午前十時、彼らが告訴した案件（二〇一六こ単二〇九五）に対する初めての審理がソウル中央地方裁判所の刑事法廷第五二五号で開かれた。筆者が国選弁護人の代わりに私選弁護人を選任すると伝えて裁判はすぐに終了したが、筆者が退廷しようとしたその瞬間、法廷の出入口で待ち伏せしていた五十人ほどの光州の一団に取り囲まれて、裁判所の外に出るまでの

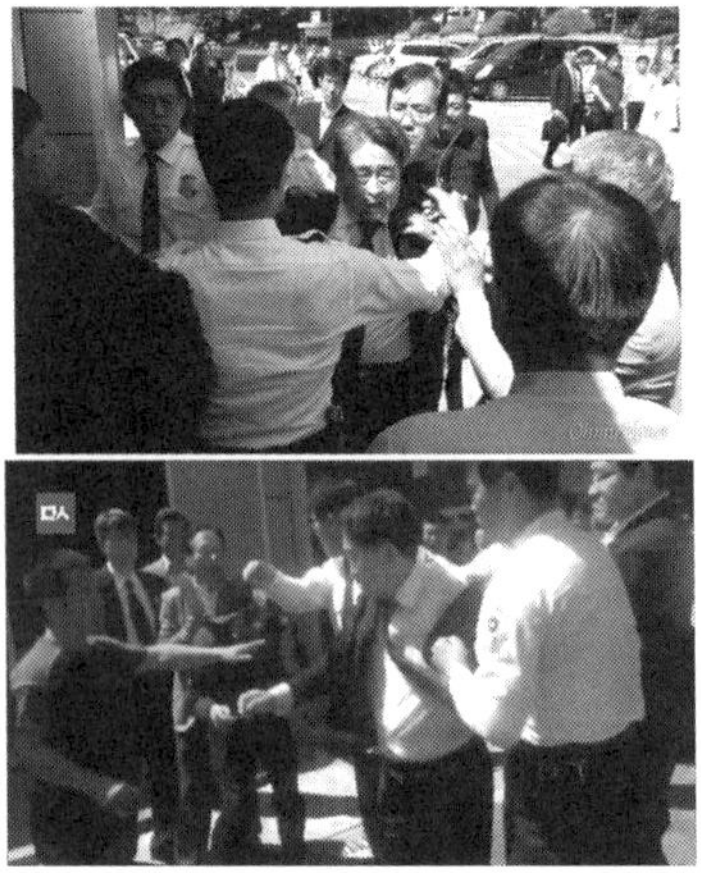

裁判所の外で集団暴行を受ける筆者

間、二十分ほどにわたって集団暴行を受けた。

さらに恐ろしいことに、警察が集団暴行の現場を撮影した動画を入手し、特定した加害者十一人をソウル中央地検四一五号室イ・ヨンナム副部長検事に送検したにもかかわらず、同検事はこの十一人全員を起訴猶予処分にした上、被害者（筆者）には何の通知もしなかった。それどころか、袋叩きの目に遭った筆者に対し、「五・一八光州事件」有功者と名乗る光州在住のチュ・ヘソン、京畿《キョンギ》道在住のペク・ジョンファンの二人が告訴をした。筆者が彼らに傷害を負わせたというものだが、暴行場面を撮影した同映像を何度見ても、筆者が殴られる姿しか映っていないのにもかかわらず、イ・ヨンナム検事は彼らが告訴した虚偽の内容を一言一句変えずに筆者を起訴した。

更にあきれたのはイ・ヨンナム検事が下した不起訴処分の理由だ。筆者に暴行を加えた十一人が「五・一八光州事件」有功者とその家族だから不起訴にしたというのだ。「五・一八光州事件」の功労者とその家族は罪を犯しても無条件に無罪というのが、イ・ヨンナム検事の判断基準である。この十一人は「五・一八光州事件」の有功者だが、筆者はベトナム戦争の武功受勲者であり、それと同時に傷痍六級有功者でもある。国家有功者証を二枚も持っている筆者にはありもしない罪をかぶせ、光州の連中に対してはその家族までも無罪放免にしたという事実はこの社会に長い禍根を残すことになるだろう。

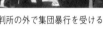

文献の分析に続く映像分析

映像専門分析チームが四年の歳月をかけ血の滲むような努力で分析した六六一人の顔写真のうち十七人の顔をここで紹介する。次ページの写真は、二枚で一セットになっていて、左側が光州の事件現場の顔で、右側が北朝鮮人の顔だ。

この六六一人の「光殊」の中で特記しておきたい顔がある。「しゃくれ顎の光殊」、「舌出し光殊」、「警官服の光殊」この三つだ。

以上のあだ名はインターネット上で名付けられたものだ。「しゃくれ顎の光殊」はしゃくれた顎の様子から、「舌を出す光殊」は全羅南道庁の前で教練服を着て舌を出している状態で撮影されたからだが、彼は駐香港北朝鮮総領事のチャン・ソンチョルだということが判明した。彼は二〇一七年三月、「香港鳳凰テレビ」でインタビューをしたのだが、二十八分の間になんと三十二回も舌を出し、映像分析チームはその三十二の瞬間すべてをキャッチしている。これらの写真はインターネットサイト（システム・クラブ）で閲覧可能なため、本書への掲載を省略する。頬にある傷跡も一致するので、ルーペなどでぜひ確認していただきたい。「光殊」の存在を認めない人でも、「舌を出す光殊」の写真を見れば認めざるを得ないと思う。

「警官服の光殊」は道庁で五月二十三日に撮影されたものだが、二十日の時点で、光州で警官の服装をした人は身の危険を感じてみんな逃げ出したというから、本物の警官ではない。この写真も「五・一八光州事件」に北朝鮮が介入していた可能性を非常に強く暗示する一枚である。また、五・一八当時、

第 62 光殊　李乙雪

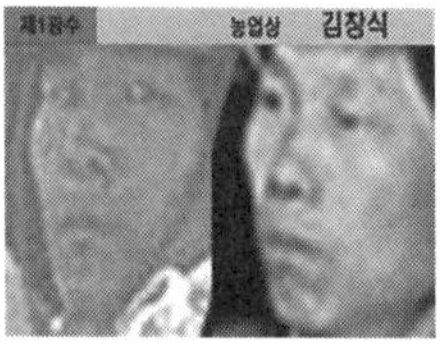

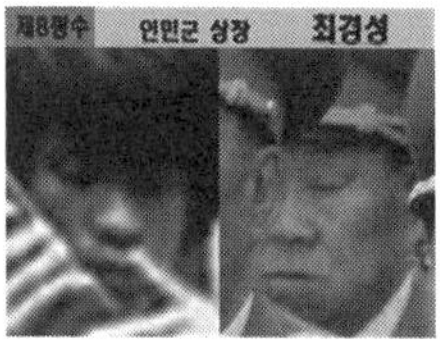

第 71 光殊　黄長燁

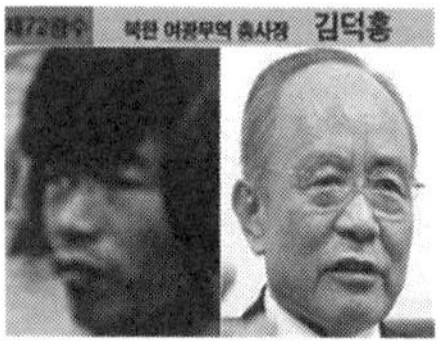

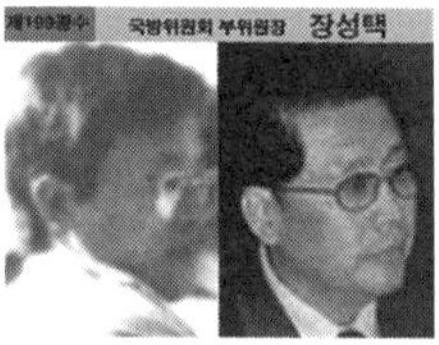

「舌出し光殊」

「しゃくれ光殊」

「警官服の光殊」

光州で撮影された一枚の写真の中に写っている九人の顔が、金正恩《キムジョンウン》と一緒に写真に納まっている将官二十九人と酷似していることがわかった。これら二十九人はみんな「光殊」でいる可能性が極めて高い。

光州五・一八関連団体の詐欺訴訟と光州裁判官の共犯行為

五・一八記念財団、光州市長そして十八人で構成された光州弁護団は、二〇一三年五月に、ただ筆者を告訴するためだけに組織された詐欺的集団だ。彼らが筆者を告訴するために動員した人の中には全羅南道海南の「タンクッマウル（最果ての村）」で農作業をしている八十歳間近の老婦人シム・ボンネがいる。次ページの写真の中で最前列に立っている老婦人だが、文字の読み書きができないのでコミュニケーションを取ることもままならない。

光州の弁護士たちは、二〇一五年に意思表示もままならないこの老婦人を民・刑事訴訟で利用した。彼らは光州地裁に「印刷物配布禁止仮処分申請」と「損害賠償請求の訴え」で彼女が第六十二光殊に該当すると主張した。つまり、写真に写っている人は、（筆者が主張しているように）北から来た「光殊」ではなく、全羅道民ということだ。シム・ボンネがなぜ第六十二光殊であるかについては何の分析もなかった。ただ単に「肉眼で見る限り第六十二光殊だ」という言い分だ。韓国以外の国であれば絶対ありえないことだが、光州ではこのような無茶な言い分がいとも簡単に通ってしまった。光州地裁部長判事イ・チャンハンは「そうだ。あなたが第六十二光殊で間違いない」と言い、光州の弁護士たちの主張を認めた。実は、女装した第六十二光殊は北朝鮮の伝説的な人物であり、且つかつ朝鮮人

筆者を告訴したときの記者会見

民軍元帥であった李乙雪だと分析されている光州の弁護士たちはこのように勝訴しておきながら、数週間後、他の裁判では主張を変えて、「いや、私は第六十二光殊ではなく、五月二十三日に道庁で棺おけにしがみついて泣いていた第一三九光殊だ」と言い始めた。光州地裁部長判事キム・ドンギュは、「そうだ。よく見ると、あなたは第六十二光殊ではなく、第一三九光殊だ」と、あっさり認めてしまった。裁判というよりただの仲間内の戯言だった。

「五・一八記念財団ウェブサイト追悼コーナー」には、「五・一八未亡人」シム・ボンネの記録がある。この記録によれば、この老婦人のもとに夫キム・インテの訃報が届いた日は五月二十九日だ。しかし、光州の弁護士たちは、五月二十三日に棺おけにしがみついて泣いているのがシム・ボンネだと主張した。筆者側の弁護人がこの事実を取り上げたところ、光州の判事は原告の弁護士に向かって、「シム・ボンネの場合は、証言と証拠の日付が合わないので被害者とは言えないのではないのか？」と声を荒げたが、それはあくまでその場凌ぎの芝居であり、判決文では当然のように原告側に有利な判決を下した。光州の判事は法服を着た詐欺師同然だ。このような裁判によって、私は光州に二億三千万ウォンもの大金をさらわれた。光州までの弁護人の旅費と印紙代はここには含まれていない。

第62光殊と李乙雪

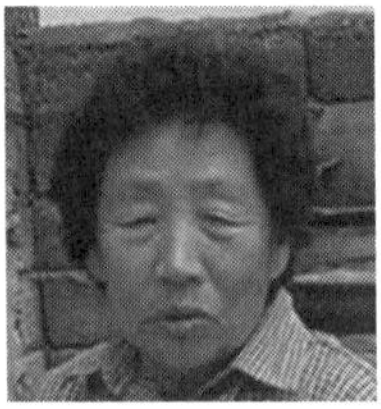

シム・ボンネ

パク・ナムソンを利用した光州法曹界の茶番劇

その他の事例をあと二つ紹介する。共産主義者たちが「光州の英雄」としてアピールするパク・ナムソンのケースだ。彼は第七十一光殊（黄長燁）は自分だと名乗り出た。彼は二十六歳の時に貨物トラックの運転手をしており、窃盗罪と脅迫罪の前科があった。以下は、彼は一九八〇年八月十八日に、戦闘教育司令部の戒厳普通軍法会議検察部に出頭して述べた「被疑者尋問調書」（一、二回）の内容の一部だ。どう見ても大物とは思えない人間が出廷し、自分が五・一八デモの司令官の働きをしたとほらを吹き、司令官のように見える第七十一光殊が自分だと主張したのだ。本当に開いた口がふさがらなかった。一目瞭然で別人であることがわかり、年齢的にもかけ離れているにもかかわらず、光州の判事は、彼の主張が百パーセント真実であるという判決を下した。

パク・ナムソンは、一九五四年生まれ。中学校二年生の時に中退した。一九八〇年五月二十日に光州の鶏林洞《ケリムドン》、山水洞《サンスドン》、豊郷洞《プンヒャンドン》など騒動の中心地ではない地域で人々と交わって街頭デモを行い、五月二十三日十四時頃から赤十字病院にある十九人の遺体を全羅南道庁まで運ぶために動員されて、道庁に入ることになった。その後、道庁に集められた遺体を隣の尚武館に移した。五月二十五日五時、キム・チャンギルが委員長を務めていた「市民学生収拾委員会」の副委員長だったキム・ジョンベの提案により状況室長を務めた。状況室長になり、四十五口径の拳銃を肩に下げて歩き回り、見当たり次第、若い学生に指示を出した。五月二十六日十八時頃、キム・チャンギルらが自分たちを戒厳軍に引き渡そうとしているという話をキム・ジョンベから聞き、会議中の副知事室に入ってキム・チャンギルを拳銃で脅かして追い出し、五月二十七日の明け方、道庁二階の会議室で投降し逮捕された。

顔を見れば、誰でもすぐに第七十一光殊とパク・ナムソンの顔が全く異なることが分かるはずだ。筆者は彼をソウルの法廷に証人として出廷させ、四時間に渡る尋問を行った。彼は五月十八日から六〇〇人を指揮し、武器庫も制圧し、道庁も直接占領したとほらを吹いた。さらにこんなことまで口にした。「これほどの功績のある自分に、国家は十四等級中の十等級しか与えなかった」という不平だった。判事が彼に「最も高い等級が一等級なのか、十四等級なのか?」と尋ねると、これに対してパク・ナムソンは一等級が最高だと答えた。

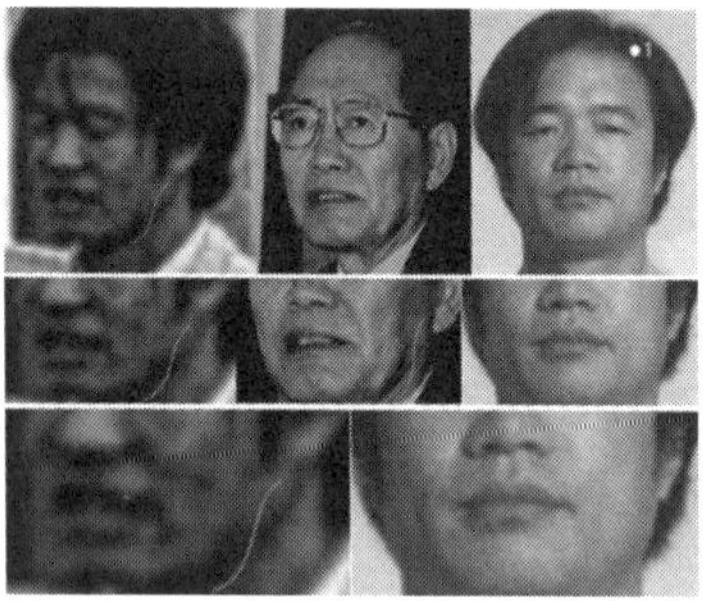
左から「第71光殊」「黄長燁」「パク・ナムソン」

パク・ナムソンは訴状で、自分は五・一八デモの総指揮をした人間であり、寝る時も軍靴を履いていたと主張した。しかし、現場写真の第七十一光殊(黄長燁)は私製の黒い短靴を履いていた。写真の第七十一光殊は、右手にウォーキートーキー(双方向無線機)を、左手には重いM16榴弾発射機を持っていた。これはM16小銃にM203榴弾発射機を合体させたものである。M16の銃弾を発射する時と、こぶし大の榴弾を曲射で発射する時に使う照準装置と引き金が違うものだった。証人として出廷した彼に榴弾発射機の写真を見せて、どの引き金が榴弾発射用のものかと尋ねたところ、銃は持っていたが撃ち方は知らないと答えたのである。

「第七十一光殊と黄長燁の顔にはいずれも太く隆起したS字形の筋があるが、証人の顔にはS字形の筋はないですよね?」と尋問すると、自分にはS字形の筋はないと答え、第七十一光殊は自分の顔でないといけないのに、筆者が細工をして黄長燁の顔と似た顔に合成したのだとおかしな主張をし始めた。しかしここでも光州の一、二審の判事たちは彼の主張を無条件に認めてしまった。

九十代後半の老婦人も訴訟に利用

二つ目のケースは、木浦に住む九十代後半の老婦人であるキム・ジンスンを引き合いに出した事件だ。キム・ジンスンの息子は五月二十一日に刑務所を襲撃して銃殺されたイ・ヨンチュンだが、「五月二十三日に道庁の中で息子の棺にしがみついて泣いている第六十二光殊は自分だ」と主張した。この女性は証人として出て来ることができないほど老いており、彼女が書類上で主張した内容は光州市長、五・一八記念財団、十八人の弁護士たちがでっち上げた作り話だった。

五・一八記念財団のウェブサイトにあるサイバー追悼コーナーにはイ・ヨンチュンに関する話が掲載されている。イ・ヨンチュンが死亡したということを彼の両親が知ったのは六月三十日だったという。警察署に陳列されている写真と遺品を見て、息子が死亡したということをこの日に初めて知ったとされる母親が、証人陳述書ではそれよりも三十八日前である五月二十三日に道庁で棺おけにしがみついて泣いていたと主張しているのだ。五・一八記念財団、光州市長、十八人の弁護士たちはみな詐欺師だ。

ソウルの判事は違った。裁判長は検事に「被告人は『光州の現場写真の中の顔が北朝鮮軍の顔だ』とは言っても、『光州のどこに住んでいるのかも知らない告訴人たちの顔だ』とは言っていない。それでどうして被告人が告訴人たちの名誉を傷つけたということになるのか、その理由を説明してほしい」と言ったが、検事は判事のこの質問を無視し、理由について説明しなかった。しかし光州地裁は、ソウルで審判すべき民事事件を強引に横取りして二億四千万ウォンの賠償判決を下し、最高裁は直ちに上告を棄却した。

二〇一八年初め、全羅道出身の国会議員は、「五・一八光州事件」の真実がいまだ明らかにされていないとし、「五・一八真相糾明特別法」制定を推進した。「五・一八光州事件」が暴動なのか、北朝鮮の仕業なのか、民主化運動なのかをめぐって世論が混乱しているため、この際政府自ら「『五・一八光州事件』は真の民主化運動であった」と釘を刺し、その結果を政府報告書の形式で発行するというのが彼らの目的だった。さらにそれを根拠として、五・一八精神を憲法に記載し、「五・一八光州事件」に対する反対意見を封じ込めようと企んだのだ。これに対して筆者は仲間たちやイ・ジョンミン議員らの支援を受けて、この特別法第三条「糾明範囲」に「北朝鮮軍介入の有無」という項目を第六項に盛り込むことができた。

真相糾明委員は合計九人で構成され、そのうち自由韓国党（保守系政党）の配分は三人だった。当然その三人の中には筆者が含まれていなければならなかった。なぜなら韓国で北朝鮮軍が「五・一八光州事件」に介入したという主張をしたのは筆者ただ一人だけであったし、第三条六項を入れるように働きかけたのは筆者だからだ。しかし、自由韓国党は同党の指導部を掌握した洪準杓《ホンジュンピョ》、金聖泰《キムソンテ》、羅《ナ》卿瑗《ギョンウォン》、黄教安《ファンギョアン》、金秉準《キムビョンジュン》らが口を極めて筆者を阻止したばかりか筆者を推薦した議員を懲戒処分にしたのだ。非常識につきる。彼らが掲げた名分は二つだった。一つ目は「『五・一八光州事件』が民主化運動だということは、世の中の誰もが知っている事実なのに、なぜ北朝鮮軍が介入したなどと主張するのか？ そのような馬鹿げた主張をする人を真相糾明委員にすることなどできない」、二つ目は「『五・一八光州事件』を暴動から民主化運動に変えた人物は金泳三であり、その金泳三は自由韓国党の生みの親であるのに、その後身である我々が五・一八を否定することができるだろうか」ということだった。

結論から言えば、「北朝鮮軍介入がなかった」という主張は虚偽に過ぎない。北朝鮮軍介入の有無を明らかにするのは、国防部だけができることであり、司法府の判断領域ではない。さらに国防部は二〇一九年二月十二日、「国防部はこれまで北朝鮮軍介入の有無について調査したことがなく、これを明らかにするのが今後の課題」と発表した。北朝鮮軍介入がないというのは、共産主義者たちの謀略行為なのだ。

賠償額には年十五パーセントの遅滞損害金が付く。賠償金を支払わなければ筆者はすべてを差し押さえられて、何もできなくなる。事務所や自宅にあるすべての物に真っ赤な札が貼られてしまうので、持ち合わせの貯金や寄付金、支援金でその全額を支払った。本書を書いたのは、現代の歴史も朝鮮と日本の真の姿も覆し、自分たちの主義主張と異なる人間に対して群れをなして襲いかかり暴力を振るう、危険この上ない連中の正体を暴きたかったからだ。人間の仮面を被った野獣も顔負けの危険な種族に運命を預けているこの国の人々は、いつになれば目が覚めるのだろう。

エピローグ

本書には筆者の魂が込められている。本書は、固定観念に囚われている韓国社会に一大衝撃を与えるに違いない。百年間、堅固に凍り付いた厚い氷の層を打ち破ろうとする本だからだ。途方もない厚さの氷を打ち破るか、もしくはその中で消滅するかは、筆者に対する読者の信頼にかかっている。筆者はその信頼を、筆者が残した客観的な足跡によって育むことが可能だと考えている。

筆者は陸軍士官学校から砲兵将校として、ベトナムの戦場に赴いた。大尉だった四十四カ月間、最前線で戦った。一九七四年、全軍隊からただ一名のみが選ばれる軍留学試験に合格し、一九七四年、アメリカ西部、カリフォルニアのモントレー半島に位置する米海軍大学院に留学してＭＢＡ（経営学修士）を取得した。一九七七年には同大学院システム工学部（応用数学）に入学し、航空母艦が九十日間の作戦に出動する際に、格納庫に積載すべき各整備支援機材の数量を計算することができる数学公式と最適化アルゴリズムを考案した博士論文を書き上げた。人文系（経営学）の修士が応用数学の博士学位を取得したのは珍しいケースだった。

博士学位を取得し、帰国するとすぐに中央情報部に配属された。そこで北朝鮮の生態について研究を始めた。初級将校時代には情報将校として、領官将校時代には大佐で退役するまで国防研究院で責任研究委員として勤務した。軍の防御態勢と資源管理、そして武器体系調達システムについての研究を行った。筆者の研究によって、一九八二年から五年の間に史上初の国防予算管理改革がなされた。

管理が行き届かず、空気や水のように自由財だと認識されていたすべての軍需物資に管理責任者が決められ、会計処理されるようにしたのだ。軍全体に「費用対効果」意識をもたらした一大革命だった。全部隊に「資源管理参謀」が設置され、コンピューターが導入され、それを操る人員が配置された。軍の形が変わったのだ。この革新的プロジェクトは韓国政府のすべての官署に波及した。筆者は軍全体を歩き回って新しい制度について講義をした。しかし、新しく登場した軍の司令部と摩擦が起きた関係で、一九八七年二月に大佐で退役することになり、その後は渡米して、三年間、米海軍大学院で教授職を得て奉職した。

一九九〇年には、世界最大の防衛・軍事企業トップのロッキード・マーティン社を訪問し、「軍が戦闘機を買う時は戦闘機の台数（Number of Fighter）を買うのではなく、空中で飛行している時間（Time in the Air）を買うのだ」という新しい分析の概念を彼らに示した。この後、帰国して国家と企業にシステムを導入する、いわば「システム伝道師」になった。

アメリカから自由人として帰ってきた筆者は、一九九一年に処女作『七十万の経営体韓国軍はどこへ行くべきか』を上梓した。小説を抜いて、七週間連続ベストセラー一位だった。その後三十余冊の著書を出した。主に経営、経済、国防、北朝鮮の核、そして歴史に関するものだ。そして筆者の一代記である『トゥクソムの虹』を出した。筆者はもともと歴史にこれと言った関心がなかった。ところが、金大中が政権を握ると、いきなり従北主義が台頭してきた。続いて北朝鮮に忠誠を尽くす恐怖政治が続き、全羅道を聖域とする赤い勢力が露骨に権勢を振るうようになった。「五・一八光州事件」を北朝鮮と結びつけた、短い意見広告文にたちまち反撃してくる左翼勢力の様子を見て、筆者は「五・一八光州事件」が、彼らにとってなぜ重要なのかということに対して疑念を抱くようになった。

そして人生の黄昏期というべき六十～七十八歳の十九年間、ひたすら「五・一八光州事件」の擁護勢力と真正面から対立し、乾坤一擲の泥沼試合を繰り広げた。その間、五・一八の真相を明かした九冊の本をはじめ、『汚辱の赤い歴史済州島四・三反乱事件』も著した。共産主義者たちが、朝鮮半島南部でどのように活動したのか、彼らの生態がどういうものなのかが分かるようにした。これに加えて、二〇〇三年から毎月一八〇ページ前後の月刊誌『時局診断』を書き続けた。毎年十二冊の時事評論誌を十八年間、自分の手で書き続けた。この月刊誌は現代史の最も生き生きとした記録だと言って、創刊号から所蔵している方々も多くいる。

一九九七年から筆者が書いた公共の問題に関する文章はいつも訴訟の対象だった。これまで二〇〇件を超える訴訟事件を経て、現在進行中のものも二十件に及ぶ。このような渦中で、筆者は本書を書くことを決意し、強い焦燥感に駆られながら執筆した。日韓の感情的な戦争と経済戦争を一日でも早く終わらせなければならないという思いがあるからだ。二〇一九年九月十日から執筆してわずか四十日で脱稿した。途方もない強行軍だった。それだけ本書を早く世に出したかったのだ。

思想の左右を問わず、韓国の国民は共産主義者たちが主導する反日戦略に同調している。彼らの頭の中を占めている反日感情のせいだ。朝鮮は美しい花の国、日本はその花の国を踏みにじった強盗の国だという固定観念が、ほとんどの韓国人の脳裏に刻まれている。一触即発ともいえる反日感情に火をつけたら、たちまち全国民が反日戦士となる。そのため、筆者は韓国人が一般的に持っている朝鮮と日本に対するイメージが偽りのイメージだという事実を早く証明して見せたかった。解放後の歴史権力と文化権力を掌握してきた共産主義者たちが、本と映画とドラマによって執拗に注入した洗脳工作のせいだったという事実を早く伝えたくて、本書を急いで執筆した次第だ。

韓国は今日の「文在寅・曺国」が引き起こす混乱極まる政局が見せるように、偽りと野蛮、陰謀、不正が綯い交ぜになった地獄の国であり、日本は全世界から尊敬される紳士の国であるという事実がここに書かれている。巨視的に見れば、日本は自力で発展する見込みがなかった朝鮮にとってありがたい国であり、解放後に失業者だらけの最貧国として産声を上げた韓国にとっても感謝すべき国であった。筆者は本書でこの事実を十分に証明したと考えている。

また、筆者は誰が何の目的で、国民の頭に「このような誤った認識とイメージを植えつけたのか」ということについて伝えたかった。犯人は解放直後からこの国の歴史教育と文化コンテンツを掌握した共産主義者たちであり、その目的は赤化統一だ。共産主義者たちは金日成教に帰依し、その金日成が北朝鮮で偉大な存在となれたのは、捏造された「抗日パルチザンの神話」のおかげだった。そして彼を教祖として信奉する共産主義者たちは、「金日成の抗日精神」を守らなければならず、その精神で南北統一を実現しなければならないと固く信じている。金日成を崇拝し、南北統一を果たすためには、どうしても日本を悪魔と決めつけなければならなかったのだ。日本を悪鬼と決めつけるためには、朝鮮を美化しなければならなかった。筆者は本書でそのからくりを十分に明らかにできたと考えている。

「お前も韓国人ではないのか？ なぜ日本の肩を持つのだ？」という人がいる。これには二つ回答が必要だ。一つは、筆者が論理的に訓練された科学者であるためだ。論理は世界に通じる言語だ。論理的に訓練された者はそのまま自然とコスモポリタンになる。敵陣から発せられた言動も論理的に適っているのであれば尊重しなければならず、敵将であっても愛国心と能力が高く評価できる人間であれば尊重しなければならないのが、世界に通用する紳士道だ。もう一つは、文在寅の肩を持てば、韓国が滅びるからだ。韓国の将来は国民和合にあるのであって、文在寅の主導する分裂と葛藤にはない。

一九九〇年代、筆者は大韓民国を世界から尊敬される品質一等国にしたいという夢を持つようになった。それを国家目標として定めるべきだという本も書いた。品質の分野を研究しているうちに、日本が世界的に品質一等国の地位を占めているという事実、そして素材産業のプリンスも日本だという事実を知った。そして何より重要だったのは、日本企業のリーダーシップだった。損得勘定のみならず高い道徳心を持ち合わせた経営者の下で、高い品質のものが生み出されるのである。

文在寅が叫ぶ「人間中心」というスローガンは、浅はかな共産主義者がよく使う言葉だ。労働者や農民などのプロレタリアート（無産階級）が主人となる世の中を作るために、アメリカと韓国政府と財閥を打倒しようという意味がそのスローガンの中に込められている。しかし、日本の経営者が実践する「人間中心」は、そこで働く人に幸福を感じさせる人本主義精神に基づいている。孔子は中国人だが、朝鮮は孔子を儒教の祖として迎えた。しかし、孔子の教えは中国では抹殺され、韓国では形骸化し、日本でだけ生きている。孔子の説く道徳を信奉した日本人は品質一等国となり、完璧な品質管理の代名詞となった。職場では社員たちに自己実現の機会を与え、日常生活では高齢者にやさしい暮らしを実現している。

韓国が日本を遠ざけてしまえば、このようなことを学ぶ機会をなくすことになる。

韓国には、日本と朝鮮、それぞれの真実に関する研究の蓄積がある。しかし、朝鮮時代の記憶からなのか、袋叩きにされるのを恐れ、みんな口をつぐんでいる。そのような中、筆者の意図を理解した多くの方々が少しずつ、貴重な研究結果や、朝鮮と日本の歴史的な写真を豊富に提供してくれた。これに加えて、本書を待ちこがれる多くの方々が、自ら進んで校正の労を執ってくれた。特に李《イ》大根《テグン》成《ソン》均館《ギュングァン》大学名誉教授からは文献資料とともに、貴重なご指導とご鞭撻をいただいた。筆者が運営するウェブサイトのシステム・クラブに貴重な資料を豊富に提供してくれたペンネーム、春の朝露、右翼民主青年キムチェガルユン氏をはじめとした皆さんに感謝の意を伝えたい。

筆者は最後にこう願っている。本書は部分的には哲学の差、知識の差があるかもしれない。これに対する補足については受け入れる準備がある。しかし、本書を深く読むこともせず、これまでと同じような魔女狩りから始めるのであれば、自分で自分の足元をすくうことになるだろう。彼らは二〇〇五年に韓昇助《ハンスンジョ》教授を吊るし上げて、彼の人格を徹底的に抹殺したが、本書は少し違う。本書に対しても同じような蛮行を行うならば、彼らは馬脚を露すことになる。一六五〇年代にヘンドリック・ハメルが見たという朝鮮人がいまだに生きているという事実を証明することになり、彼らの額にはハメルの烙印が押されることになる。

共産主義者たちに対峙すべく、筆者は自ら最後の挑戦状を書いて、そこに一人で立った。筆者は信じている。愛国者の陣営が傍観者ばかりではないということを。

付録

一、朴正熙大統領の対日国交正常化会談結果に関する国民談話

親愛なる国民の皆様！　昨日東京で、日韓両国の政権代表者間による国交正常化に関する諸協定が正式に調印されました。この十四年間において、我が国の最も大きく難解な課題であり、私が総選挙の際公約に掲げたこの問題が解決されたことを機に、私の所信をここに表明し、国民の皆様の協力を得たい所存であります。

一つの民族、一つの国が運命を切り開き前進するためには、何よりも国際情勢と世界の潮流に適応するという確固たる決意が必要です。国際情勢を無視し、世界情勢に逆行する国家の判断が、我が国にどれだけの不幸をもたらしてしまったかは、まさに李朝末期に我が国が犯した痛恨の経験によって実証されています。国際的に見ても世界は韓国と日本の国交正常化を強く望んでいます。

今日我々が対峙している敵は、国際共産主義勢力であります。この国を誰にも奪われないように、そして共産主義に勝つためには、相手がたとえ誰であろうとも手を取り合い協力していかねばなりません。我々の自由と独立を守り、明日の祖国のために役立つことであれば、難しいことではありますが、過去に対する感情を乗り越え、拭い去ることこそが祖国を愛することにつながるのではないでしょ

うか。これが私の確固不動たる信念であります。その上、中共の脅威が日々増大しており、国際社会がいわゆる多元的様相に変貌しつつある今、我々の位置を冷静に把握し、半世紀前に経験した民族の受難を再び繰り返さないためには、国家の安全保障と民族の繁栄を約束する賢明な判断が切実に求められているのです。

この数十年間、いや数百年間、我々は日本と深い怨恨の中で生きてきました。彼らは我々の独立を妨げ、家族兄弟の命から財産まで奪い取りました。過去にこだわるなら、彼らに対する我々の骨身に染みた感情は、どこから見ても不具戴天と言わざるを得ません。しかし、国民の皆様！　だからと言って我々は、この厳しい国際社会の競争の中で過去の感情だけに執着しているわけにはいかないのです。いくら昨日の敵だとしても、我々の未来の為、必要であれば彼らと手を携えることが、国利民福を図る賢明な対処ではないでしょうか。

親愛なる国民の皆様！　日韓国交正常化において、私と政府が大いに配慮したのは、何よりも我々の苦痛極まりない過去を清算し、互恵平等、協力、前進の未来を誓う基本関係の設定であり、次に、対日平和条約に規定された請求権問題、韓国沿岸の魚類の保護と百万の漁師の将来を保障する漁業協定問題、日本の領土に置き去りにされたにもかかわらず不当な待遇を受けている六十万の在日韓国人の処遇問題、そして我々の貴重な文化財を取り戻す問題でした。もちろんこのような諸問題が我々の希望と主張通りに解決されたわけではありません。しかし私が自信を持って言えることは、我々が置かれているところの諸般与件と先進諸国の外交的慣例から照らし合わせれば、我々の国家利益を確保することに対して最善を尽くしたという事実であります。

外交とは相手があり、一方的な強要を意味するものではありません。それは道理と条理を図り、相互に納得して初めて妥結されるものであります。我々は今、日韓共同の利益と安全と繁栄を模索する新しい時代に入りました。両国は単に地理的に近いとか歴史的に深い関係にあるというだけではなく、極東に住む自由国家としての運命共同体の道を歩んでいるのです。この関係は互恵平等、相互協力、そして相互補完の関係といえます。

日韓両国間において新しい歴史が始まるこの瞬間に、我々が深く反省し、注意すべきことは何でしょうか。それはまさに、独立国家としての自主精神と主体意識がもっと確固たるものでなければならないということであり、アジアにおいて反共の象徴的な国家であるという自負心と誇りを忘れてはいけないということであります。私は、国民の中には日韓協定の結果が屈辱的、腰が低すぎるだとか、軍事的、経済的侵略を自ら招いているなど、非難に明け暮れる人々がいるということを承知しています。売国奴だと罵る人もいます。私はこれまでの彼らの主張は政府を励まし、政府の交渉の手助けになればという点で、これを好意的に受け止めて参りました。

しかし、もしも彼らの主張が、我々が再度日本に侵略されるのではないかと恐れ、経済的隷属になることを憂いでいるものであれば、私は彼らに問いたい。日本というだけで、どうしてそんなにも自信がなくなり、被害意識と劣等感に捉われてしまうのかと。このような卑屈な考えこそが屈辱的な姿勢ではないのでしょうか。我々はまず、日本人と対抗すれば負けてしまうという劣等意識から抜け出さなければなりません。

更に一歩進んで対等な位置で、むしろ我々が先頭に立って彼らを率いていこうという気持ちが、なぜ起こらないのでしょうか？　これからは積極的な姿勢をもって前進するべきなのです。一つの民族国家が新しい一歩を踏み出すには、民族全体に溢れる自信と勇気、前向きな姿勢が不可欠であります。今日、韓国の近代化産業を蝕む最も大きな病巣は、我々の心の片隅に潜んでいる敗北主義と劣等感、消極性、まさにこれらなのです。

まだあります。それはまことのように見せかけた偽物の存在や、中身は空っぽで上辺だけ飾ろうとする権威主義、名分主義、そして言行不一致主義です。このような不必要な要素は洗い流すべきであります。国民のみなさん、自信を持ちましょう。自信こそが我々の希望であり、希望のある所に民族の力が宿るのです。天は自ら助ける者を助くと言います。それ相応の努力を払わず、ただで何ができるだろうなどという考えは、自信を完全に失った卑屈な思考であります。

今、一部の国民の中には、日韓国交正常化が実現すれば、我々は再び日本の侵略を受けると主張する人がおりますが、このような劣等感は捨て去るべきであり、反対に国交正常化が行われれば、我々は直ちに大きな恩恵を受けられるという浅はかな考えも絶対禁物です。つまり、日韓国交正常化が今後、我々に良い結果をもたらすかもたらさないかは、我々の主体意識がどの程度健在であるか、我々の覚悟がどれだけ強固なものなのかということにかかっています。

我々がもしも気を引き締めず、政治家や経済産業界の人々、文化人たちが皆国利民福を忘れ私利私欲を優先すれば、今回締結された協定は、それこそ屈辱的な「第二の乙巳条約」になりかねないということを、二七〇〇万人の国民一人ひとりが深く肝に銘じなければなりません。私はこの機会に日本国民にも伝えたいことがあります。我々の間に起こった不幸な過去を清算し、新しい善隣として再び手を取り合うことができたことは、両国民にとって幸いなことであると考えます。もちろん過去に日本が犯した罪は、今日の日本国民や今日の世代、そして先祖に全面的責任があるとは思いません。しかし、政務調印が行われたこの瞬間、沈痛な表情と心情で過去の恨みを心の中で抑えつけ、再び手を差し出そうとしている韓国の国民たちのやり場のないこの気持ちを、決して粗雑に見過ごしてほしくないのです。

今後我々が本物の善隣と友好国になれるかなれないかは、これからにかかっているのです。今回締結された協定文書の条文自体が問題なのではなく、今後の日本国民の韓国や韓国人に対する姿勢と誠意が問われることになるのです。我々は常にそれを注視しているということを忘れないでほしいということです。日本人はやはり信用できないという不信の感情が再び芽生え始めたら、今回締結された諸協定は何の意味も持たなくなります。

親愛なる国民の皆さん！　残された過程は国会での批准です。もちろん我々は国会で十分な論議を重ねますが、国民の皆さんにおいても、格別な関心と参加意識を持って、この問題の最後の決着に賢明な判断と惜しみ無い協力が注がれることを私は確信してやみません。

一九六五年六月二十三日　大韓民国大統領　朴正熙

二、純宗の勅書（一九一〇年八月二十九日）

朕否徳にして艱大なる業を承け、臨御以後今日に至るまで、維新政令に関し承図し備試し、未だ曽て至らずと雖も、由来積弱痼を成し、疲弊極処に至り、時日間に挽回の施措望み無し、中夜憂慮善後の策茫然たり。此に任し文離益甚だしければ、終局に収拾し能わざるに底（いた）らん、寧ろ大任を人に託し完全なる方法と革新なる功効を奏せいむるに如かず。故に朕是に於いて瞿然として内に省み廓然として、自ら断じ、茲に韓国の統治権を従前より親信依り仰したる、隣国大日本皇帝陛下に譲与し、外東洋の平和を強固ならしめ、内八域の民生を保全ならしめんとす。惟爾大小臣民は、国勢と時宜を深察し、煩擾するなく各其業に安じ、日本帝国の文明の新政に服従し、幸福を共受せよ。

朕が今日の此の挙は、爾有衆を忘れたるにあらず、専ら爾有衆を救い活かせんとする至意に出づ、爾臣民は朕の此の意を克く体せよ。

三、日韓併合条約全文（一九一〇年八月二十二日）

日本国皇帝陛下及び韓国皇帝陛下は、両国間の特殊にして親密なる関係を考慮し、相互の幸福を増進し東洋の平和を永久に確保しようと、この目的を達成するには韓国を日本帝国に併合することが望ましいと確信し、両国間に併合条約を締結することを決定した。

この為日本国皇帝陛下は統監子爵寺内正毅を、韓国皇帝陛下は内閣総理大臣李完用を各々その全権委員に任命すると同時に、上の全権委員は合同協議の上、下記の諸条を協定するものとする。

一、韓国皇帝陛下は韓国全部に関する一切の統治権を完全且つ永久に日本国皇帝陛下に譲与する。

二、日本国皇帝陛下は前条に掲けたる譲与を受諾し且つ韓国を完全に日本帝国に併合することを承諾する。

三、日本国皇帝陛下は韓国皇帝陛下、太皇帝陛下、皇太子殿下並び其の皇后、皇妃及び後裔をして各其の地位に応し相当なる尊称、威厳及び名誉を享有せしめ且つ之を保持するに十分なる歳費を供給することを約束する。

四、日本国皇帝陛下は前条以外の韓国皇族及び其の後裔に対し各相当の名誉と待遇を享有せしめ、之を維持するのに必要な資金を供与することを約束する。

五、日本国皇帝陛下は勲功ある韓国人として特に表彰すべきと認めたる者に対し栄爵を授け、恩金を与える。

六、日本国政府は前記した併合の結果として完全に韓国の施政を担任し該当地域に施行する法規を遵守する韓国人の身体及び財産に対し十分なる保護を与え、其の福利の増進を図る。

七、日本国政府は誠意忠実に新制度を尊重する韓国人として相当の資格ある者を事情の許す限り韓国に於ける帝国官吏に登用する。

八、本条約は日本国皇帝陛下及韓国皇帝陛下の裁可を経たるものであり、公布の日より之を施行する。

上記を証拠として両全権委員は本条約に記名調印するものなり。

明治四十三年八月二十二日　統監子爵　寺内正毅

隆熙四年八月二十二日　内閣総理大臣　李完用

解説

佐伯　浩明（元産経新聞政治部編集委員）

「本書には筆者の魂が込められている」

著者の池萬元氏はエピローグの冒頭にそう書いている。一体、池氏はどんな人物なのか？　同氏は韓国陸軍士官学校卒業後、砲兵将校として任官し、軍全体で合格一人の留学試験で百点満点中九十点台の高得点をとって米海軍大学院に留学した。そこで人文系（経営学）を学びＭＢＡ（経営学修士）の資格をとり、理工系の応用数学で博士号を取得する快挙をなした韓国軍きっての秀才である。ベトナム戦争にも従軍し、帰国後はその優秀さを買われて国防情報本部に勤務し、北朝鮮の生態研究に従事するという体験を積んだ後、大佐で退官。その後、米海軍大学大学院で教壇に立った知識人である。

池氏はこの在米体験が自身を「自由人にした」と回顧している。自由民主主義の擁護者となって帰国した後、国家と企業の市場経済システムの公正な運用と、日本の品質管理の重要性を韓国に根付かせる活動に従事した。しかし、一九八八年の金大中大統領の登場以降、従北派が台頭し韓国で拡大する左傾化傾向に危機感をいだき、韓国の自由民主主義体制堅持のために月刊時事評論誌『時局診断』を発行。史実と科学的論理を大事にする知識人として、李朝五百年の歴史や日韓併合時代の歴史認識と戦後の従軍慰安婦問題、そして「五・一八光州事件」の評価についての余りにも偏った見方や、「嘘」

が多い韓国の歴史認識の歪みに黙っておられずにペンを執ってこられた。

池氏は、エピローグで本書執筆の動機を書いている。

「思想の左右を問わず、この国の国民は共産主義者が主導する反日戦略に同調している。彼らの頭の中を占めている反日感情のせいだ。朝鮮は『美しい花の国』、日本はその花の国を踏みにじった『強盗の国だ』という固定観念が、ほんとんどの韓国人の脳裏に刻まれている。そこにマッチの火が少しでもつけば、全国民が反日戦士になる。そのため、筆者は韓国人が一般的に持っている朝鮮と日本に対するイメージが偽りのイメージだという事実を早く証明して見せたかった。解放後の歴史権力と文化権力を掌握してきた共産主義者が、本と映画とドラマによって執拗に注入した洗脳工作のせいだったという事実を早く伝えたくて、本書を急いで執筆した次第だ」

本書は全体が七章からなっている。第一章は「世界の中の朝鮮」である。李氏朝鮮五百年の歴史に触れて、「人口の一割にすぎなかった両班が残りの九割の同族を奴隷のように扱い搾取していた」として朝鮮の実態を写真と文で克明に記述している。また、北朝鮮が朝鮮を「美しい国だった」と美化し、その「美しい花の国を蹂躙した日本は呪いを受けるべき悪魔の国だと決めつけている北（北朝鮮と従北主義者）の宣伝に乗って我々が信じ込んでいる限り、韓国を守ることはできない」として、日韓併合時代に、日本が韓国の近代化にいかに尽くしたかについて、伊藤博文や渋沢栄一、伊藤を暗殺した安重根、金九らの独立運動家など同時代の主要人物に対する著者の評価を加え、正確な歴史認識に立つよう求めている。同時に「一割の労働党の党員が九割の同族を奴隷のように扱っているのが今の北朝鮮である。まさに李氏朝鮮の再来である」と記し、韓国民が偏った歴史認識から一刻も早く覚醒するよう訴えている。

第二章は「外国人と内国人が見た朝鮮」。戦前の朝鮮が、北朝鮮や親北派の人々が主張している文化的な国かどうかについて、『朝鮮幽囚記』を著わしたオランダ人のヘンドリック・ハメルの著書はじめ、李氏朝鮮を訪れた宣教師、歴史家、医師など様々な外国人の体験記を引きながら、むしろ汚穢に満ちた「阿鼻叫喚の未開の国だった」として事実を直視する勇気を訴えている。清国末期の政治家、梁啓超をして「朝鮮社会では、陰険で無恥な者が栄え、貞潔で慈しみ深い者は落ちぶれる。清国とロシアと日本が朝鮮を滅亡させたのではない。朝鮮が自ら滅びたのだ」と言わしめ、党争に明け暮れた歴史を内省する大事さを指摘している。

第三章は「滅ばざるを得なかった朝鮮」として、李氏朝鮮滅亡の原因を考察している。書き出しは壬申倭乱の記述から始まっている。中でも丁酉倭乱（豊臣秀吉の武将が攻めた慶長の役）では、日本の武将が連れ帰った朝鮮人の捕虜を朝鮮通信使が連れ戻しに来たが、帰国した朝鮮人は六千人ほどで「捕虜全体の十パーセントにも満たない数字だった」（朝鮮の官僚、姜沆《きょうこう》著『看羊録』）と紹介している。捕虜の九割は日本残留を欲したのである。ここでは国難に際し、国民が団結できずに戦いに敗れた李氏朝鮮の有り様を批判している。

一方、ハングル普及上の福沢諭吉の功績や渋沢栄一の朝鮮の貨幣経済改革なども紹介し「日本がハングルの使用を強制的に禁止した」など歴史認識の嘘を解き明かし、二人が朝鮮の学問、文化、経済の基礎を築いた事績を評価している。

第四章は、「日本軍慰安婦と強制徴用」だが、今では「性奴隷説」も含めて、その嘘が日韓両国研究者の手で相次ぎ出版され、両国民に知られるようになった。女子挺身隊慰安婦説も強制連行説も性奴隷説も徴用工虐待説もその虚構性は暴かれつつある。池氏は一連の嘘を広めた挺対協（韓国挺身隊問題対策協議会、今は日本軍性奴隷制問題解決のための正義記憶連帯に改名）が、実は北朝鮮と深くつながっている事実を本書で明白にしている。

挺対協の尹美香常任代表が池氏を相手取って刑事訴訟を起こしたソウル北部地裁で、同氏が二〇一八年八月十日に読みあげた本章の「一審最終陳述書」が紹介されているが、問題の核心を知るうえでの必読資料である。

第五章は「日本との決算」である。日本が大東亜戦争の敗戦のために、朝鮮半島に残した「帰属財産問題」について書かれている。朝鮮半島に日本が残した財産はダム、鉄道、道路、港湾、電気、鉱工業などの公共財で総額五十二億ドル分にのぼった。うち韓国には二十三億ドルの帰属財産が譲渡された。池氏は当時の「韓国経済の規模の八割以上を占めていた」と記し、これ無くして戦後の経済建設が厳しかったと率直に説明している。一九六五年の日韓国交正常化にあたっての日本の経済支援についても丁寧に解説し、高く評価している。

第六章は、「日本は学ぶことの多い国」として、日本に学ぶ必要性を力説。敗戦の無一物の状態から、トヨタ、ソニーなどがアメリカを凌ぐ優秀な製品を生み出した成功物語を丁寧に解説している。とくに日本の「品質管理」に注意を払い、世界一の商品を作り続けた背景を詳しく述べている。

第七章は、「韓国を牛耳る左派勢力の専横的な歴史歪曲」である。「歴史を支配する者が国家を支配する」。共産主義国家の特徴はソ連、中国がそうだったように、歴史認識を操作し、自分たちに都合の良いように歴史を改竄し、敵を罵倒し自国を正統化することである。「歴史の解釈権の独占」がポイントである。北朝鮮も韓国の左派政権も例外ではない。

池氏は今、韓国世論を分断している一九八〇年の「五・一八光州事件」を「民主化運動」と規定する評価には疑問を抱いている。二十年近い研究成果を基に「五・一八事件は、純粋な民主化運動ではない。北朝鮮の仕業だった……北朝鮮の特殊部隊六〇〇人の介入によって引き起こされた」と指摘し、事件の詳細と北朝鮮の工作活動の実態を詳しく書き込んでいる。「五・一八光州事件」をめぐる十八万ページの裁判記録及び北朝鮮の対南工作関連書籍などを読み込み、事件の全貌を詳述したのである。

光州事件を扱った第七章は本書の著者が最も訴えたい核心部である。今の韓国では、建国当時と比較できない程、左派によって歴史解釈がどんどん歪められている。朝鮮戦争は「北朝鮮の侵略」ではなく、「南北統一のための内戦」とされている。「五・一八光州事件」も民主化運動の象徴として捉える見方が多数を占めており、残念ながら良識ある保守派知識人でも池萬元氏の見解を受け入れる人は多くはない。だが、読者は本書を読めば、池氏の「北朝鮮特殊部隊の介入説」を再検証する重要性を理解するだろう。

池氏はこれまでに三十余冊の本を書かれたが、「五・一八事件」関係は『五・一八分析最終報告書』など九冊に及ぶ。すべて裁判記録を検証した上で書かれているが、その仕返しが、同氏に加えられた民事、刑事合わせて二〇〇件を超える異常な訴訟の山である。今も現在進行中の訴訟が二〇件に上る。同氏は名誉棄損で訴えられた民事裁判には敗訴し、二億三千万ウォンを支払った。その上、五・一八関連団体員からは何度も集団暴行を受け、事務所も自動車も破壊された。それでも池氏は、真実を求めて論陣を張り、裁判を一度も欠席することなく誠実に証言を重ねてきた。並の人間ではできない信念の持ち主である。

池氏を批判する勢力は同氏を「歴史歪曲者」と決めつけているが、それが事実ならば、同氏はとっくに裁判を降りていただろう。膨大な訴訟の山を仕掛けた勢力の狙いは何か？　読者は、本書を読んで真剣に考えてほしい。

「五・一八光州事件」の首謀者として逮捕された野党政治家の金大中は、裁判にかけられ大法院（最高裁）まで争ったが、「金大中が起こした内乱陰謀罪」と判定され、死刑判決が下された。しかし、大統領に金泳三が就任すると、二つの特別法まで作り「五・一八事件」を「光州民主化運動」と規定、同日を「国家記念日」に制定。大法院もこれに追随し、全斗煥の一九七九年一二月十二日の「粛軍クーデター」から「五・一八事件」に至る一連の鎮圧過程を「内乱罪」と断罪し、逆に全斗煥に死刑判決を下す逆転判決となった。

しかし、この逆転判決に疑問を抱き告発したのが、池萬元氏だった。同氏は、北朝鮮が韓国の「赤化統一」戦略を常に実行しテロ事件を引き起こしてきた事実、学生・労働者・市民のデモ・騒乱を操っては拡大化させて、時の保守政権を窮地に追い込む市民工作活動を続けてきた事実を見逃してはいない。本書には紹介されていないが、「五・一八光州事件」の二カ月前に、在日新聞の『統一日報』が「対南特殊軍事作戦の一環　『北』の相次ぐ武装ゲリラ南派　昨年秋から計画　金鉄万上将責任者に」と見出しを立てて北朝鮮の特殊部隊による韓国侵攻作戦を報じている（一九八〇年三月二十八日付一面トップ）。同紙は「当初の計画では、八〇年春を目標に大量の武装ゲリラを南派し、〝自発的な義勇隊〟

を装わせ、韓国の地方都市の放送局を占拠するなど本格的な韓国騒乱化を企図するもの」と報じた。光州市での暴動と余りにも符節があった報道である。北朝鮮の工作がなければ、余りにも理解不能なことが多すぎる光州事件である。「五・一八光州事件」の真相は未だ未解明である。

だが、この度の池萬元氏の『反日への最後通告』（原題『朝鮮と日本』）出版の意義は、その未解明な事件の闇に「歴史の真実」の光を当て、日韓両国民に広く伝えることにある。それは北朝鮮と韓国の従北勢力による数知れぬ歴史捏造の実態を取り上げ、膨大な証拠文書と記録の提示をもって行われた。韓国は今、日米韓の自由民主主義陣営に留まるのか、それとも朝鮮労働党の激しい政治工作の前に「赤化統一」へと飲み込まれ、中朝韓の社会主義陣営構築に向かうのか、その分水嶺に立たされている。韓国の帰趨しだいでは、東アジアの平和と安全が損なわれる可能性が高い。

「日韓両国民は、今こそ歴史の真実に向き合って自由と人権が尊重される社会の構築のために闘おうではないか！」

池氏はそう韓国民に呼びかけている。

◆著者◆
池 萬元（チ・マンウォン）
1942年生まれ。江原道出身。韓国陸軍士官学校第22期卒業(1966年)、経営学修士(1975年 アメリカ合衆国海軍大学院)、システム工学博士(1980年 アメリカ合衆国海軍大学院)、ベトナム戦争出征(作戦将校)、国防情報本部海外情報募集将校、国防企画計画予算制度導入研究員、国防研究員責任研究委員、陸軍予備役大佐(1987年)、アメリカ合衆国海軍大学副教授(1987-89年)、社会発展システム研究所長、ソウル市市政改革委員(1998-99年)、国家安保政策研究所諮問委員(1998-99年)、現在システムクラブ代表、評論家。
著書に『70万経営体 韓国軍どこへ行くのか』(1991)、『軍縮時代の韓国軍どう変わるべきか』(1991)『北朝鮮の「核」を読む』邦訳(1994、三一書房)、『ONE KOREA?』(1994、アメリカフーヴァー研究所共著)、『シンクロ経営』(1994)、『墜落から跳躍へ』(1997)、『国家改造35か条』(1998)、『システムによる未来経営』(1998)、『北朝鮮一韓国からの極秘レポート』邦訳(1999、ビジネス社)、『北朝鮮と永久分断せよ』邦訳(1999、徳間書店)、『韓国号の沈没一韓国社会の深層分析』(共著)邦訳(2002、芦書房)、『捜査記録で見る12・12 と5・18』(2008)、『発想の転換のためのActivatorシステム経営』(2009)、『汚辱の赤い歴史済州島四・三反乱事件』(2011)、『5・18分析最終報告書』(2014)、『5・18映像告発』(2016)など。

◆翻訳◆
崔 鶴山（チェ・ハクサン）
山田 智子（やまだ ともこ）
B.J

本書は韓国で出版された池萬元著『朝鮮と日本』（2019 年、図書出版システム）を翻訳し、日本語版として刊行したものです。

元韓国陸軍大佐の**反日への最後通告**

令和 2 年 4 月 13 日　第 1 刷発行
令和 2 年 6 月 11 日　第 3 刷発行

著　者　池 萬元
翻　訳　崔 鶴山、山田 智子、B.J
発行者　日高 裕明
発　行　株式会社ハート出版

〒171-0014 東京都豊島区池袋 3-9-23
TEL.03(3590)6077　FAX.03(3590)6078
ハート出版ホームページ　http://www.810.co.jp

ISBN978-4-8024-0092-3　C0021

印刷・製本／中央精版印刷株式会社